COLLECTION FOLIO

Didier Daeninckx

Missak

Préface inédite de l'auteur

Gallimard

Ce livre a d'abord paru aux Éditions Perrin en 2009.

Didier Daeninckx est né en 1949 à Saint-Denis. De 1966 à 1982, il travaille comme imprimeur dans diverses entreprises, puis comme animateur culturel avant de devenir journaliste dans plusieurs publications municipales et départementales. Écrivain engagé, Didier Daeninckx est l'auteur de plus d'une cinquantaine de romans et recueils de nouvelles, parmi lesquels *Meurtres pour mémoire, La mort n'oublie personne, Cannibale, Itinéraire d'un salaud ordinaire, Camarades de classe, Missak, Galadio, Le Banquet des Affamés, Corvée de bois* en collaboration avec TIGNOUS, *Caché dans la maison des fous* et *Artana ! Artana !*

PRÉFACE

La statue de Missak Manouchian

Né quatre ans après la fin de la Seconde Guerre mondiale, mon enfance a été accompagnée par le souvenir de la Résistance et les commémorations du sacrifice de ceux, nombreux, qui s'étaient élevés contre l'occupation du pays par les nazis et la soumission du régime de Vichy. La ville de banlieue où j'ai grandi a la triste particularité d'avoir eu pour maire et député Pierre Laval, l'un des principaux artisans de l'alignement du pays sur l'Allemagne hitlérienne. Condamné à mort, il a fini son existence devant un peloton d'exécution. Et comme pour laver l'affront, pas un mois ne se passait, ici, sans qu'on donne à une rue, une école, un square, le nom d'une de ces jeunes filles, d'un de ces jeunes garçons qui avaient tout sacrifié à la liberté. Une de ces plaques de rue porte le nom d'un grand-oncle dénoncé, arrêté, torturé, déporté, et qui n'en est jamais revenu.

Un conseiller municipal d'opposition à Pierre Laval, le docteur Pesqué, a même été fusillé dans la clairière de Châteaubriant, près de Nantes, le 22 octobre 1941, en même temps que le jeune Guy Môquet, et à plusieurs reprises j'ai fait partie des délégations d'enfants des écoles qui se déplaçaient en Loire-Atlantique, à l'automne, pour une sorte de pèlerinage laïque.

Cette ambiance particulière est certainement l'une des raisons de mon intérêt pour l'histoire contemporaine, et c'est une chanson interprétée par Léo Ferré en 1959, j'avais dix ans, qui m'a fait découvrir la destinée de Missak Manouchian.

Tout avait la couleur uniforme du givre
À la fin février pour vos derniers moments
Et c'est alors que l'un de vous dit calmement
Bonheur à tous bonheur à ceux qui vont survivre
Je meurs sans haine en moi pour le peuple allemand

Léo Ferré a habillé d'une musique émouvante aux accents dramatiques un poème de Louis Aragon, paru en 1955 et intitulé *Strophes pour se souvenir.* Un texte qui s'appuie sur la dernière lettre adressée par Missak Manouchian à sa femme, *ma Mélinée mon orpheline*, écrite à la prison de Fresnes quelques minutes avant qu'il soit transféré au mont Valérien pour y être fusillé.

Devenu romancier, j'ai longtemps nourri le projet d'interroger le parcours de Missak Manouchian au moyen de l'écriture. J'ai accumulé de nombreux livres, articles, interviews, documentaires sur le sujet, sans jamais parvenir à me décider tant la tâche m'apparaissait difficile. Ce sont les circonstances qui ont imprimé leur rythme. Soixante-trois ans après le sacrifice de Missak et de ses compagnons, la France s'est dotée d'un éphémère ministère de l'Identité nationale et de l'Immigration. Le pays s'est alors lancé dans un débat crispé sur ses origines, certains appelant à la rescousse les mânes de Vercingétorix, de Charlemagne, de son neveu Roland, de Jeanne la bergère et du Germain Charles Martel. Faire entendre, dans ce concert des légendes et des mythologies identitaires, la voix de l'apatride Missak Manouchian et celle de ses compagnons exilés s'est imposé comme une impérieuse nécessité.

Vous aviez vos portraits sur les murs de nos villes
Noirs de barbe et de nuits hirsutes menaçants
L'affiche qui semblait une tache de sang
Parce qu'à prononcer vos noms sont difficiles
Y cherchait un effet de peur sur les passants

Dès que je me suis lancé dans cette aventure, je me suis heurté à une difficulté. La force tellurique de la dernière lettre de Missak, ces mots d'un homme dont la vie ne tenait plus qu'à un fil m'interdisaient moralement de me glisser dans son personnage, de prendre sa voix. D'autant qu'elle avait été redoublée par celles d'Aragon et de Ferré. La solution, le choix décisif d'un point de vue pour raconter l'histoire, s'est dessinée quand j'ai appris que le poème avait été écrit en 1955 afin de marquer l'inauguration, onze ans après les exécutions, de la première rue consacrée au groupe Manouchian, dans le vingtième arrondissement de Paris.

Onze ans déjà que cela passe vite onze ans

J'ai donc consulté les collections des journaux de l'époque et trouvé en date du dimanche 5 mars 1955, jour de la cérémonie, la publication initiale du poème en première page du quotidien *L'Humanité.* Les comptes rendus de l'événement, les jours suivants, dressaient la liste des personnes présentes, mais si certains organes de presse imprimaient un nom, d'autres le censuraient. La prise de conscience que cet hommage révélait le passage du temps, avec sa cohorte d'affrontements, de condamnations, de dissensions, de séparations déchirantes, m'a donné l'idée de la forme du roman : une enquête menée onze ans plus tard parmi les survivants devenus indifférents, oublieux, étrangers, ennemis. Cela me permettait également, grâce à la multiplicité des discours, d'interroger les féroces polémiques qui ont fait rage pour expliquer la chute du groupe Manouchian, isolement, traque, trahison, avant que les historiens n'aient accès aux sources policières.

Ce travail sur le papier jauni m'a également apporté un élément de décor qui s'est révélé être aussi une métaphore romanesque. Pendant tout le mois de mars 1955, la Seine n'a cessé de sortir de son lit, envahissant Paris et sa banlieue.

La plus grande crue après celle, dévastatrice, de 1910. Les personnages marchent dans la boue, le fleuve s'insinue partout comme la vérité libérée par l'enquête de mon journaliste, Louis Dragère. Tout m'apparaissait en place, l'époque, le climat de guerre froide, les protagonistes, le cadre de l'action, les enjeux, quand j'ai acquis le sentiment de ne pas cerner avec assez de précision la psychologie de l'acteur principal de cette tragédie, Missak Manouchian. Il me semblait que je ne faisais que broder autour de ce qui était public, mais que je n'apportais pas grand-chose d'inédit. À nouveau le doute s'est installé. J'étais près d'abandonner, lorsque je me suis souvenu d'une visite à une exposition consacrée à la résistance arménienne en France dans un musée situé sur une dalle, au-dessus de la gare Montparnasse. J'avais été intrigué par un tableau, une peinture à l'huile de très bonne facture, représentant Missak Manouchian torse nu et qui avait été réalisé en 1928. Je m'étais demandé aussitôt qui avait pu s'intéresser à un orphelin apatride inconnu, rescapé du génocide des Arméniens et licencié depuis peu par les usines Citroën, énigme d'autant plus insoluble que le nom du peintre était effacé et que ne subsistait que son prénom, Krikor. Un employé du musée m'avait seulement indiqué que cette huile était un prêt d'une certaine Katia Guiragossian. Le roman en panne, j'avais fouillé Internet pour ramener à la surface de l'écran un e-mail par lequel une jeune femme portant ces nom et prénom sollicitait un poste à la rédaction sportive d'une chaîne de télévision publique. Elle répondit aussitôt à mon message en me confirmant être la détentrice du tableau. Je la rencontrai chez elle, près de l'hôpital Saint-Louis, dans une rue où s'était déroulée une action armée du groupe Manouchian, ce qu'elle ignorait. Je dois parfois savoir me rendre convaincant, car elle me confia qu'elle était la petite-nièce de Manouchian et surtout qu'elle possédait l'ensemble des archives de son grand-oncle ainsi que celles de Mélinée Manouchian et de sa sœur Armène Assadourian. Elle m'autorisa à consulter le contenu de trois cartons emplis de documents, de lettres, de photos, de dessins, de gravures, de bulletins de salaire, de contrats d'embauche. Une foule de faits précis dont personne n'avait encore eu connaissance et qui allaient donner profondeur et vérité au portrait de Missak que j'ambitionnais de composer. Je découvris alors un Missak posant pour les peintres arméniens de Montparnasse, fou de poésie, directeur de revues, peut-être figurant dans les films muets que des exilés russes tournaient dans les studios de Montreuil. Je croisais les noms, les écritures, les regards de Louis Aragon, de Roland Dumas, de François Mitterrand, d'Henri Krasucki, de Charles Aznavour, des peintres Jean Carzou et Krikor Bedikian, l'auteur du tableau.

L'émotion avait atteint son comble quand j'avais soulevé une enveloppe qui pesait son poids d'Histoire : l'original de la lettre ultime adressée à Mélinée. Mais cette émotion avait été remplacée par une véritable excitation lorsque j'avais pris en main une autre enveloppe en tout point semblable, écrite elle aussi de la main de Missak. Personne hormis la famille n'en connaissait l'existence. Elle était adressée à Armène, la sœur de Mélinée, et contenait un secret. Quelques minutes avant de quitter ce monde, Missak lui confiait la mémoire d'un de ses compagnons qui allait mourir avec lui. Un compagnon qui portait presque le même nom que lui : Manoukian. Pour Missak, cette mémoire d'un martyr allait donc souffrir des temps futurs. J'ai cherché à percer le mystère de cette menace inscrite dans l'avenir, et est apparue la figure étonnante du proscrit Manoukian traversant le monde à pied pendant des années pour rejoindre l'Europe, victime d'une tentative d'assassinat à son arrivée à Paris, et accueilli par Missak Manouchian alors que leurs chemins n'auraient jamais dû se croiser.

Parmi cent autres choses, cette rencontre assumée fait de Missak un être d'exception.

Si on lui élevait une statue, elle lui ferait de l'ombre.

DIDIER DAENINCKX

À Jocelyne et Aurélie

« Certes, nous sommes des enfants, les uns et les autres. Nous n'avons jamais prétendu être des héros, il ne faut pas trop nous en demander. »

Fernand ZALKINOV,
fusillé le 9 mars 1942 au mont Valérien.

CHAPITRE 1

Willy vint ranger sa Motobécane près de la bordure, devant la façade du Floréal. Le froid engourdissait le bout de ses doigts, malgré les gants d'aviateur trouvés dans un surplus américain de la porte Saint-Ouen. Il croisa les bras et glissa ses mains sous ses aisselles, le temps que Louis Dragère, le journaliste avec qui il faisait équipe, et qui venait de lui faire signe à travers la vitre embuée, avale son café. Le jeune homme sortit, agrippa les ressorts de la selle pour venir s'asseoir sur le porte-bagages, les jambes écartelées par les sacoches pleines de matériel, frissonnant au contact du métal glacé. Il s'obligea à un nouvel effort pour se pencher vers le casque de cuir qui recouvrait la tête du conducteur.

— Salut Willy… Je pensais qu'ils seraient là, mais il y a eu contrordre… Ils nous attendent aux Folies, dans le bas Belleville, à côté du cinéma. Tu vois où c'est ?

— Oui, je prends par la rue Julien-Lacroix. Je commence à connaître le quartier.

Willy enclencha la première vitesse. Les tremblements du moteur firent vibrer l'immatriculation en forme de crête de Huron posée sur le garde-boue avant. Il entretenait la mécanique presque trentenaire avec soin, sans jamais réussir à combler les trous d'air qui freinaient l'accélération, dès que la température devenait négative. Il avait les moyens d'acquérir l'une de ces nouvelles séries Z qui faisaient des miracles au Bol d'or, mais il ne se résolvait pas à se séparer de son antique bécane. Cette moto, c'était la seule chose qui lui restait de l'atelier de son père, une boutique de photographe du boulevard Rochechouart qu'il avait fallu bazarder à perte, quelques mois avant le Front populaire, quand la maladie s'était mise de la partie. Abandonnant les photos de mariage, Willy avait préféré se fondre dans les cortèges tout aussi joyeux et déterminés qui s'étaient mis à battre le pavé de Paris. En quelques mois il s'était fait une spécialité dans les reportages d'unions plus collectives qu'on publiait dans ce qui restait d'Europe libre, et jusqu'en Amérique. Avant le jeune journaliste, c'est par dizaines que les amis avaient pris place sur le porte-bagages, pour des virées dans les bois, sur les bords de Marne. Puis l'orage avait grondé, les éléments s'étaient déchaînés. Il se rappelait, avec un pincement au cœur, ceux auxquels seul le souvenir le rattachait : la lumineuse Gerda Taro écrasée par un char lors de la bataille de Brunete, en Espagne... Endre Ernô Friedmann, son amant de cœur, pour lequel elle avait inventé le pseudonyme de Robert Capa, et qui venait d'être déchiqueté, six mois plus tôt, par une mine, au Tonkin…

Willy ferma rapidement les yeux, manière d'éloigner les fantômes. Il ralentit pour bifurquer à droite vers la rue de Belleville en évitant de rouler sur les zones trop brillantes où venait se refléter la lumière jaune des lampadaires. Les passants, engoncés dans des manteaux cabossés, se pressaient autour des étals avant de disparaître dans les couloirs, les corridors des immeubles. D'autres venaient s'accouder au zinc d'un café pour profiter d'une chaleur qui faisait défaut dans leur meublé. Trois jeunes garçons efflanqués faisaient circuler une cigarette en s'abritant du vent derrière un panneau publicitaire qui annonçait la projection de *Pain, amour et fantaisie.* Le plus élancé se détacha du groupe dès qu'il aperçut la moto. Il s'avança sur la chaussée en lançant la pointe de ses chaussures vers l'avant. Le reste du corps suivit comme traversé par une onde, les jambes se tendaient l'une après l'autre, les hanches s'assouplissaient, les épaules chaloupaient, lui donnant des allures de félin. Il leva la main en reconnaissant Dragère, et dirigea l'équipage vers un porche. Un passage étroit conduisait à une vaste cour intérieure plongée dans l'obscurité. Des éclats de voix et des bribes de jeux radiophoniques flottaient dans l'air humide qui sentait la soupe et la friture. Le journaliste descendit le premier. Il attendit que Willy ait fait pivoter la béquille pour lui présenter Georges

Malewski grâce auquel il avait négocié la rencontre avec la bande des Fauch'man.

— C'est Jojo, dont je t'ai parlé...

Le photographe enleva ses gants, posément, pour lui serrer la main.

— C'est vous qui travaillez comme décolleteur chez Givet, place Voltaire ?

— Oui. Mon père y bosse aussi, mais lui, il est à la découpe...

— D'après ce que j'ai cru comprendre, on devrait pouvoir faire un reportage dans votre boîte... C'est toujours d'accord ?

Il esquissa une grimace tout en passant ses doigts écartés dans sa lourde tignasse.

— La semaine dernière je ne dis pas, sauf que depuis aujourd'hui, c'est devenu un petit peu plus compliqué. Pour la robinetterie, on était calés sur deux cents pièces à l'heure, et là d'un coup, sans prévenir, on nous passe à deux cent vingt... On est en bagarre, et le contremaître qu'on avait dans la poche va être obligé de rouvrir les yeux... Il faut attendre...

— C'est vous qui voyez...

Les deux autres garçons les avaient rejoints. Ils se dirigèrent tous ensemble vers le fond de la cour où étaient entreposées les poubelles des bâtiments qui les cernaient en dessinant un rectangle allongé dans le ciel orphelin d'étoiles. Des chats dérangés pendant leur repas s'enfuirent en miaulant, accompagnés par un bruit de couvercles renversés. Parvenu près du mur, Malewski se fit aider par l'un de ses copains pour déplacer une plaque de tôle qui masquait une sorte de soupirail par lequel un homme de corpulence moyenne pouvait se glisser.

— C'est le seul moyen d'accéder à notre planque. Vous avez le bon profil. Je vais passer le premier pour ouvrir le chemin. Les autres sont déjà arrivés ; ils nous attendent.

Le journaliste s'aventura à sa suite, posant ses semelles, en tâtonnant, sur les barreaux invisibles d'une échelle dont le bois grinçait au moindre mouvement. Une odeur de suie et de terre mouillée montait du sol. Il tendit les bras vers l'ouverture pour récupérer les appareils photo de Willy, et le guida de degré en degré en lui tenant la cheville. Ils longèrent un couloir en file indienne, sur quelques mètres, avant que Jojo pousse une porte bricolée à partir de planches mal ajustées. La grosse ampoule qui se balançait au bout de son fil faisait naître des ombres fugitives sur les visages de la vingtaine de jeunes garçons assis autour d'une table de cantine. Georges Malewski se hissa sur la pointe des pieds pour se glisser vers le fauteuil au cuir blessé dévolu au chef. Il se racla la gorge à plusieurs reprises de manière à capter l'attention.

— Comme je vous l'avais expliqué à notre dernière réunion, le journal *L'Humanité* s'intéresse à nos activités. Il devrait publier toute une série de reportages sur les bandes de jeunes qui s'organisent dans Paris et sa région. Les Peignotins du XVe, les Cols Roulés de Montmartre, ceux du 140, les rescapés du Floréal…

Jojo savoura les sifflets qui accueillirent l'évocation de la bande rivale. Il fit durer le plaisir avant de reprendre la main.

— Les Floréal, on a été ensemble pendant six mois, mais ils ont fini par croire, parce qu'ils habitaient sur les hauteurs, qu'on était leurs inférieurs... La seule différence, c'est qu'ici on a moins d'argent dans les poches. C'est pour ça qu'on s'est baptisés les Fauch'man ! Le camarade journaliste qui est venu ce soir s'appelle Louis Dragère, et d'habitude il écrit sur les faits divers... Il est accompagné...

Il dirigea son regard vers le photographe qu'il vouvoya d'évidence.

— Excusez-moi, je ne connais pas votre nom...

— Willy Ronis. Faites comme si je n'étais pas là.

Louis Dragère prit la direction des opérations, demandant à tous les jeunes rassemblés autour de la table de se présenter. Il notait le moindre détail sur son calepin, les patronymes et les surnoms, les adresses des boîtes, les qualifications, les signes distinctifs. Yves Maingam, déménageur chez Guillaumet ; Serge Crescente, dit Tic-Tac, apprenti dans l'horlogerie (taches de rousseur) ; Victor Rombaut, dit Gavroche, peintre en bâtiment ; Jacques Richard, dit Haut et Bas, électricien chez Roux et Combaluzier (fine moustache à la Errol Flynn) ; Léon Herment, alias 40 de fièvre, apprenti tueur à la Villette...

Un quart d'heure plus tard, c'était comme si le journaliste faisait partie de la bande depuis sa création. Plus besoin de poser la moindre question, une confidence en entraînait une autre et quand le silence menaçait, les rires faisaient la liaison.

— Vous vous réunissez souvent dans cette cave ?

— Deux fois…

— Deux fois ? Deux fois par mois, deux fois par semaine…

Tic-Tac se montra le plus rapide pour donner la réponse.

— Deux fois par semaine, mais si ça ne tenait qu'à nous, ce serait deux fois par jour. Il n'y a que là qu'on a l'impression de vivre vraiment.

— Et ça veut dire quoi, « vivre vraiment » ?

Les visages se tournèrent vers le bout de table où trônait Malewski. Willy monta sur un banc pour le placer au cœur de la scène, mais il savait en appuyant sur le déclic que la lumière, trop violente, enlèverait tout mystère à sa prise de vue.

— J'habite à cent mètres d'ici, chez mes vieux, dans une baraque qui a été soufflée par les bombardements, il y a onze ans maintenant. La maison branlante. Il n'y a que le proprio qui ne bouge pas ! En plus, on est montés sur la glaise comme une grande partie de Belleville… Dès qu'il commence à pleuvoir, on croirait qu'on loge dans un aquarium. Je ne me sens bien qu'ici, avec les copains.

Louis Dragère tourna la page de son calepin, sur la spirale.

— Vous avez tous entre 16 et 19 ans... Vous lisez les journaux, vous écoutez la radio, vous regardez les actualités Pathé au cinéma...

Haut et Bas cessa de lisser sa moustache pour parler.

— Oui, on n'est pas des hommes des cavernes. Pourquoi tu nous demandes ça ?

— Ce matin encore, ils annonçaient des combats dans le massif des Aurès, en Algérie. Vous n'avez pas peur qu'un jour on vous demande d'y aller ?

— Non. Les Algériens en ont sûrement marre qu'on soit installés chez eux depuis des lustres, mais ils ne font pas le poids face à l'armée. Dans six mois, on n'en parlera plus.

Une coupure de courant plongea la cave dans une obscurité totale. Au cours des secondes qui suivirent, la nuit fut percée par la lumière vacillante d'une dizaine d'allumettes qui allumèrent autant de bougies, conférant à l'assemblée l'allure d'un tableau flamand. Les lueurs changeantes sculptaient les profils, creusaient les orbites, enfiévraient les regards, donnaient de la gravité aux mouvements, de la solennité à la moindre pose. Willy s'était immédiatement adapté à la situation, son index ne cessait de presser le déclencheur du Leica pour capter ce qui s'apparentait maintenant, par la grâce d'une panne d'électricité, à une réunion de conspirateurs.

Ils partirent dès que le courant fut rétabli, empruntant le même soupirail qui donnait sur la même cour. La moto se fraya un chemin au milieu des habitués qui sortaient du cinéma et fila vers la place de la République. Quelques flocons dansaient dans le faisceau du phare, avant d'être aspirés par la vitesse. Après avoir traversé le carrefour, Willy tourna légèrement la tête vers l'arrière pour crier :

— Si tu veux, je peux te déposer devant chez toi…

Dragère se colla au dos du photographe.

— Non, je préfère retourner au journal. Je serai plus à l'aise pour écrire mon papier. Laisse-moi sur les Boulevards, je vais marcher un peu.

Ils se séparèrent à l'angle de la rue Montmartre. Dragère regarda la moto s'éloigner, puis il remonta le col de sa canadienne et se mit à marcher en direction des Halles. Il délaissa les restaurants fréquentés par les journalistes pour s'attabler au Café espagnol, devant une portion de paella qu'il avala tout en relisant les notes prises dans la cave bellevilloise. Il était presque minuit quand il s'approcha du siège de *L'Humanité*, un bâtiment Art déco de quatre niveaux en forme de paquebot qui avait abrité un journal collaborationniste pendant la guerre. On prétendait que les architectes s'étaient inspirés de la silhouette du *Normandie* pour dessiner les coursives, la dunette. Dragère grimpa au premier étage, s'installa dans un bureau lambrissé dont la baie vitrée dominait la circulation du boulevard. Il glissa une feuille de papier calibrée entre les rouleaux d'une machine à écrire et frappa à l'aide de ses seuls index le titre de son article dans le cartouche : « Les Fauch'man font bande à part ». Il le contempla un long moment avant de se décider à attaquer le premier paragraphe. Il faisait partie de ces journalistes qui ont besoin de se concentrer sur l'accroche qui porte en elle toute la logique de la chronique. Il suffisait que les phalanges s'agitent sur les touches pour que la pensée prenne forme.

> Pendant toute cette semaine, nous allons suivre les bandes qu'on rencontre à Paris comme dans toute sa banlieue. Le choix est large : il y a celle des Cols Roulés, les Rôdeurs des Courtilières, la troupe de la Butte à Coco, ceux du 140, les Rebelles des Poissonniers… Certaines comptent cinq ou six membres, le plus souvent une trentaine. La plus fournie aligne jusqu'à deux cents personnes ! À leur écoute, j'ai compris qu'ils n'aimaient guère les patrons ni les donneurs de leçons. Dans leur système de valeurs, les nerfs ont souvent la priorité sur la discussion. Les plus vieux ont 20 ans, et si on n'est pas révolté à cet âge, c'est que les années ont pesé double, voire triple !

Deux heures plus tard, la première livraison de la série était prête. Il se dirigea vers l'ascenseur et appuya sur le bouton du troisième sous-sol. Des manutentionnaires ventilaient des piles de *L'Humanité* à l'encre encore fraîche dans les casiers des différents revendeurs, avant qu'un autre employé ne les ficelle et les charge à l'arrière d'une camionnette. Il ramassa un exemplaire un peu trop froissé pour être mis en vente. Le hangar était silencieux. Les rotativistes débarrassaient les cylindres des formes du journal communiste afin de monter, à leur place, celles de la première édition du *Figaro* dont l'impression équilibrait les comptes de l'entreprise de presse. Un margeur qui avait fini d'assujettir une bobine de papier lui proposa un café. Il le but en feuilletant le quotidien. Le froid persistant ainsi que les crues de la Seine, de la Marne, disputaient la première page à la grande campagne menée contre la reconstitution et le réarmement de la Wehrmacht. Sa seule contribution à l'édition du jour consistait en une brève démarquée d'une dépêche d'agence :

> Goliath, 62 tonnes, évite la fourrière. Le cirque propriétaire de la baleine Goliath, sa principale attraction, ne possédait pas de permis de circuler pour le mammifère. Résultat, douze heures de garde à vue, le temps de trouver un compromis.

CHAPITRE 2

Louis Dragère remonta dans le hall par les escaliers. Comme chaque nuit, une dizaine de militants dépêchés par la Fédération de la Seine du parti communiste montaient la garde pour s'opposer à une éventuelle attaque des locaux du journal. L'agresseur pouvait prendre de multiples visages, groupe factieux, mouvement gaulliste ou bras armé du pouvoir. Chaque arrondissement parisien, chaque ville du département envoyait son détachement à tour de rôle. Les usines de la région nourrissaient également les contingents, Panhard et Renault, La Bakélite et Malicet quand ce n'était pas la Snecma, Gévelot ou Hispano-Suiza. Au début, les ouvriers qui faisaient le don d'une nuit à la Cause étaient reçus par les directeurs, les chefs de rubrique, puis au fil des années leur présence s'était banalisée. Ils étaient devenus aussi invisibles que les massicotiers, les livreurs d'encre ou les femmes de ménage. Dragère était l'un des rares journalistes à venir leur rendre visite dans l'ancien vestiaire aménagé en dortoir, à prendre place autour de la table où l'on tuait le temps en remuant les cartes, en refaisant le monde. Il aimait les écouter dire l'ordinaire du travail dans la langue des ateliers, ou raconter, pour les plus anciens, des épisodes inconnus de la lutte inlassable des exploités contre les buveurs de sueur. Certains évoquaient d'autres époques plus périlleuses, la Résistance, la déportation, et tous se sentaient soudain investis du devoir sacré d'honorer le sacrifice des absents. Cette nuit-là, sur le coup de deux heures, alors que la neige commençait à recouvrir la rue du Louvre, un type d'une trentaine d'années, électricien chez Bendix, à Drancy, s'était mis à parler de ce qui avait blessé sa jeunesse. Orphelin de père, on l'avait placé très jeune comme journalier dans une ferme entre Dole et Lons-le-Saunier. Maltraité par le métayer, lassé de servir de souffre-douleur, il s'était résolu à fuguer. Le hasard lui avait fait rencontrer des maquisards qui opéraient dans le secteur des monts d'Arbois.

— Le jour de mes 19 ans, le 8 septembre 1944, je participais à la libération de Besançon, en appui de la 3e division américaine. Dans la foulée, on m'a intégré à l'armée française. Je me suis même demandé un moment si je n'allais pas devenir soldat de métier. Difficile à croire, mais je trouvais ça moins dur que le travail d'esclave, dans les champs. Sur les conseils d'un sergent, je me suis contenté de signer pour la durée de la guerre. Direction l'Allemagne, jusqu'au nid d'aigle du Führer, à Berchtesgaden… Je croyais en avoir terminé, mais je n'avais pas réfléchi au fait que la bagarre continuait avec les Japonais ! Je me suis retrouvé sur le pont du *Pasteur*, à Marseille, en croisière pour le Vietnam. Quand nous sommes arrivés, l'Empire avait capitulé, après les bombes atomiques sur Hiroshima et Nagasaki. Au lieu de traquer les alliés des nazis, on a commencé à faire la chasse aux indépendantistes vietnamiens dans le secteur de Can Tho. J'étais sous les ordres du lieutenant-colonel Massu. On était épaulés par la Légion étrangère dont une bonne partie des effectifs était composée d'anciens de la Wehrmacht, de débris de la Légion SS Charlemagne, de miliciens. J'ai cru devenir fou. Un jour, il a fallu que ça sorte… Ils me sont tombés dessus, et m'ont laissé pour mort.

Il avait soulevé son pull-over puis sa chemise pour montrer les cicatrices qui attestaient des coups reçus.

— J'ai repris le bateau en juin 1948, après avoir été déclaré inapte au service. Depuis, je passe mes dimanches à faire remplir des dossiers pour décrocher une pension. Je ne les lâcherai pas, je vous prie de me croire !

Le journaliste avait salué ceux qui devaient veiller, avant de prélever une couverture grise sur la pile, près de la porte. Puis il s'était allongé sur un lit de camp, à distance respectable d'un militant enrhumé dont le nez émettait des sifflements aussi réguliers qu'horripilants. Quand il se réveilla, il se demanda une fraction de seconde s'il avait rêvé : il était seul au milieu d'une salle vide ; tout le monde avait déguerpi. Il aimait prendre son café, accompagné d'une tartine, au comptoir du Singe Pèlerin, un café aux murs décorés de faïence à motifs (le patron disait que ce n'était pas de la *bande dessinée* mais de la *bande fondue)*, représentant tous les métiers des Halles dont les élancements métalliques dominaient le quartier. La neige du petit matin tenait encore dans des recoins exposés au nord ainsi que sur les pare-brise des voitures, des camions. Près de l'église Saint-Eustache, une nuée de glaneurs écumaient les trottoirs jonchés de cageots éventrés, sous le regard habituel de deux policiers municipaux. Les filets se gonflaient de feuilles de chou, de pommes de terre ridées, de salades flétries, de têtes de poisson. Il était descendu au sous-sol pour passer un coup de téléphone à Odette. Elle s'était absentée depuis trois jours afin de s'occuper de sa mère qui se sentait épuisée depuis des semaines et qui devait passer une série d'examens médicaux. Le seul appareil de l'immeuble était installé dans la loge de la concierge. Il dut patienter le temps qu'elle monte prévenir la locataire. Il n'ignorait pas que la pipelette restait en embuscade dans sa cuisine, à écouter les conversations, ce qui obligeait Odette à nettoyer ses phrases.

— Bonjour, tu vas bien ?

— Oui, un peu fatiguée. Et toi ?

— Pas vraiment. Tu sais que tu me manques ? Tu rentres quand ?

— Je pensais passer le dimanche ici, le temps de tout remettre en ordre dans la maison. Je comptais prendre le train dans la matinée du lundi, mais je ne sais pas si ce sera encore possible… Ça dépend de ce qu'ils vont dire…

Louis Dragère s'effaça pour laisser le passage à un client pressé d'atteindre les toilettes.

— Je ne vais pas pouvoir tenir… Moi aussi, je me sens un peu crevé, je n'ai plus goût à rien…

— Ce n'est pas très gentil de faire pression comme ça, Louis… Elle ne va vraiment pas bien. Elle ne s'est jamais plainte, c'est la première fois… En plus, ici on est mal, à cause de tout ce qui tombe depuis des semaines. La Seine et l'Orge ont dépassé la cote d'alerte, hier soir. Tout le quartier des Belles-Fontaines a les pieds dans l'eau. Ce matin, ça gagnait le centre de Juvisy, par la Grande-Rue. Ils déménagent la poste pour installer les guichets au sec, dans le château. Toutes les caves sont inondées. On commence à voir des barques en contrebas de la voie du chemin de fer, et d'après ce qu'on m'a dit, la SNCF serait sur le point d'annuler la moitié de ses trains pour Paris. Et toi, qu'est-ce que tu fais ?

Il remit une pièce de monnaie dans la fente du taxiphone.

— Je continue mon enquête sur les bandes, avec Willy. J'ai écrit mon papier sur les Fauch'man en regardant la neige tomber. Les flocons, ça m'inspire. Ce soir, j'ai rendez-vous avec les Enragés, rue de la Lune, pas loin de la porte Saint-Denis. Des fondus de Milton Mezz Mezzrow, de Lionel Hampton, de Sidney Bechet. Ils m'offrent un concert de jazz en salon particulier… Voilà comment on me traite, quand d'autres préfèrent me snober…

Elle laissa échapper un petit rire.

— Ne sois pas idiot, moi aussi je pense à toi… Je vais devoir te laisser… Je me renseigne sur la meilleure manière de revenir. Rappelle-moi vers six heures, pas avant, j'attendrai près de la loge. Je t'embrasse.

— Moi aussi, ma petite Odette, et pas seulement sur la bouche…

Il redescendit la rue Montmartre en évitant les diables chargés de cartons, de boîtes de conserve, les mains engoncées dans les larges poches de la canadienne, un air à la mode sur les lèvres. La voix claire d'Odette dans la tête, il se sentait léger, confiant, prêt à affronter le monde. Il déclina la proposition d'une gagneuse matinale qui tenta sa chance tout en lui demandant du feu pour son américaine. Des personnalités descendaient rapidement de voitures noires qui stationnaient devant l'accueil du journal. Il reconnut Roger Vailland qui discutait avec Pierre Daix, puis André Stil et André Wurmser dont il appréciait les billets. Il lui était arrivé d'échanger quelques mots avec ce dernier, une des rares fois où il avait été invité au bar du septième étage. Armand Quérin, un ancien du Red Star, un club où il avait côtoyé le légendaire Fred Aston, et qui travaillait maintenant pour la page des sports, l'arrêta alors qu'il se dirigeait vers les ascenseurs.

— Vastard te cherche partout depuis une heure. Il court dans tous les sens.

— Gras comme il est, ça ne peut pas lui faire de mal. Il a dit quelque chose ?

— Non. Je ne sais pas ce qu'il te veut, mais j'ai l'impression que c'est du sérieux en plus d'être urgent.

Louis Dragère entretenait de très bons rapports de travail avec Roland Vastard, l'un des seuls rédacteurs du titre à être passés par le centre de formation des journalistes où il lui arrivait de donner des cours. Sans méconnaître la nécessité du combat politique sur tous les fronts, il était parvenu à dégager un espace pour des sujets plus transversaux. De l'enquête culturelle jusqu'à l'investigation autour d'un fait divers emblématique. Il professait que la lutte des classes n'était pas uniquement présente à l'usine, dans la rue, mais qu'un œil exercé pouvait en déceler les effets aux endroits les plus inattendus. Il savait être provocateur. Dragère l'avait entendu défendre son point de vue dans une conférence de rédaction, n'hésitant pas à déclarer :

— Un philosophe produit des idées, un poète des vers, un curé des sermons, un professeur des bouquins… Un criminel produit la criminalité. Est-ce que le métier de serrurier aurait atteint un tel degré de perfection s'il n'y avait pas eu de voleurs ? Est-ce que la fabrication des chèques bancaires aurait atteint un tel degré d'excellence s'il n'y avait pas eu d'escrocs ?

Il avait attendu que son interlocuteur hausse les épaules pour dévoiler théâtralement le nom de l'auteur tout en posant sur la table le texte qu'il ne faisait que citer.

— Je ne faisais que me référer à Karl Marx dont je vous recommande particulièrement la conclusion : « Le crime, par le développement sans fin de nouveaux moyens d'attaquer la propriété, a forcé l'invention de nouveaux moyens de défense, et ses effets productifs sont aussi grands que ceux des grèves par rapport à l'invention des machines industrielles. »

En vérité, si l'idée d'une immersion dans les groupes de jeunes venait de Dragère, le feu vert lui avait été donné par son chef. Il patienta plusieurs minutes devant la porte close de l'ascenseur, jetant des coups d'œil au voyant lumineux qui restait bloqué sur le chiffre deux. Il finit par délaisser la mécanique pour reporter sa confiance sur les escaliers. Vastard était au téléphone, prenant des notes sous la dictée de son correspondant. Il esquissa un sourire de bienvenue, lui fit signe de s'asseoir. Il remplit encore une quinzaine de lignes puis raccrocha, laissant sa main peser de tout son poids sur la Bakélite.

— Un appel de Casablanca... Ils viennent de fusiller six patriotes marocains au pénitencier de l'Adir, près de Mazagan... Condamnés pour menées indépendantistes par le tribunal permanent des Forces armées. Ils voudraient foutre le feu à toute l'Afrique du Nord qu'ils ne s'y prendraient pas autrement ! Tu as l'air fatigué…

— Un peu… J'ai discuté tard avec les gars du service d'ordre…

Dragère avait repéré, en s'asseyant, son papier sur les Fauch'man posé près de la machine à écrire, mais après ce qu'il venait d'entendre, la pudeur l'empêcha de demander à Vastard ce qu'il en pensait. Ce fut ce dernier qui aborda la question.

— J'ai lu le chapeau de présentation de la série et le premier article à propos de ton expédition à Belleville, avec Ronis. Du très bon matériel. Au bout de trois lignes, on fait partie de l'équipée, on descend l'échelle, on allume les bougies. Juste une remarque : il faudrait voir si, dans tout ce que tu as entendu, il n'y avait pas une allusion plus marquée à la politique du Parti en direction de la jeunesse… Ça n'a pas besoin d'être long. Une phrase ou deux. Tu y réfléchis, mais ce n'est pas pour ça que je voulais te voir… Je me demande ce qu'ils te veulent…

— Je ne suis sur rien d'autre. De qui tu parles ?

Vastard se rejeta contre le dossier de son fauteuil, s'étira en bâillant.

— J'ai reçu un appel d'André Vieuguet, le secrétaire de Duclos. En personne. Ils ont besoin de te rencontrer. Il faudrait que tu te présentes cet après-midi au siège du Comité central, à quatre heures…

— Le Comité central ? Qu'est-ce que c'est

que cette histoire ? Il doit y avoir erreur sur la personne. Tu es sûr que c'est bien de moi dont il s'agit ?

— Il n'existe qu'un Louis Dragère dans cette rédaction, à ma connaissance... Je ne peux pas t'en dire davantage. J'ai essayé d'obtenir des précisions, mais il n'a pas lâché la moindre info. Il n'y a rien de plus difficile qu'essayer d'ouvrir une huître à la main.

Le jeune journaliste tua le temps qui le séparait de son rendez-vous en se promenant dans le quartier. Il s'attarda, en dépiautant des marrons grillés, devant tous les spectacles qu'offraient les boulevards : les silhouettes des passantes, un faux fakir qui s'allongeait sur du verre pilé et demandait à un passant obèse de monter sur la planche posée en équilibre sur son ventre, un haltérophile moustachu briseur de chaînes, des caniches attifés comme des soubrettes sautant dans des cerceaux, un ours au nez percé marquant tristement la cadence d'un tambourin... Puis il avait fini par atterrir dans une salle obscure, le Helder, qui projetait dès midi *Ça va barder* de John Berry. Il avait lu une critique assez tiède du film dans son journal, mais c'est surtout la personnalité du metteur en scène réfugié en France pour fuir le maccarthysme, tout comme son acteur principal Eddie Constantine, qui l'avait attiré devant l'écran. Il en ressortit avec des réserves d'énergie. Si l'histoire ne valait pas grand-chose, une énième variation sur le thème de la monstruosité du trafic d'armes, la combinaison du jeu des comédiens, de la direction d'acteurs, du cadrage, de la lumière et du montage, ne laissait aucun répit au spectateur. Il remonta sous une pluie fine et glacée jusqu'à la place de l'Opéra en se disant qu'il en parlerait au critique du journal, puis il bifurqua dans la rue La Fayette. S'il l'avait vu cent fois en traversant le carrefour Châteaudun, juché sur la plate-forme de l'autobus, Dragère n'était jamais entré dans l'immeuble du 44, rue Le Peletier. Un bâtiment cossu de six ou sept étages, le dernier en retrait ceinturé par une coursive, de la brique, du ciment qui donnaient une impression d'architecture massive, et surtout deux immenses portes de fer forgé qui ne s'entrouvraient que quelques secondes, le temps qu'une voiture s'engouffre à l'intérieur. L'emplacement était idéal, à la frontière du Paris populaire et du Paris de tous les pouvoirs. Il longea la façade, ne sachant comment signaler sa présence. Il finit par remarquer une sonnette électrique à moitié dissimulée par une excroissance de ferraille. Il appuya brièvement sur le bouton, comme s'il avait peur de gêner les occupants. Une voix, curieusement venue d'un point situé au-dessus de sa tête, se fit entendre.

— C'est pour quoi ?

Il leva le nez pour répondre.

— On m'a demandé de venir à quatre heures. Je suis un peu en avance. J'ai rendez-vous avec M. André Vieuguet…

— Vous êtes qui ?

— Louis Dragère. Je suis journaliste à *L'Humanité*...

— Merci. Je vais devoir vous faire patienter quelques instants.

Son regard croisa celui d'un passant dont le visage était entièrement recouvert de tatouages. Une sorte de pieuvre déroulait ses tentacules depuis le front. Ses appendices venaient entourer les yeux, le nez, la bouche, les oreilles, à la manière d'une main sans corps, d'un bleu transparent.

— Vous pouvez entrer...

Une porte s'ouvrit dans le métal massif du porche, et, encore tout à sa vision, il accrocha l'armature avec son talon, faillit perdre l'équilibre.

— Suivez-moi.

Ils se dirigèrent vers la droite pour pénétrer dans une pièce occupée par trois personnes. Un homme d'une quarantaine d'années habillé d'un costume gris, d'allure martiale, se tenait derrière un bureau sur lequel était posée une plaque en cuivre oblongue, pareille à celles que l'on voit dans les administrations : « Général Joinville ». Des portraits jumeaux de Maurice Thorez et de Staline décoraient le mur. Le journaliste reconnut, dans l'un des occupants du bureau d'accueil, un ouvrier qui venait parfois monter la garde rue du Louvre, mais l'homme fit en sorte de n'en rien laisser paraître.

— Le camarade Vieuguet va vous recevoir. Vous avez des papiers d'identité ?

Il ouvrit son portefeuille, tendit sa carte professionnelle.

— Je ne savais pas… Je n'ai que celle-là…

— C'est très bien, ça suffira.

Le gars qu'il avait croisé le fouilla rapidement puis ils montèrent dans les étages, passant devant la pièce en triangle, basse de plafond, où se réunissait le Bureau politique. Par la porte entrouverte, il aperçut les tables étroites, la plaque de marbre qui rendait hommage aux dirigeants morts pendant la Résistance. Jacques Duclos arpentait le même couloir, en sens inverse. Il toisa Dragère puis s'arrêta pour lui tendre la main. L'accent des Pyrénées était aussi rond que la silhouette d'où sortait la voix.

— Je suis content que tu aies répondu à notre invitation… André va te recevoir. J'aurais bien aimé t'expliquer en personne ce que nous attendons de toi, mais je dois préparer une intervention à l'Assemblée. On ne les laissera pas réarmer l'Allemagne !

Louis Dragère demeura interdit un instant, c'était comme si une statue s'était mise à lui parler, puis il se remit en mouvement à la manière d'un automate. Le secrétaire de Duclos devant qui il prit place dans la minute qui suivit était bien moins impressionnant. Il déplia un exemplaire de *L'Humanité* pour mettre un article en évidence. Dragère reconnut la photo de l'usine de produits chimiques Kuhlmann qui accompagnait l'un de ses reportages, surmontée d'un titre choc trouvé par Vastard : « La soupe aux asticots ».

— Excellent travail ! C'est ce papier qui a attiré notre attention sur toi. Quand il est paru, il y a six mois de ça, on m'en a parlé au moins vingt fois dans la journée qui a suivi. De très grandes signatures nous font l'amitié de confier des articles à nos publications, et je dois à la vérité de dire que l'écho en est souvent moindre…

Il approcha le papier de son visage, se mit à lire un passage après s'être raclé la gorge.

— « Il y a une odeur, à Aubervilliers, une odeur à laquelle personne n'échappe : elle vous colle au fond de la gorge, elle emplit les poumons, tout le monde la respire, et partout ! Elle s'abat en rafales par instants, au gré du vent d'ouest instable, et devient insupportable. C'est avec les wagons d'os venus des abattoirs proches, concassés et bouillis, que l'on fabrique la colle et les engrais animaux. À ces odeurs, ajoutez la poussière des phosphates. Cette odeur de bouillon d'asticots, odeur de charogne, de hideuse cuisine de cadavre, c'est Kuhlmann ! Voilà pour le décor. » On a rarement l'occasion de tomber sur quelque chose d'aussi puissant, au petit matin, en prenant son café… J'ai fait des recherches, j'ai rassemblé tout ce que tu as écrit depuis deux ans. Les enquêtes de terrain, surtout. Aussi, quand Jacques m'a mis au courant de ce qui le tracassait, j'ai tout de suite pensé à toi… Tu as bien sûr entendu parler de l'Affiche rouge, cette saleté que les nazis et leurs valets ont fait apposer sur les murs de France, en février 44…

— J'avais 15 ans à l'époque. Je m'en souviens comme si c'était hier. Ils en avaient collé dans tout le quartier de la Goutte d'Or. Elles n'ont pas tenu longtemps ; avec les copains, on s'est occupés de nettoyer les murs.

Vieuguet sortit une boîte de médicaments de sa poche de veste, déposa une pastille verte sur sa langue.

— Je me suis fatigué la voix la semaine dernière dans un meeting à Sallaumines. Une heure de discours en plein courant d'air. Voilà le résultat… Bon. Début mars, il a été décidé d'inaugurer la première rue en hommage au groupe Manouchian, près de la place Saint-Fargeau dans le XXe arrondissement. À part le rassemblement, il est prévu d'organiser des dépôts de gerbes au cimetière d'Ivry, au mont Valérien, une grande soirée culturelle à la Mutualité. Plusieurs ministres ont confirmé leur présence ainsi que les ambassadeurs de Pologne, de Roumanie, de Hongrie et d'Italie, pays dont étaient originaires les combattants. La veuve du général Delestraint ainsi que celle de Jean Zay seront là aussi. Nous attendons la réponse d'un représentant de la république soviétique d'Arménie et d'un délégué de la République espagnole en exil. Pour donner plus d'éclat encore à la cérémonie, la direction du Parti a confié au camarade Louis Aragon le soin de rédiger un poème à la gloire de Missak Manouchian et de ses compagnons.

Dragère interpréta le silence qui s'installa comme une invitation à s'exprimer.

— Qu'est-ce que je dois faire ? Préparer du matériel, pour le journal ?

— Ça, c'est l'affaire du 37, pas du 44...

Le ton s'était fait cassant pour le remettre à sa place en évoquant les numéros de rue respectifs de *L'Humanité* et du siège du Comité central. Vieuguet poursuivit.

— Ce que je vais te dire est confidentiel. Cela devra rester strictement entre nous. Tu ne dois en faire état devant personne. C'est compris ?

— Oui...

— Nos ennemis saisissent toutes les occasions pour nous attaquer, nous salir. Certains frappent même de l'intérieur de notre organisation où ils ont réussi à se dissimuler. Ça a été le cas avec le fractionniste Tillon, le policier Marty. Nous nous attendons à ce qu'une campagne se déchaîne à l'occasion de cette inauguration. Nous devons nous y préparer, être prêts à confondre les calomniateurs. Nous n'avons jamais accordé le plus petit crédit aux rumeurs qui circulent sur le compte de Missak et de son groupe. L'attaque de nos adversaires prendra appui sur elles, c'est certain. Il est de la plus haute importance que nous sachions exactement à quoi nous en tenir. C'est pourquoi nous te confions cette tâche. Tu disposes d'un mois pour recueillir le plus d'informations possible sur Manouchian et sur ce qu'on dit de lui. Je préviendrai la direction du journal de ton absence momentanée. Julien Godart, le président du Comité français pour la défense des immigrés, a préparé un dossier qui devrait te permettre d'avancer.

Une heure plus tard, Louis Dragère sursautait au bruit que fit la lourde porte en se refermant dans son dos. Il serra contre lui la chemise cartonnée confiée par le secrétaire de Jacques Duclos. Elle contenait en tout et pour tout trois feuilles dactylographiées et deux autres documents. Il se mit en route en direction de la gare de l'Est sous un ciel dont le gris menaçait de couler à tout instant. Les premiers flocons imbibés d'eau s'écrasèrent à ses pieds à hauteur du restaurant Les Diamantaires, alors que six heures du soir sonnaient à un clocher proche. Il se réfugia dans une cabine du square Montholon pour appeler Juvisy. Une dizaine de sans-logis installaient un campement de fortune le long des grilles à l'aide de planches, de tôles, recouvertes de bâches, de toiles cirées. Là-bas, la concierge décrocha après avoir laissé la sonnerie résonner dans le vide pendant plusieurs minutes. Elle l'informa d'un air excédé que « Mademoiselle Odette » était de sortie.

CHAPITRE 3

Odette et lui habitaient une grande pièce située au-dessus de l'atelier d'un fabricant à façon de tampons encreurs, rue de l'Aqueduc. Ils s'étaient habitués au bruit de la machine à estamper, aux grincements du rideau de fer qui se levait en même temps que le jour. La rumeur du trafic de la gare de l'Est leur arrivait, surtout l'été quand le soleil les obligeait à laisser les fenêtres grandes ouvertes. Leur voisin de palier, un petit homme rondouillard qui vivait avec une jeune femme affligée d'une claudication prononcée, avait toujours une affaire à proposer. Cigarettes américaines à moitié prix, rillettes d'origine contrôlée, vin de producteur, meubles neufs bradés en retour d'exposition, costumes sur mesure... Louis l'avait croisé quelque temps plus tôt en rentrant d'un bouclage, au petit matin. Habillé d'une livrée violette, une casquette sur la tête, visière relevée, il racolait des provinciaux éméchés devant le Tabarin, une boîte de strip-tease du quartier Pigalle qui ne rechignait pas à l'essorage des gogos. Dragère avait décliné son invitation assortie d'une coupe de champagne offerte par la maison.

Il avait fait une flambée, avec du bois de cagette récupéré aux Halles pour enflammer la bûche posée dans la cheminée, avant de prendre connaissance des renseignements que lui avait remis le secrétaire de Jacques Duclos. Il mit de côté la liste des contacts, terrifié à la simple idée d'avoir à téléphoner à Louis Aragon. Il apprit que Missak Manouchian était né le 1er septembre 1906 à Adiyaman, en Turquie. Orphelin, il avait été recueilli ainsi que son frère par une institution religieuse, au Liban. Exilé en France en 1925, il était passé par Marseille avant de venir travailler chez Citroën. Adhérent du parti communiste en 1935, il avait dirigé un journal, *Zangou.* À la même époque, il avait pris la tête d'une organisation de solidarité à l'Arménie soviétique, le HOG, où il avait fait la connaissance de sa future femme Mélinée Assadourian. Arrêté par la police française en juin 1941, au moment de l'invasion de l'URSS par les armées nazies, il était devenu peu après sa libération l'un des responsables de la section arménienne de la Main-d'œuvre immigrée (MOI). Affecté aux Francs-tireurs et partisans en février 1943, il participait le mois suivant à sa première opération armée. Il fut promu commissaire technique des FTP en juillet de la même année, puis commissaire politique en août, ayant autorité sur une cinquantaine de combattants. Sur les trente actions militaires menées contre les troupes d'occupation, à Paris, sous sa direction, la plus retentissante fut l'exécution du général Julius Ritter, un proche de Hitler, organisateur du pillage de la France au moyen du Service du travail obligatoire. Arrêté par la Brigade spéciale n° 2 des Renseignements généraux le 16 novembre 1943, Missak Manouchian est jugé sommairement par un tribunal militaire allemand, en compagnie de 22 de ses compagnons, et fusillé dans le fort du mont Valérien au matin du 21 février 1944. Deux documents accompagnaient la biographie. Une reproduction, tout d'abord, de l'Affiche rouge apposée par les nazis sur les murs avec dix visages de combattants, en médaillon, encadrés par ces mots : « Des libérateurs ? La libération par l'armée du crime ! » Une retranscription, ensuite, de la dernière lettre écrite à sa femme Mélinée par celui qui signait « Michel » pour saluer son pays d'adoption. Dragère la lut, les mots agitant ses lèvres en silence :

> Ma chère Mélinée, ma petite orpheline bien-aimée,
>
> Dans quelques heures, je ne serai plus de ce monde. Nous allons être fusillés cet après-midi à 15 heures. Cela m'arrive comme un accident dans ma vie, je n'y crois pas mais pourtant je sais que je ne te verrai plus jamais.
>
> Que puis-je t'écrire ? Tout est confus en moi et bien clair en même temps.

Je m'étais engagé dans l'Armée de Libération en soldat volontaire et je meurs à deux doigts de la Victoire et du but. Bonheur à ceux qui vont nous survivre et goûter la douceur de la Liberté et de la Paix de demain. Je suis sûr que le peuple français et tous les combattants de la Liberté sauront honorer notre mémoire dignement. Au moment de mourir, je proclame que je n'ai aucune haine contre le peuple allemand et contre qui que ce soit, chacun aura ce qu'il méritera comme châtiment et comme récompense. Le peuple allemand et tous les autres peuples vivront en paix et en fraternité après la guerre qui ne durera plus longtemps. Bonheur à tous… J'ai un regret profond de ne t'avoir pas rendue heureuse, j'aurais bien voulu avoir un enfant de toi, comme tu le voulais toujours. Je te prie donc de te marier après la guerre, sans faute, et d'avoir un enfant pour mon bonheur, et pour accomplir ma dernière volonté, marie-toi avec quelqu'un qui puisse te rendre heureuse. Tous mes biens et toutes mes affaires je les lègue à toi, à ta sœur et à mes neveux. Après la guerre, tu pourras faire valoir ton droit de pension de guerre en tant que ma femme, car je meurs en soldat régulier de l'Armée française de la Libération.

Avec l'aide des amis qui voudront bien m'honorer, tu feras éditer mes poèmes et mes écrits… Tu apporteras mes souvenirs si possible à mes parents en Arménie. Je mourrai avec mes 23 camarades tout à l'heure avec le courage et la sérénité d'un homme qui a la conscience bien tranquille… Aujourd'hui, il y a du soleil. C'est en regardant le soleil et la belle nature que j'ai tant aimée que je dirai adieu à la vie et à vous tous, ma bien chère femme et mes bien chers amis… Je t'embrasse bien fort ainsi que ta sœur et tous les amis qui me connaissent de loin ou de près, je vous serre tous sur mon cœur. Adieu. Ton ami, ton camarade, ton mari.

Manouchian Michel.

Il ne découvrait pas le texte, l'ayant entendu deux ans plus tôt, lors d'un hommage à la Résistance, dit par l'acteur Gérard Philipe, mais l'émotion était tout aussi profonde. La solitude lui devint soudainement insupportable. Il descendit boire un verre au comptoir de l'Archiduc, un café d'habitués situé à deux pas du pont qui enjambait les voies de Paris-Est. Il refit une tentative en direction de Juvisy en composant le numéro sur le cadran du combiné posé sur le bar. La voix d'Odette lui fut comme un soulagement. Il baissa le ton pour ne pas être entendu des autres clients.

— Je t'ai téléphoné à six heures… C'est toi qui avais fixé l'heure… Tu étais passée où ?

— Je pataugeais ! Ma mère a été transférée à l'hôpital de la rue Camille-Flammarion. Ils vont la garder quelques jours en observation. Quand je suis retournée à la maison, le bus a été bloqué par la montée des eaux, en bas vers le carrefour d'Estienne-d'Orves. Je sais que ce n'est pas drôle pour toi, mais il faut que je reste encore un peu près d'elle.

— Juvisy, ce n'est pas le bout du monde…

— Non, bien sûr, en temps normal. Tu ne me crois peut-être pas parce que tu ne vois pas comment on est cernés, ici… La Seine est encore montée de dix centimètres depuis ce matin. La gare de triage est inondée. Je ne peux pas rentrer à Paris en risquant de ne plus pouvoir revenir s'il se passe quoi que ce soit.

Il n'insista pas. Odette et sa mère, c'était une histoire compliquée, pleine de séparations et de retrouvailles. L'Espagne d'abord, dans un service sanitaire, de Madrid à Barcelone, quand la gamine n'avait que 4 ans, puis des tournées en province dans une troupe de comédiens qui voulaient faire découvrir le répertoire classique à la classe ouvrière... À peine raccroché, il rappela Willy Ronis pour lui demander de passer le prendre à huit heures. Il n'avait pas eu la possibilité d'annuler le rendez-vous avec la bande de la rue de la Lune et s'était mis en tête de ne commencer sa nouvelle enquête que le lendemain. D'une certaine manière, l'absence d'Odette lui facilitait la tâche. Il aurait dû prendre sur lui pour taire son activité, lui mentir sans le moindre espoir d'être cru, d'autant qu'André Vieuguet avait été catégorique : personne ne devait être mis au courant de ses recherches au service du Parti, ni les collègues de travail, ni les amis proches, ni l'entourage familial. Le photographe était arrivé en avance. Ils avaient eu le temps de manger un casse-croûte dans un bar avant d'aller à la rencontre des amateurs de jazz. Willy lui avait offert un petit format d'un des clichés du reportage de la veille, au moment où les Fauch'man avaient allumé leurs bougies.

— Tu sais, cela fait sept ou huit ans que je me

promène dans ce quartier. Novembre 1947 pour être précis. C'est noté dans un de mes carnets…

— Comment ça se fait que tu t'y es intéressé ? Pour les gens, Paris, ce n'est pas ça, c'est la tour Eiffel, Montmartre, Montparnasse, les bords de Seine…

— Le fil du hasard. Un ami peintre, Daniel Pipard, m'a invité dans son atelier au bout d'une impasse cernée par les rues en escaliers. Il m'a servi de guide. J'ai découvert une sorte de campagne suspendue au-dessus de la ville, avec des jardins cachés où les animaux de basse-cour étaient en liberté, une nature presque sauvage qui a disparu des autres arrondissements de la capitale, des ateliers d'imprimerie, des fabriques familiales de chaussures, tous les métiers de la maroquinerie, des commerces vieillots, et aussi pas mal d'artistes fauchés installés dans des maisons brinquebalantes. Et sur tout ça, tu as remarqué, une lumière qui n'accepte de se poser que sur les quartiers de collines. J'ai pris des centaines de photos, pour moi, entre deux travaux de commande…

— Il faudra que tu me les montres…

— J'en ai fait un livre l'année dernière. Si tu passes à la maison, un de ces jours, fais-moi penser à t'en offrir un exemplaire. Ce n'est pas que j'en sois très content, mais il existe… Si jamais l'éditeur décidait de le réimprimer, je me débrouillerais pour y placer cette photo des « conspirateurs », elle me plaît bien.

Ils enfourchèrent la Motobécane et filèrent

vers la porte Saint-Denis, le visage en feu au bout de quelques centaines de mètres de déplacement dans un air glacial. La bande des Enragés disposait d'un local à proximité de l'église Notre-Dame de Bonne-Nouvelle. Là encore, ils ne rencontrèrent que des garçons. Le sextet était composé de jeunes hommes entre 18 et 20 ans qui étudiaient à deux pas de là, à l'école technique de la radiodiffusion. Passionnés de jazz, ils avaient formé leur ensemble pour rompre la monotonie des études et pour tenter aussi d'en assurer le financement en se produisant dans des fêtes. Ils ambitionnaient de signer un contrat avec l'une des nombreuses boîtes qui faisaient la réputation du quartier Saint-Germain. Ils jouaient sans fausses notes, avec la même application qu'ils devaient mettre à apprendre des équations. Le malheur n'était pas au rendez-vous, ni la douleur.

Dragère s'abstint de dire ce qu'il pensait vraiment, que les Enragés étaient trop sages, qu'ils respectaient la portée comme s'il s'agissait d'un passage clouté.

Au moment de reprendre la moto, Louis annonça à Willy que la rédaction en chef venait de lui confier une nouvelle enquête (il inventa, pensant peut-être à la mère d'Odette, une plongée dans le monde des hôpitaux), que la série sur la jeunesse parisienne était suspendue pour un mois. Il se fit déposer rue du Louvre, au journal, où il voulait consulter les archives.

Au matin, après les multiples tentatives des

jours précédents, la neige avait fini par recouvrir la ville. Un trait blanc, du coton lumineux, surlignait les branches des arbres et les oiseaux, en s'y posant, le transformaient en pointillé. Dragère demeura un long moment devant la fenêtre, une couverture sur les épaules, comme un enfant pour un premier Noël. Sa respiration imprimait un halo mouvant sur la vitre. Il fit repartir du petit bois dans les braises qui couvaient encore sous la cendre, puis il approcha un tabouret de la cheminée pour boire son café dans la chaleur renaissante. La moitié de la matinée fut consacrée à la lecture des anciens numéros de *L'Humanité* prélevés la veille dans de vieilles piles. Il lut les comptes rendus des plus récentes manifestations organisées en hommage aux fusillés de février 1944, découvrant dans le corps des articles les bribes de ce qu'écrivaient les journaux collaborationnistes, que ce soit *Le Matin, Paris-Soir, L'Œuvre* ou *Aujourd'hui*, au sujet de Manouchian et de ses camarades.

> Manouchian a un visage basané, les pommettes sont hautes, mais à la hauteur des lèvres, la joue est molle et basse, elle fait un pli comme en ont les dogues… Spartaco Fontanot est abject. Blondasse gonflé, la peau blême, les paupières clignotantes… Ces vingt-quatre Juifs ont coûté la mort de cent cinquante Français… Tous sont étrangers. Aucun n'est d'origine française. Leur tête est hideuse. Le sadisme juif s'y étale dans l'œil torve, les oreilles en chou-fleur, les lèvres épaisses et pendantes, la chevelure crépue et filasse…

Il faisait maintenant assez chaud dans la pièce pour se laver de la tête aux pieds, nu devant le lavabo. Il se changea entièrement, mit un point final à sa métamorphose en domestiquant sa chevelure au Pento et enfila sa canadienne pour affronter l'hiver. Sur le trottoir, il croisa Petit René qui poussait la carriole dans laquelle sa compagne, Mado, déjà saoule, était affalée au milieu d'objets trouvés en chemin : une marmite cabossée, un broc ébréché, une tête de poupée en celluloïd fichée sur un manche à balai… Dragère passa devant l'Archiduc sans s'arrêter. Il dirigea ses pas vers Le Celtic, sur le boulevard de la Chapelle, qui disposait d'une véritable cabine téléphonique. Le numéro de la rue de la Sourdière ne répondait pas. Il compta une vingtaine de sonneries avant de raccrocher et de composer celui du moulin de Saint-Arnoult. Une voix masculine se fit immédiatement entendre.

— Oui, allô…

Il lança d'un seul jet la tirade qu'il avait mise au point en se préparant puis répétée tout au long du trajet.

— Bonjour, je m'appelle Louis Dragère, je suis journaliste à *L'Humanité* et j'appelle de la part du secrétariat de M. Jacques Duclos… Je voudrais parler à M. Louis Aragon, à propos de Missak Manouchian… Ou plutôt le rencontrer, si son emploi du temps le permet…

— M. Aragon est en réunion de travail… Je lui fais part de votre appel dès que possible.

Vous pouvez rappeler en fin de matinée ? Si ce n'est pas moi qui réponds, demandez Ernest.

Il tua le temps en débroussaillant les maigres notes prises la veille, rue de la Lune, structurant l'article qu'il espérait en tirer. Le plus important, c'était toujours l'accroche, l'hameçon qui ferrerait le lecteur imprudent :

> Certains pourront s'étonner que dans ce journal nous nous intéressions à des jeunes gens qui ne semblent avoir qu'une passion : celle du jazz, une musique américaine ! Ils étudient les techniques de la radio dans une des meilleures écoles du pays, leurs parents font le sacrifice de 1 000 francs par trimestre pour les frais de scolarité… Et pourtant, proposez-leur de tout laisser en plan, les écouteurs, les branchements électriques, et de jouer *Saint James Infirmary* dans une cave enfumée, ils n'hésiteront pas une seconde. Leur nom ? Les Enragés…

Lorsqu'il rappela le moulin, Ernest lui expliqua que l'écrivain devait s'absenter pour plusieurs jours, qu'il ne disposerait que de quelques instants, en début de soirée, pour le recevoir.

— Dites-lui que je le remercie et que je serai à Saint-Arnoult à sept heures précises.

Dragère prit le métro pour se rapprocher de la gare Montparnasse. Comme il avait du temps devant lui, il fila rue de la Gaîté pour acheter une tartelette aux cerises au Lapin Blanc, une pâtisserie que sa mère jugeait être la meilleure de Paris. Il dégusta le gâteau en regardant les photos d'un chanteur inconnu, Jacques Brel, exposées dans le hall de Bobino, puis il se dirigea vers le Texas, un cinéma du haut de la rue. Le spectacle occupait tout autant la salle que l'écran qui était flanqué, de part et d'autre, de sculptures en tubes fluorescents représentant d'imposants cow-boys faisant tournoyer des lassos au-dessus de leur Stetson. Tout ici était hors d'âge, les fauteuils au rembourrage défoncé, les strapontins à l'agonie, l'écran rapiécé, le rideau publicitaire qui vantait des commerces disparus depuis des lustres. Jusqu'aux copies projetées, pleines de rayures, cassant plus souvent qu'à leur tour. D'ailleurs, on ne prenait pas un billet au Texas pour le film, mais pour se fondre au public, s'esclaffer des reparties, souligner les faiblesses des histoires, moquer le jeu des comédiens. En ce début d'après-midi, les spectateurs n'étaient pas très en forme et il suivit les péripéties du *Révolté de Santa Cruz* interprété par Pedro Armendariz qu'il avait déjà vu donner la réplique à John Wayne dans *Le Massacre de Fort Apache.* En attendant le départ du train, annoncé pour quatre heures et demie, il sortit une petite pince nickelée de sa poche et entreprit de se couper les ongles, méthodiquement.

CHAPITRE 4

Une fois dépassée la banlieue transformée en bourbier par les intempéries, la neige tenait au sol, d'abord au creux des sillons, en lisière des boqueteaux, puis de plus en plus largement, couvrant les ondulations du paysage. Arrivé à Rambouillet, il lui fallut attendre près de trois quarts d'heure pour disposer d'un taxi dont le chauffeur, un fumeur de pipe au visage rond cerné d'une barbe épaisse, demeura silencieux tout au long de la course. Prétextant que son service était terminé, il refusa la proposition que lui fit Dragère de l'attendre, pour le ramener à la gare, afin d'être sûr d'attraper le dernier train en direction de Paris. Il descendit de voiture et s'avança dans la cour intérieure pavée, éclairée par le faisceau des phares. Un homme d'une quarantaine d'années vêtu d'un pantalon de velours noir, d'un chandail à grosses côtes de même couleur vint à sa rencontre.

— C'est moi que vous avez eu au téléphone. Vous avez fait bon voyage ?

— Oui, mais le taxi n'a pas voulu rester…

— Ne vous inquiétez pas pour ça… On en appellera un autre. La réunion avec les visiteurs de cet après-midi se prolonge, mais M. Aragon devrait vous recevoir dans très peu de temps…

Ils entrèrent dans le vieux moulin, gagnèrent directement le grand salon qui occupait le cœur de l'ancienne usine à farine. C'était une pièce d'environ dix mètres sur sept, très haute de plafond. Une sorte de mezzanine accueillait, sous les poutres, des sculptures, des tableaux, des gravures. Un oculus permettait d'observer les mouvements de la Remarde, un affluent de l'Orge, dans la cage où tournait autrefois la roue qui donnait son énergie aux poulies, aux engrenages, aux meules, aux trémies. Les murs étaient entièrement dissimulés par d'impressionnantes bibliothèques vitrées semblables à celles d'une abbaye. Quatre hommes se faisaient face, assis sur des bancs disposés autour d'une interminable table en bois massif. Un cinquième tisonnait le feu qui pétillait dans une cheminée de pierre. Quand il se redressa, Dragère reconnut le poète de la Résistance, qui à cet instant fit un signe discret à son régisseur. Ernest appuya sur l'épaule du journaliste pour qu'il se dirige vers la porte qui conduisait à un bureau encombré de centaines de livres posés à la diable sur les étagères, les tables, le sol, le manteau de la cheminée… Une marée de papier.

— Vous pouvez attendre ici, il y a de quoi lire… Aragon est convoqué demain au Palais de justice de Paris. Il prépare sa déposition avec ses avocats et ses coïnculpés, le colonel Manhès et Marc Schafier…

— Personne n'en a encore parlé… Je l'ignorais… C'est invraisemblable ! Il est poursuivi pour quelle raison ?

— Une vieille histoire qui redevient d'actualité. Il y a quatre ans, alors qu'il était directeur de *Ce soir*, il a publié un appel à manifester contre la présence d'anciens généraux nazis invités à Paris par le gouvernement français. Il est accusé de diffamation en sa qualité de responsable d'un journal qui a cessé de paraître depuis des mois…

Ernest s'interrompit, son attention attirée par un téléphone qui venait de se mettre à sonner au bout du couloir. En son absence, Dragère fit le tour du bureau, évitant de passer trop près des piles incertaines, jetant un regard depuis la fenêtre sur la nature dépouillée par l'hiver. Il s'approcha du bureau recouvert de feuilles manuscrites sur lesquelles tombait la lumière douce d'une lampe d'opaline. Alors même qu'il déchiffrait une phrase à l'envers, il crut reconnaître les lettres formant le nom de Manouchian. Il tendit la main pour tourner le papier vers lui, mais la conscience de commettre un sacrilège suspendit son geste. Il poussa le vieux fauteuil au cuir râpé pour se placer face à la table de travail. Il avait bien lu. Le manuscrit qu'il avait devant les yeux portait bien en titre *Groupe Manouchian*. Le sang cogna à ses tempes. Il tendit l'oreille, inquiet du retour d'Ernest, et se mit à déchiffrer l'ébauche d'un poème, incapable d'en comprendre le sens précis dans le fouillis des ratures :

Oh vous ne demandiez ni l'orgue ni les larmes
Ni les cris ni la prière aux agonisants
Combien cela fait-il déjà Déjà onze ans
Vous vous étiez servi simplement de vos armes
La mort n'éblouit pas les yeux des partisans

Ô Pologne Arménie Espagne quand fleurirent
Les fusils devant vous pour qui le dernier chant
Fut de notre pays

Le rythme de son cœur s'accéléra encore quand, un coin dépassant du manuscrit, il découvrit l'agrandissement photographique de la lettre écrite par Manouchian quelques heures avant d'être fusillé. Il parcourut les lignes tracées d'une écriture fine, décidée, et l'idée s'imposa à son esprit que ces mots étaient comme des gouttes de sang. Il fut touché, lui qui s'enorgueillissait de fournir aux typos des articles à l'orthographe irréprochable prêts à être imprimés, des approximations de celui dont la langue maternelle était l'arménien : « J'en suis sûre que le peuple français et tous les combattants de la Liberté sauront honorer notre mémoire dignement. » Il allait retourner à sa place, près de la fenêtre, quand une phrase attira son attention, une phrase accusatrice qu'il ne se souvenait pas avoir lue sur la retranscription qu'on lui avait fournie, au siège du Comité central rue Le Peletier. Il sortit les trois feuillets de sa poche de canadienne, les déplia pour s'en assurer, les posa près de la reproduction. Trois points de suite indiquaient simplement qu'on avait opéré une coupe dans l'original, juste avant ces mots lourds de sens : « Je pardonne à tous ceux qui m'ont fait du mal ou qui ont voulu me faire du mal sauf à celui qui nous a trahis pour racheter sa peau et ceux qui nous ont vendus. » Il les recopia rapidement au verso d'un de ses papiers et s'éloigna du bureau. Il venait tout juste de se saisir d'un livre au titre énigmatique, *Histoire d'O*, quand la silhouette d'Aragon occupa le cadre de la porte. Il était habillé d'un costume croisé de bonne coupe, et regardait son hôte avec un vague sourire aux lèvres.

— Je vois que vous avez de saines lectures… Alors, comme cela, vous vous intéressez, vous aussi, aux martyrs du groupe Manouchian. C'est du moins ce qu'Ernest m'a rapporté…

Dragère reposa le volume sur la pile la plus proche. Il bafouilla, prisonnier de son indiscrétion.

— Oui, enfin c'est Jacques Duclos, plutôt son secrétaire, André Vieuguet, qui m'a confié ce travail qui, d'après lui, pourrait vous être utile…

Aragon fit quelques pas pour prendre le manuscrit du poème sur son bureau, le porta devant son visage.

— Je ne me souviens pas avoir demandé quoi que ce soit à Jacques, ou peut-être me suis-je mal exprimé… La lettre à Mélinée était riche de tous les possibles… J'en ai presque terminé.

Tenez, c'est la dernière version, vous ne vous serez pas déplacé pour rien… Personne ne l'a encore entendue, pas même Elsa…

Il se mit à lire avec emphase, une main sur son front dégarni, tout en faisant des allers-retours dans la pièce.

Vous n'avez réclamé la gloire ni les larmes
Ni l'orgue ni la prière aux agonisants
Onze ans déjà que cela passe vite onze ans
Vous vous étiez servi simplement de vos armes
La mort n'éblouit pas les yeux des Partisans

Un frisson parcourut le corps du journaliste tout au long de l'avant-dernière strophe que déclamait son auteur.

Un grand soleil d'hiver éclaire la colline
Que la nature est belle et que le cœur me fend
La justice viendra sur nos pas triomphants
Ma Mélinée ô mon amour mon orpheline
Et je te dis de vivre et d'avoir un enfant

Le silence qui suivit prolongeait le poème. Dragère quitta le bureau avec un exemplaire dédicacé de *Journal d'une poésie nationale*, un fascicule à la couverture marron qu'il ne connaissait pas, paru à l'automne précédent chez Henneuse, un éditeur lyonnais.

Ernest se proposa pour le conduire à Rambouillet dans l'imposante Hotchkiss Anjou noire du poète. Il s'installa sur la banquette, près du chauffeur qui maniait nerveusement le levier de vitesses, une tige recourbée fichée au plancher. Les phares puissants ouvraient deux brèches convergentes dans les ténèbres, affolant au sortir d'une courbe une biche et son petit. Il tenta à plusieurs reprises, dans le train qui le ramenait vers Paris, de percer le mystère du livre ouvert entre ses mains, mais il ne parvint pas à dépasser les quatre vers tracés à l'encre bleue qui couraient sur la page de garde après son nom dont Aragon lui avait demandé l'orthographe :

C'est ce peuple qui commence
Son histoire à Roncevaux
Roland l'ancienne romance
Et Missak le chant nouveau

Tout autre texte résistait, la phrase la plus simple s'obscurcissait, dénuée de sens, les mots flottaient les uns à côté des autres, sans liaison apparente, semblant être composés à l'aide d'un alphabet étrange qui diluait l'attention. Il renonça bientôt, le nez collé à la vitre froide avec au loin, soudain, les lumières d'une ferme éclairant des langues de neige glacée. Seuls les mots manquants, ceux de Manouchian, résonnaient dans sa tête, accompagnant la cadence du train, « celui qui nous a trahis », « ceux qui nous ont vendus », sans qu'il parvienne à comprendre ce à quoi ils faisaient allusion. À Montparnasse, il hésita devant une cabine téléphonique. Ce n'est pas l'idée de déranger la concierge à près de neuf heures du soir qui le retenait, cela lui était déjà arrivé, non, plutôt l'obligation dans laquelle il se serait trouvé de mentir à Odette, de lui parler de sa visite au moulin de Villeneuve et d'en cacher les raisons… En attendant le métro, il mangea la galette au jambon brûlante achetée au stand sur rue du Cadran breton. Dans le wagon bringuebalant, il constata, par-dessus l'épaule d'un voyageur, que *France-Soir* faisait son gros titre sur les inondations. Le Zouave du pont de l'Alma avait de l'eau jusqu'aux genoux. À l'Île-Saint-Denis, le quartier des Allumettes était submergé, on écopait à Choisy, mais rien, en gras, sur Juvisy.

Le lendemain matin, il traversa Paris, plein sud, une adresse dans la poche, recopiée de la liste des contacts. La parade d'un cirque, clowns, écuyères, jongleurs, lamas, dromadaires, fauves pelés, précédés par des joueurs de trompette et de tambour, faisait le tour de la place quand il émergea du métro, à la mairie d'Issy-les-Moulineaux. Il se laissa prendre un instant par le spectacle des fauves dans leur ménagerie à roulettes, puis il grimpa en direction du fort. Aux immeubles du centre succédaient, plus la pente s'accentuait, des maisons basses, construites de bric et de broc, quelques baraques en bois, des chantiers interminables avec la ferraille rouillée qui se dressait au milieu du ciment noirci. Il arrêta une passante.

— La rue de la Défense, s'il vous plaît… C'est encore loin ?

— Vous cherchez qui ?

Il extirpa le papier de la poche intérieure de la canadienne.

— Gabriel Vartarian.

— Ah, vous allez chez les « ian-ian » ! Eux, ils l'appellent la rue de la Dé… C'est tout droit, vous ne pouvez pas vous tromper.

Les inscriptions, sur les commerces, alternaient les noms italiens et arméniens : épicerie Paolosi, Diguin Vartoujian, pharmacie Aslanian, Diguin Kenar, Porsia électricité, café Zadikian… Une seule boutique espagnole, les vins Sanchez, comme égarée. Une femme minuscule à la chevelure prise dans un fichu lui ouvrit quand il frappa à la porte du numéro 38. Dès qu'il lui confia la raison de sa visite, elle se tourna vers le couloir pour crier le nom de son mari.

— Gabriel, c'est pour toi…

L'homme mesurait deux têtes de plus que sa compagne, et son visage carré était barré par une épaisse moustache poivre et sel.

— Je m'appelle Louis Dragère. J'aimerais parler avec vous de Manouchian. On me dit que vous l'avez connu… Je suis journaliste à *L'Humanité*…

Le visage s'éclaira à l'énoncé du titre. L'homme tendit la main que Dragère prit dans la sienne, puis il retourna sur ses pas pour décrocher de la patère une veste matelassée.

— On va aller se prendre un café, si ça ne vous dérange pas. Ici, c'est en plein ménage…

Ils marchèrent sans rien dire jusque chez Hago, occupés à tenir leur col relevé pour se protéger des morsures d'un vent de face. Ils s'installèrent au fond de la salle, près du poêle, à distance des joueurs de jacquet dont certains troublaient déjà d'eau leur dose de raki. Le patron s'approcha la cafetière à la main pour remplir les tasses. Gabriel Vartarian se pencha au-dessus de la table.

— Vous avez eu de la chance de me trouver à la maison. Normalement j'embauche chez Ripolin à sept heures. Sauf que l'usine a fermé depuis hier soir, le quai d'Issy est noyé, ça rentre dans les ateliers… Et Ripolin, ce n'est pas de la peinture à l'eau ! Vous voulez savoir quoi au juste sur Manouchian ? Parce que moi, je n'en sais pas plus que les journaux, sur l'époque de la Résistance. On est de la même région, c'est tout… Il se passe quoi pour qu'on en parle ?

— La Mairie de Paris va inaugurer une rue à son nom, début mars… Elle est où, cette région ?

— Au sud-ouest de la Turquie, à cent kilomètres environ de la frontière syrienne. C'est le bas de l'Anatolie. Les montagnes sont plus au nord. Chez nous, le climat est vraiment doux, le paysage aussi. Des collines avec des forêts, des pâturages, des lacs bleus. Un paradis pour les poissons. Dans la province, il y avait à peu près cinq mille Arméniens, avant la Grande Guerre. Quelques artisans et commerçants dans les villes, mais une grosse majorité de paysans. On cultivait tout ce qui poussait, les plus riches avaient des bêtes. On vivait là depuis des siècles, au point que certains d'entre nous étaient même devenus musulmans. Ça n'a rien empêché. On habitait au bord d'une rivière qui allait se jeter dans l'Euphrate mais personne n'est jamais allé aussi loin que l'eau. Moi, je suis de 1895, je dois avoir une bonne dizaine d'années de plus que Missak. Sa mère, Vardouï, était une Kassian, une cousine éloignée de ma propre mère, et son père, si je me souviens bien, s'appelait Gevorka.

Il fouilla dans sa veste à la recherche d'un paquet de Gauloises chiffonné, en préleva une avant de le présenter à Dragère qui déclina l'offre d'un merci.

— À Adiyaman, on était un peu à l'écart du monde, les nouvelles des massacres nous arrivaient, mais on était incapables d'imaginer que ça nous rattraperait... L'enfer s'est ouvert sous nos pieds le 14 mai 1915, quand les troupes de Haci Mehmed Ali bey ont ratissé les quartiers arméniens de notre ville en arrivant par la route de Behesni où elles avaient fait la même chose. Des centaines d'hommes ont été tués à l'arme blanche, à coups de bâton, noyés dans la rivière les mains attachées derrière le dos avec du fil de fer... Les Kurdes, les Zirafkan... Les Zeynel de Kölük, surtout, avec qui on croyait vivre en bonne intelligence, en ont profité pour piller nos pauvres maisons, enlever les femmes les plus jeunes et égorger les mères... Toute ma famille a disparu dans cette première tourmente... Je suis le seul survivant. Quand les coups de feu ont commencé à claquer, comme j'étais très sportif, mon père m'a demandé de grimper dans un gros chêne à l'orée de la forêt, pour voir ce qui se passait. Il était déjà trop tard, des cavaliers traversaient les champs, comme des flèches acérées, des fermes brûlaient... Je me suis caché au milieu du feuillage, allongé sur une branche maîtresse. Je mordais le bois, je le griffais pour ne pas hurler... Ils sont tous morts sous mes yeux. Je suis resté trois jours et trois nuits entières avec leurs cadavres, en bas, déchiquetés par les oiseaux et les chiens errants... Je ne comprends toujours pas, aujourd'hui, pourquoi j'ai été épargné...

Un habitué qui venait de terminer son service à La Gadoue, l'usine de traitement des ordures, vint le saluer. Il repartit ensuite vers le bar pour prendre une boîte de trictrac tout en demandant au patron de remplir les tasses de Gabriel et Louis.

— Et qu'est-ce qu'il est arrivé aux Manouchian ?

D'une seule main, d'une pression du pouce, il cassa un sucre dont il fit fondre une moitié dans sa cuillère.

— Dans un premier temps, aussi curieux que cela puisse paraître, les Turcs n'ont pas touché aux gamins de moins de 10 ans et c'était le cas des enfants Manouchian... Ils se sont éloignés du village, avec leur mère, alors que les colonnes de déportés affamés traversaient la région, par dizaines de milliers, pour être conduits dans les camps de concentration des déserts d'Arabie, tout autour de Dyar az Zawr. Les gens mouraient par centaines, les femmes enceintes accouchaient au bord de la route. Les soldats les obligeaient à reprendre leur place dans la file, le cordon à peine tranché…

Il sortit son portefeuille et méticuleusement en tira un papier jauni qu'il déplia avant de le tendre à Louis.

— Tenez, c'est écrit…

Le journaliste lut le témoignage du directeur du collège de Kharpout, daté du 19 juillet 1915, relatant la déportation des Arméniens d'Adiyaman :

> 212 individus furent emmenés du village d'Adiyaman dont 128 (60 %) arrivèrent à Alep ; 11 femmes et 56 hommes furent tués en chemin, 3 jeunes filles et 4 garçons furent enlevés, et 5 personnes manquaient.
>
> Sur un autre lot de 696 personnes qui furent déportées de ce même endroit, 321 (46 %) arrivèrent à Alep ; 57 femmes et 206 hommes furent tués en route ; 70 jeunes filles et jeunes femmes et 19 garçons furent vendus ; il en manquait 23.

— C'est à ce moment-là que Gevorka a disparu. Peu de temps après, alors que des centaines des nôtres avaient encore été massacrés dans les gorges de Karakayik, sur le chemin d'exode vers Urfa, la rumeur s'est répandue qu'un groupe d'Arméniens avait pris les armes.

Dragère se redressa.

— Ne me dites pas que le père de Manouchian en faisait partie…

— Si, justement ! On dit même qu'il les commandait. On parle souvent de la résistance héroïque de Moussa-Dagh, mais on a oublié celle d'Adiyaman et de tous les foyers de guérilla qui sont nés dans tout l'Empire ottoman. Souvent des jeunes. Ils ont mené des actions de guérilla contre les forces de la gendarmerie, de la police, empêché des mariages forcés de jeunes Arméniennes, attaqué des mosquées où l'on pratiquait les conversions obligatoires. Une de leurs opérations, c'est ce que j'ai entendu, visait Nureddinoglu Siddik, l'un des pires bouchers de la province... Ils l'ont manqué de peu. L'armée turque répondait à chacun de leurs coups de main par l'incendie de villages, des fusillades d'otages... Leur lutte était désespérée. Ils sont tombés en combattants, dans les collines qui surplombent le lac d'Adiyaman... C'est là-bas aussi qu'il y aurait besoin d'inaugurer une rue Manouchian... Il faudrait simplement changer le prénom... Gevorka Manouchian...

Il demeura sans rien dire un long moment, tandis que les dés roulaient sur les tables des joueurs, que les pions claquaient sur les damiers. Ce fut Dragère qui brisa le silence.

— Vous avez revu Missak, par la suite ?

— Non. Jamais. J'ai fini par être fait prisonnier et je me suis retrouvé, par miracle, parmi les déportés qui ont pris la route de la Palestine. Ce qu'on a appelé le « troisième axe »... C'est là qu'il y a eu le plus de survivants. On est devenus les esclaves des Bédouins, dans les tribus du désert, jusqu'à ce que l'armée anglaise commandée par le général Allenby occupe toute la zone allant du Sinaï au centre de la Syrie et nous libère… J'ai été recueilli par l'Union générale arménienne de bienfaisance qui m'a placé dans une institution, à Beyrouth… Là, on m'a dit que Vardouï, la mère de Manouchian, était morte de faim, que Missak et son frère, Karabet, avaient été recueillis par une famille kurde. Il y en avait qui étaient solidaires…

— Vous me dites que vous ne l'avez jamais revu, pourtant vous avez été résistant, vous aussi…

Gabriel Vartarian alluma une deuxième cigarette après avoir tassé le tabac sur le bord de la table.

— Oui, mais je ne suis venu m'installer à Issy-les-Moulineaux qu'après la guerre. Pendant des années, j'ai travaillé sur le port de Marseille comme docker, puis sur les chantiers navals. Je suis rentré dans la Résistance quand les Américains ont débarqué. J'étais sous les ordres d'un copain, Sarkis Bedoukian, qui a été tué dans les combats de libération de la ville. Je n'ai pas su tout de suite, pour l'Affiche rouge. Je l'ai appris en août 1944, par un article dans le journal du Front national arménien. Peut-être que vous pourriez aller voir Mme Aradian, sur l'île Saint-Germain. C'est à un quart d'heure à pied. On a fait connaissance dans un mariage, l'année dernière. En bavardant de tout et de rien, à table, le nom de Manouchian est venu dans la conversation. Je me souviens, elle disait qu'elle l'avait rencontré au Liban, avant qu'il ne traverse la Méditerranée… Peut-être même qu'ils étaient ensemble sur le bateau… Il faut lui demander. Vous vous rappellerez ? Mme Aradian…. Encore une « ian-ian » comme ils disent dans le quartier, les Kaghiatsi…

— Les quoi ?

— Les Kaghiatsi, les Gaulois… C'est comme ça que les « ian-ian » les appellent ! Laissez les cafés. C'est pour moi.

CHAPITRE 5

Une fois traversée l'avenue de Verdun, la ville perdait de sa densité, les constructions s'effilochaient, remplacées par de vastes espaces plantés de hangars, d'usines aux toits en dents de scie, un univers sillonné par des voies de chemin de fer bordées d'herbe blanchie. Dragère laissa sur sa gauche la gare aux marchandises, à hauteur du faisceau des aiguillages, longea le mur marron des wagons stationnés en amont du triage. Des bourrasques de vent chargées d'une fine neige durcie lui fouettaient le visage. Il accéléra le pas en direction du pont lancé sur le petit bras de la Seine, vers les toits pentus des magasins des subsistances militaires, les bâtiments plus trapus abritant les armes, les explosifs. La brume épaisse qui recouvrait le fleuve dissimulait les branchages d'une allée de peupliers, ne laissant voir qu'un alignement de troncs, comme des barreaux sur le paysage. L'eau, sous ses pieds, clapotait contre les piles du pont, le remuement faisait remonter une écœurante odeur d'huile de vidange par laquelle se rappelait l'usine Renault, toute proche bien qu'invisible. Il emprunta l'ancien chemin de halage pour rejoindre le village établi près de l'autre pointe de l'île Saint-Germain. De loin en loin, des barbelés délimitaient les terrains d'entraînement. Il s'agrippait aux branches des haies pour ne pas glisser quand le franchissement de passages submergés l'obligeait à grimper sur le talus. Un marécage avait remplacé un champ, à l'approche de la ville de planches, de tôles, de toiles goudronnées, de tapis effilochés, où se serraient des centaines de familles arméniennes. Il n'eut d'autre recours, pour le traverser, qu'ôter ses chaussures, ses chaussettes puis relever ses pantalons à hauteur des genoux. De l'autre côté, des hommes, ils devaient être une dizaine, édifiaient une dérisoire digue à l'aide de parpaings et de ciment, pour protéger les premières maisons. L'un d'eux s'approcha, lui tendit une sorte de torchon pour qu'il s'essuie les pieds.

— Vous allez attraper la mort ! Ce matin, c'était gelé en surface. Personne ne vient jamais par là… Il faut prendre l'autre pont.

Il s'assit sur le muret pour se masser les orteils avec le chiffon avant de se rechausser.

— On m'a expliqué, rue de la Dé, mais je me suis perdu.

— En tout cas, bienvenue à Erevan-sur-Seine.

— Merci… Vous pouvez me dire où je peux trouver Mme Aradian ?

— Ça dépend. Aradian mère ou Aradian fille ?

Il réfléchit rapidement, opta pour une femme de l'âge de Gabriel Vartarian.

— Elle doit avoir une cinquantaine d'années…

— Alors c'est la mère. Parce qu'elles ne se parlent plus… Vous prenez la rue principale, l'allée Billancourt. C'est simple, quand vous arrivez au salon de coiffure, vous tournez à droite. C'est la baraque un peu en retrait, avec les lapins devant…

Il y parvint, sans trop de dommage pour ses vêtements, en faisant de grandes enjambées pour marcher sur les îlots de paille boueux qui faisaient office de trottoirs. Les clapiers étaient protégés par une barrière. Il tira le loquet du portillon, cogna à la fenêtre de la maison basse. Une femme portant une longue robe blanche richement brodée, ses longs cheveux noirs ondulant sur les épaules, apparut immédiatement dans l'encadrement de la porte. Elle fronça les sourcils en découvrant Dragère. Elle attendait visiblement quelqu'un d'autre, mais elle s'effaça pour le laisser entrer dès qu'il se recommanda de Gabriel Vartarian, l'ouvrier des établissements Ripolin, et qu'il expliqua le but de sa visite. La pièce faisait trois mètres sur quatre, équipée d'une table, de deux chaises, d'un buffet, d'une cuisinière à charbon. Deux ouvertures étroites occultées par des rideaux donnaient vers une chambre et un débarras. Une autre porte, à l'opposé, ouvrait sur une cuisine protégée par un auvent et prolongée par un jardinet intérieur. Elle préleva de l'eau dans un seau à l'aide d'une casserole, la posa sur la plaque de la cuisinière, pour le thé.

— Vous devez être surpris de me voir habillée comme ça dans cette maison…

— Ce serait un mensonge de dire non… Elle est très belle, surtout les motifs avec les oiseaux. Ce sont des fils d'or ?

— Oui, en effet… Je fais partie d'un groupe folklorique et nous finissons de préparer nos nouveaux costumes de scène… Quand vous avez frappé, je croyais que c'était la couturière qui doit passer faire quelques retouches… Asseyez-vous… Moi, je vais être obligée de rester debout, pour ne pas la froisser… Qu'est-ce que vous voulez savoir, exactement ?

Dragère choisit de rester debout lui aussi. Il en profita pour se rapprocher de la cuisinière.

— Gabriel m'a appris que vous aviez fait la connaissance de Missak à Beyrouth, au début des années 1920… Je voulais juste avoir des précisions… Vous l'avez rencontré quand, pour la première fois ?

Elle versa l'eau dans une théière en métal argenté qu'elle disposa sur la table, entre les tasses.

— La première fois, c'était à un match de football, sur un terrain de la Karantina, près du port de Beyrouth… La Karantina, ça veut dire « la quarantaine », c'est là où on met les gens atteints de maladies contagieuses souvent mortelles. Les pestiférés. C'était le camp de réfugiés où j'avais atterri, avec mes deux frères et le seul oncle qui nous restait. Jusqu'à aujourd'hui, j'ai toujours habité dans du bois et de la toile… On venait d'Alep, en Syrie, et avant ça de la région du Diarbekir, pas très loin d'Adiyaman où est né Manouchian, où ont toujours vécu les siens… À Alep, je travaillais dans une des filatures de coton construites par les Turcs. Un bol de soupe le midi, un autre le soir pour tout salaire. Pour ne pas mourir de faim, des gamins attaquaient les commerces… C'est l'armée britannique qui nous a libérés, à la fin de la guerre. Mon oncle a trouvé à s'employer dans un petit hôpital français, sous les ordres du docteur Louis Rolland. On croyait voir le bout du chemin, mais la population arabe de la ville s'est soulevée contre les Arméniens, en février 1919, nous accusant d'être les responsables de la famine. Maisons brûlées, assassinats, attaques des orphelinats… Les Français de l'Office du rapatriement ont alors donné dix piastres à chaque personne qui acceptait de quitter la ville. C'est comme ça qu'on est arrivés, au printemps suivant, à la Karantina…

— Missak Manouchian était lui aussi à Alep ?

Elle souleva le couvercle de la théière pour vérifier la teinte du liquide.

— Non. Lui et son frère avaient été recueillis par une famille kurde. Ils étaient bien traités alors que les enfants, dans leur grande majorité, étaient réduits en esclavage, certains forcés de se prostituer… Cette famille avait le projet de marier Missak à l'une de leurs filles… Dès que la paix est revenue, des institutions religieuses ont organisé un travail de récupération des orphelins. Dans le même temps, des Arméniens qui avaient été forcés de servir dans l'armée ottomane mais qui avaient profité de la défaite pour déserter se sont mis à patrouiller dans toutes les zones libérées pour racheter les enfants. Le plus dur, c'était justement dans les territoires à majorité kurde. Les familles refusaient les pièces d'or, et il fallait leur arracher les gamins, de force… Manouche était très pudique. Pas réservé, pudique. Je ne sais pas s'il a été racheté ou si c'est le fusil qui a parlé.

— Manouche ! Vous l'avez appelé Manouche ?

Dragère prit la tasse qu'elle lui tendait.

— Oui, les garçons disaient Missak, et les filles Manouche. Moi, j'ai fait partie des enfants à qui l'on avait appris la langue turque comme si c'était celle de leurs ancêtres. On pensait en turc, on chantait en turc. Les sœurs avaient pour mission de purifier nos âmes de ces taches qui souillaient nos idées, nos expressions, nos émotions, notre langue. Elles devaient nous faire retrouver une « arménité immaculée »… C'était leur expression. Elles ont réussi, même s'il m'arrive encore de rêver en turc… Manouche et son frère avaient pris un autre chemin. Le hasard a bien fait les choses : ils ont été placés dans une ancienne école française dans le nord du Liban, à Djounié, au bord de la mer… Pendant la guerre, le pacha l'avait transformée en orphelinat pour turquiser les enfants kurdes, puis c'était redevenu une institution catholique française. Tous les deux, ils parlaient l'arménien, mais ils ont tout appris du monde à partir de la langue française. L'équipe de football de Djounié s'était déplacée à la Karantina pour jouer contre celle de mon frère cadet, le Homenmen, un club qui existe toujours au Liban... Mes yeux se sont immédiatement portés sur Manouche, alors que c'était celui dont le visage était le plus fermé... Ou peut-être à cause de ça, justement... C'était aussi le plus costaud de tous. J'ai su, après, qu'il faisait de l'athlétisme, qu'il ne passait pas un jour sans s'entraîner, sans courir pendant des kilomètres. Il marchait sur les mains, il faisait la roue, le poirier. Son corps était habitué aux sacrifices, à endurer l'effort. Je pense que ça lui a servi pendant la guerre contre les nazis, à Paris.

Elle s'interrompit pour approcher la tasse de ses lèvres et souffler sur le liquide brûlant. Le journaliste se pencha vers une photo accrochée à la cloison de bois. Des ouvriers posaient, torse nu, la casquette ou le chèche vissé sur la tête, devant les murs d'une maison en construction. Au second plan, des manœuvres tiraient, poussaient un diable embourbé chargé de blocs de pierre. Elle avança pour pointer le doigt sur trois visages, successivement.

— Mon oncle et mes deux frères, en 1923, sur la colline d'Achrafié... C'est notre maison, celle où je n'ai jamais habité. Mon oncle a acheté le terrain pour dix piastres le *pic*, ça valait la moitié d'un mètre carré... Petit à petit, il a fait bâtir grâce à l'argent gagné avec son atelier de tissage installé sous les tentes du camp de la Karantina...

— Pourquoi vous n'êtes pas restée auprès de lui ?

Elle sourit, laissant planer un silence pour ménager la surprise.

— À cause de Manouche... À l'orphelinat de Djounié, il avait appris le métier de menuisier, il connaissait la charpente, le travail du fer. Vers 17 ans, il est venu gagner sa vie sur les chantiers qui poussaient partout autour de la vieille ville de Beyrouth. L'armée française avait donné des baraques Adrian, en bois, mais on montait des habitations en brique entre le dépôt des tramways et l'église maronite de Mar Mkhayel, c'est Saint-Michel en français, autour du camp Adana, à Gueundereli, de l'autre côté de la voie ferrée. On s'est revus, sur le terrain où s'entraînait le club Homenmen. Il était différent des autres garçons de son âge. Il faisait beaucoup de sport, mais il n'en parlait pas. Ce qui l'intéressait, c'était les livres. Il lisait les textes en arménien littéraire, mais aussi Romain Rolland, Victor Hugo, Balzac. Beaucoup de poètes... Ronsard, Villon, Verlaine... À l'époque, je voulais fuir le Liban. J'hésitais entre deux directions opposées : l'Arménie soviétique et les États-Unis. Manouche lui aussi regardait vers d'autres horizons, mais dans sa tête il n'y avait aucune place pour le doute :

c'est en France qu'il fallait aller. À Paris. La capitale de la patrie des poètes, de la littérature et de la liberté. Il avait écrit un poème en arménien dont le titre était quelque chose comme « Bientôt la France » ou « Vers la France »... Il l'a traduit pendant la traversée. Je me souviens seulement des premiers vers :

Laissant derrière moi mon enfance ensoleillée nourrie de nature
Et ma noire existence d'orphelin tissée de privations et de misères
Encore adolescent ivre du rêve des livres et des écrits
Je m'en vais mûrir par le travail de la conscience et de la vie

Finalement, on a pris le même bateau. Trente ans après, je n'ai toujours pas de maison...

— Vous aviez des passeports français ?

— Non, on était des apatrides. Un diplomate norvégien, Nansen, s'était beaucoup occupé de tous les peuples déplacés, après la Grande Guerre, en créant un certificat qui permettait d'aller s'installer dans un pays qui acceptait d'accueillir des réfugiés. Il a reçu le prix Nobel pour ça. À ce moment-là, la France avait besoin de main-d'œuvre. Le « Haut-Commissariat auprès des États de Syrie, du Grand Liban, des Alaouites et du djebel druze », c'est ce qu'on voyait partout sur les pancartes, accordait les papiers assez facilement si on pouvait justifier d'une promesse d'embauche. Il suffisait de payer un timbre de cinq francs-or, et on obtenait le certificat avec le cachet « Retour interdit ». Grâce à mon oncle, j'avais reçu une lettre de l'atelier de tapis France-Orient, à Saint-Jérôme, où m'attendait un poste de tisseuse… Pour Missak et son frère, c'était les chantiers navals de La Seyne-sur-Mer, de La Ciotat, dans la menuiserie. Sur le bateau, il y avait aussi Krikor Bedikian, un peintre dont on a parlé dans les journaux, l'année dernière. Avant d'arriver à Marseille, il a fallu patienter dans une île de quarantaine, le Frioul, une autre Karantina, le temps que les autorités s'assurent que tout était en règle, que personne n'était malade. Désinfection, épouillage, douche collective… J'ai eu la chance d'avoir une chambre au Grand Hôtel du Levant, rue des Dominicains, qu'on appelait « l'hôtel arménien ». On était cinq dans dix mètres carrés. Eux, ils ont été dirigés dans un premier temps vers un camp de transit installé derrière le port, pas très loin de la traverse d'Arenc. Des vieilles baraques de l'armée alignées au bout de nulle part, deux cents personnes par bâtiment avec des couvertures ou des tapis comme séparations. On s'est revus une seule fois pour fêter le Noël arménien, le 6 janvier.

Elle remarqua le froncement de sourcils de Dragère.

— J'ai bien dit le 6 janvier. C'est la vraie date de la naissance de Jésus, et c'est pour ça que les Rois mages viennent lui apporter des présents ce jour-là. Le pape Grégoire a tout chamboulé…

Notre dernière rencontre a un goût de beurek, de dolmas, de baklava…

Dragère l'écouta dévider ses souvenirs jusqu'au moment où la couturière cogna à son tour à la porte, pour faire les retouches à la robe traditionnelle que portait Gumilia Aradian. Il prit congé et traversa le bidonville, sur la paille spongieuse, jusqu'au pont qu'il avait loupé en fin de matinée. Devant un café, un cheval de trait assujetti à une carriole remplie de sacs de charbon mangeait le foin qui débordait du sac passé autour de son museau. Le journaliste entra, s'installa près d'une vitre embuée qu'il éclaircit d'un revers de manche. La salle était remplie de mariniers dont les péniches, amarrées à des ducs-d'Albe le long du quai, étaient bloquées par la montée des eaux qui leur interdisait de passer sous les ponts. Il y avait aussi les débardeurs des docks de charbon, de bois, devenus inaccessibles. Chacun y allait de son souvenir. Les plus anciens racontaient pour la centième fois la grande crue de 1910, quand des cadavres d'animaux noyés, chiens, chats, chevaux, flottaient par dizaines dans les rues, qu'il fallait entrer par le premier étage dans les maisons d'Issy-les-Moulineaux, dont certaines, par la suite, s'étaient écroulées, minées dans leurs faibles fondations. Il commanda le plat du jour, un petit salé aux lentilles accompagné d'un pichet de côtes-du-rhône. L'assiette nettoyée, saucée au pain frais, il sortit son calepin pour noter tout ce qu'il avait appris dans la matinée auprès de Gabriel

Vartarian et de Mme Aradian. Les massacres, la déportation, les gamins vendus, la résistance du père, les Kurdes, la récupération des enfants par les associations religieuses et les déserteurs, l'installation au Liban, les chantiers de Beyrouth… Puis il résuma les dernières confidences de Gumilia Aradian, inscrivant en capitales le nom du paquebot des Messageries maritimes, le *Mariette-Pacha*, sur lequel Manouchian avait probablement travaillé à La Seyne-sur-Mer ou à La Ciotat, un navire destiné à la ligne du Levant, Marseille-Alexandrie-Beyrouth. Il souligna tous ces mots inconnus qu'il se promettait de rechercher dans les dictionnaires : Diarbekir, Djounié, Alaouites, Nansen, Achrafié, dolmas, baklava… Il referma le carnet. Il se sentait maintenant prêt à rencontrer Mélinée.

CHAPITRE 6

Avant de prendre le bus pour Paris, il avait essayé de joindre Odette à Juvisy et laissé la sonnerie résonner vingt fois dans la loge vide. La concierge n'en supportait pas plus d'une quinzaine quand elle traînait dans les parages, accompagnée de sa mauvaise humeur. La dernière édition de *France-Soir*, achetée au kiosque de la station de métro d'Issy, titrait sur l'assassinat, au Mans, d'un soldat de métier de retour d'Indochine et de Corée. La meurtrière n'était autre que son épouse, une infirmière militaire dont il avait fait la connaissance, cinq ans plus tôt, dans un hôpital de Saigon. Il lut également avec avidité la relation d'un autre drame survenu deux jours plus tôt à Mazenay, en Saône-et-Loire. Là, c'était un plombier zingueur exaspéré par la lenteur avec laquelle sa femme préparait le dîner qui l'avait occise à coups de poêle à frire. Quand il eut satisfait sa curiosité, il parcourut l'article détaillant les réformes, dont l'extension du droit de vote aux femmes musulmanes, que le ministre de l'Intérieur François Mitterrand proposait pour reprendre le contrôle de l'Algérie. Il descendit à Châtelet. Les couloirs, les escaliers, la place étaient envahis par des groupes de commerçants, d'artisans qui agitaient des pancartes revendicatives, scandaient des slogans exigeant la diminution des impôts et des charges. L'adresse de « Mélinée Assadourian, épouse Manouchian », le 19 de la rue Au-Maire, en haut de la rue Beaubourg, près des Arts et Métiers, correspondait à une petite voie encaissée, des immeubles de rapport de cinq ou six étages accueillant leurs inévitables ateliers de confection en rez-de-chaussée. Il grimpa dans les étages après avoir vérifié la présence du premier nom de famille sur une boîte aux lettres. Il tambourina plusieurs fois à la porte sans que personne ne se manifeste. Il allait partir quand une autre porte s'ouvrit sur le palier. Une vieille femme au dos voûté, entièrement recouverte d'un châle noir, s'avança en glissant lentement, incapable de soulever ses pieds.

— Il n'y a personne.

— Je vais attendre…

Il remarqua qu'elle égrenait les perles d'un rosaire entre ses doigts.

— Ça ne sert à rien. Ils sont partis depuis huit jours voir de la famille à Marseille. Ils ne reviendront que demain soir… Vous vouliez voir qui ?

— Mélinée Manouchian… C'est bien ici qu'elle habite ?

— Non, elle y passait, dans le temps, mais

maintenant c'est sa sœur et ses petits… Je dis toujours les petits alors qu'ils me dépassent d'une tête, tous les deux…

Il hocha la tête.

— Et vous savez où je peux la trouver ? J'ai besoin de lui parler, au sujet de son mari…

— Vous allez devoir vous donner beaucoup de mal… Elle a pris le bateau pour l'Arménie, il y a huit ans de ça, en même temps que des dizaines de rescapés qui s'étaient installés dans le quartier.

— Ce n'est pas mon jour de chance…

Elle porta le rosaire à ses lèvres pour marquer une station, murmurant les paroles d'une prière.

— Le frère de Hampartsoumian, le grossiste en tricots de la rue des Gravilliers, en faisait partie. Ils donnent des nouvelles, de temps en temps… Des lettres, des cartes postales. Lui, il envoie des colis. Pourtant, il paraît que tout va bien… Il pourra peut-être vous renseigner, en attendant le retour d'Armène. C'est à côté, une rue plus haut…

Dragère remercia la vieille femme avant de redescendre les escaliers. L'intérieur de la boutique de Stepan Hampartsoumian (une raison sociale résumée en StepHam sur l'enseigne) ressemblait à une bonbonnière pelucheuse. Après des années de couleurs sombres, la mode s'orientait résolument vers le rose. Dans toutes ses déclinaisons. Du rose indien au vieux rose en passant par les teintes de rose fané, pâle, tendre, clair, saumon ou tyrien. Des ouvrières ouvraient les sacs bourrés à craquer de chandails, de gilets, de pull-overs tricotés dans les garages, les caves d'Alfortville, de Décines, de Valence ou d'Issy-les-Moulineaux. Elles vérifiaient la qualité du travail, la régularité du point de jersey, de côte, de riz, de jacquard, puis triaient par modèles dans des bacs en bois que d'autres employées portaient dans un atelier où l'on cousait la marque du grossiste à la machine. Stepan Hampartsoumian, un homme bien enveloppé d'une soixantaine d'années, était occupé à charger des lots de vêtements dans une camionnette garée à l'arrière du magasin. Il transpirait malgré le froid intense et s'essuya le visage à l'aide de son mouchoir avant de serrer la main de Dragère. Quand le journaliste lui eut expliqué l'objet de sa visite, sans lui donner le titre de la publication pour laquelle il travaillait, Stepan lui demanda de le suivre dans un bureau du premier étage qui aurait pu être celui d'un rédacteur en chef, un soir d'élections, si on ne prenait en compte que la quantité de papier répandu sur les meubles, le sol, les étagères.

— Alors comme ça, vous vous intéressez à l'Arménie soviétique !

— Non, enfin ce n'est pas ce que j'ai dit... Je m'intéresse avant tout à Missak Manouchian dont la femme, Mélinée, est partie en Arménie soviétique...

Il écarta plusieurs parapheurs, posa une bouteille de raki ainsi que deux verres et une carafe d'eau sur l'espace ainsi dégagé.

— Une belle connerie, mais elle n'est pas la seule... Ils sont cinq mille, là-bas, à se manger les doigts jusqu'au coude, depuis huit ans... Qu'est-ce que vous lui voulez, à Mélinée ?

— J'aurais aimé lui parler... Ou lui envoyer une lettre, lui poser des questions...

Il lui tendit un verre généreusement rempli d'alcool allongé d'eau glacée.

— À la vôtre ! Ça peut se faire, si vous n'êtes pas trop pressé... La dernière fois que j'ai envoyé un courrier à mon frère, il a mis trois mois à tomber dans sa boîte, à Erevan. Puis sa réponse a fait le parcours inverse dans le temps record de sept semaines... Avec un peu de chance, vous aurez de ses nouvelles pour Pâques, si ça ne se perd pas en route.

Dragère était irrité par le ton de la conversation. Il but une longue gorgée anisée, serrant son verre un peu plus fort qu'il n'était nécessaire.

— Qui vous dit que ce sont les Russes qui y mettent de la mauvaise volonté ? Le cheminement d'une lettre est assez mystérieux, non ?

— Écoutez, j'ai de la famille dans le monde entier, au Canada, en Australie, en Italie. C'est pareil pour eux. Leurs timbres font du surplace ! Je ne me sens pas visé personnellement. Je sais bien que je fais des affaires, avec mes tricots, mais de là à imaginer qu'il y a un complot planétaire pour retarder le courrier des Hampartsoumian, il y a de la marge... Ce dont je suis sûr, c'est qu'on les retient prisonniers...

— Tous, les cinq mille ?

— Oui… Agop aussi bien que Mélinée. S'ils avaient le choix, ils rentreraient à la maison en rangs serrés…

— Où est-ce que vous avez lu ça, dans *Le Figaro ?*

Stepan se contenta de hausser les épaules.

— Nulle part. Si je vous le dis, c'est tout bonnement que je le pense. Personne ne parle des Arméniens français qui sont partis construire le socialisme en Arménie. Personne. Pas plus *Le Figaro* que *L'Humanité* ! Silence dans l'oreille droite, silence dans l'oreille gauche. Ils n'existent plus que dans le cœur de leurs proches, de leurs amis…

— À vous entendre, on dirait qu'ils ont été enlevés… On ne les a pas forcés… Ils étaient volontaires…

Il versa un peu de raki dans l'eau troublée.

— Le pire, c'est que c'est l'exacte vérité… On a passé des nuits entières ici, en 1947, à s'engueuler avec Agop… Il voulait me convaincre d'y aller, j'essayais de lui faire comprendre qu'il fallait rester ! Il me montrait son certificat Nansen et le tampon « Retour interdit » en hurlant : « Qui a le droit de nous interdire de retourner en Arménie ? Vingt ans que je suis ici avec ce bout de papier. Là-bas, j'aurai un vrai passeport, je serai un citoyen à part entière. » Qu'est-ce que je pouvais répondre… Je suis toujours apatride. Pour lui, là-bas, c'était l'Eldorado où tout poussait sans effort alors qu'en France on vivait encore avec des tickets de rationnement. Comme la moitié de l'entreprise lui appartenait, on a partagé les stocks, les machines. On a mis sa part dans le camion avec l'inscription « Hampartsoumian Frères » sur la bâche. Comme il n'avait pas le permis, c'est moi qui l'ai accompagné jusqu'à Marseille, début septembre, avec sa femme et mes deux nièces. On ne savait pas le nom du quai. Dans un premier temps, les gendarmes nous ont dirigés vers Port-de-Bouc en croyant qu'on était des Juifs décidés à rejoindre Israël sur l'*Exodus* qui mouillait dans le golfe de Fos… Quand on est arrivés au môle Léon-Gourret, j'ai bien cru qu'Agop avait raison en découvrant leur paquebot, le *Rossia*. Je n'avais jamais vu un bateau aussi beau, aussi propre, un équipage aussi discipliné. Ils étaient plus de trois mille cinq cents à s'embarquer, et il y avait une foule de près de dix mille personnes sur les quais pour saluer leur départ. Vous n'allez peut-être pas me croire, mais pris par l'ambiance, j'ai chanté l'hymne soviétique et *L'Internationale*… *La Marseillaise* aussi, à plusieurs reprises. Sur le bastingage, ils avaient tendu des banderoles qui disaient « Vive la République française », « Vive l'Arménie soviétique », « Merci, France, pour ton hospitalité généreuse ».

— Vous voyez bien… Pour le reste, vous vous faites des idées…

— Si vous le croyez sincèrement, je ne peux vous proposer qu'une seule chose…

Dragère sourit, surpris d'avoir aussi facilement

mis le patron de la société StepHam en difficulté.

— Oui, laquelle ?

Stepan Hampartsoumian préleva une lettre parmi la dizaine qui étaient pliées dans une boîte en fer-blanc. Le journaliste, intrigué, la déplia avec précaution.

— Je vous demande simplement de lire la première lettre que m'a fait parvenir mon frère Agop, six mois après son installation en Arménie…

Il commença sa lecture à voix haute.

Erevan, 12 février 1948

Mon très cher Stepan,

Comme tu le vois, je t'écris à l'encre noire alors que depuis l'école, j'ai toujours préféré écrire à l'encre rouge, la couleur de mes convictions, mais j'ai renversé la bouteille et je n'ai pas le temps d'aller au magasin pour en acheter une autre. Ici, en Arménie soviétique, tout se passe bien. Je ne regrette pas la décision que j'ai prise de venir avec mon épouse Nouritza et mes deux enfants, Adriné et Ovsanna. Ils se joignent à moi pour t'embrasser. Dès que nous sommes arrivés, nous avons été installés dans une vaste maison. La semaine suivante, j'ai pu commencer à travailler dans un atelier de tricot. La nourriture est bonne et abondante. Elle est aussi très bon marché, ce qui fait que nos salaires suffisent très largement à tout payer. Nos voisins nous ont immédiatement adoptés et nous vivons tous en bonne intelligence. Tu as eu tort de ne pas te joindre à nous et de continuer à mener cette vie de réfugié, alors qu'ici nous sommes vraiment considérés comme des citoyens soviétiques à part entière. La police nous protège tout comme notre sauveur, le maréchal Staline. Même si cela me fait de la peine d'être séparé de mon frère bien-aimé, pour rien au monde je n'accepterais de faire le voyage du retour. J'espère qu'un jour, le paquebot *Rossia* refera une escale à Marseille, et qu'ainsi nous pourrons nous retrouver. Ton frère pour toujours.

Agop Hampartsoumian.

Dragère avala le fond de son verre de raki puis il replia la feuille de papier qu'il rendit au grossiste.

— On ne peut être plus clair. Je ne comprends pas pourquoi vous vous obstinez à défendre un point de vue contraire à celui de votre frère… Il est sur place, il sait de quoi il retourne, manifestement !

— Oui, mais avant d'être aussi net, aussi tranchant, monsieur le journaliste, permettez-moi de vous préciser une chose. Avant qu'il n'embarque sur le *Rossia*, des fleurs plein les bras, j'ai passé un accord avec Agop. C'est le nom du paquebot qui m'y a fait penser, le *Rossia*, ça veut dire le rouge… Je lui avais demandé de m'écrire à l'encre rouge si jamais ça n'allait pas et de tourner ses phrases de telle manière que je devrais lire l'exact contraire de ce qui était sur le papier… Vous comprenez maintenant ? À cause des restrictions, il n'a que de l'encre noire à sa disposition, alors il me fait passer le message que je dois le lire comme si c'était écrit en rouge ! Vous me dites qu'Agop « sait de quoi il retourne ». L'expression ne pouvait pas être plus juste. Tenez, si cela ne vous suffit pas…

Et il renversa la boîte en fer-blanc au-dessus du plateau, éparpillant les autres lettres toutes recouvertes d'une fine écriture rouge.

— Vous travaillez pour quel journal, au fait ? Je ne vous l'ai pas demandé…

Pour la première fois, Dragère prononça le nom en ressentant un certain embarras.

— *L'Humanité.*

CHAPITRE 7

Il ne prit pas le métro pour retourner vers la rue de l'Aqueduc, malgré la neige fondue qui tombait sur Paris. Louis Dragère avait foncé tête baissée dans cette aventure qui s'offrait, comme un jeune chien, grisé par ses conversations avec des personnalités qu'il n'aurait jamais pensé rencontrer… Aragon, Duclos… Il s'était gorgé d'une histoire de massacres, de résistance, d'exils, une histoire qu'il ignorait la veille encore, pour se découvrir désemparé, incapable de décider, au premier obstacle, où se cachait la vérité, lui dont le métier consistait à la dire. Tout cela n'avait aucun sens. Un bref instant, l'idée s'était imposée à lui que Stepan Hampartsoumian lui avait tendu un piège, qu'il était de mèche avec la vieille femme de la rue Au-Maire, que toutes ces lettres couleur sang n'avaient été composées qu'à son intention, avant que ne s'impose l'image des enveloppes avec l'adresse de la rue des Gravilliers, les paysages enchanteurs d'Arménie sur les timbres soviétiques, les cachets gravés en lettres cyrilliques… Le rouge, le noir… Le mystère n'en était que plus grand. Selon Stepan, tout ce qu'Agop racontait en vrai était faux, mais pour Dragère ce faux ne pouvait être vrai. Il se réchauffa près du brasero d'un arrêt de bus en mangeant un cornet de frites et une saucisse achetés à une gargote de la porte Saint-Martin. Il eut envie d'aller se perdre au cinéma, mais du Casino à l'Eldorado, de *Papa, maman, la bonne et moi* à *Tarzan défenseur de la jungle*, c'est comme si on s'était ligué pour l'en dissuader. Il bifurqua vers les Halles. Occupé à dactylographier un article, Roland Vastard, son chef de rubrique, ne l'entendit pas approcher et Dragère lut par-dessus son épaule le texte qui défilait : « Aragon en correctionnelle. Hier, Mendès France a fait réactiver des poursuites vieilles de quatre ans contre le colonel Manhès, Jean Roger, Marc Schafier, dirigeants de la Fédération nationale des déportés, internés, résistants et patriotes (DNDIRP) et contre Aragon, en qualité d'ancien directeur de *Ce soir*… »

— Tu as fait une faute, c'est la FNDIRP, pas la DNDIRP…

Vastard fit pivoter son siège et le regarda avec insistance.

— Alors, ça s'est bien passé ton rendez-vous au 44 ?

— Très bien…

— Je te demande ça par simple politesse, ne va pas croire que je cherche à te tirer les vers du nez… Vieuguet m'a rappelé pour me dire qu'il fallait te laisser tranquille pendant quelques semaines… Tu commences à manquer. Si tu avais été là, je t'aurais envoyé chez Aragon, pour une interview…

— Je crois que j'ai loupé l'occasion de ma vie, je vais avoir du mal à m'en remettre… Merci d'avoir pensé à moi, ça me touche. Je suis un peu pressé, je dois vérifier quelque chose sur des vieux numéros. Je voulais juste te saluer en passant…

Le local des archives était ouvert à tout vent. Dragère, après avoir attendu le retour du responsable pendant un bon quart d'heure, se décida à prendre la reliure du second semestre de l'année 1947. Le départ du *Rossia* était bien relaté, début septembre. Il apprit que le capitaine Gobolitze qui le commandait avait tenu à recevoir les principales personnalités marseillaises à son bord, de même que l'évêque arménien, qui avait béni le navire, son équipage, les passagers. En encadré, un astronome et philologue de renom, le professeur Adrouni, exprimait sa confiance dans l'Union soviétique, pays rêvé des chercheurs et de l'éternel renouveau où il se disait sûr de trouver les conditions idéales pour réaliser ses projets. Il parcourut l'article du correspondant de *Rouge-Midi* : « Ils s'y étaient établis, apportant avec eux leurs solides qualités de travailleurs et leur habileté artisanale. Ils vivaient parmi nous, partageant nos joies et nos souffrances, nos sacrifices. On le vit pendant la dernière guerre et pendant les combats de la Résistance, de la Libération, avec Manouchian et les nombreux héros qui tombèrent pour la cause de notre commune liberté. Aujourd'hui, beaucoup d'entre eux vont quitter la France et rejoindre leur patrie, l'Arménie soviétique, une des plus magnifiques républiques qui existent au pays du socialisme. » Il feuilleta les parutions suivantes sans que rien ne retienne son attention. On n'évoquait l'Arménie que trois mois plus tard, à la veille de Noël, quand un deuxième navire, le *Podeba*, était parti dans les mêmes conditions avec mille cinq cents personnes à bord, portant le total des émigrants à cinq mille. Puis il fallait attendre l'automne 1949 pour trouver un long compte rendu d'un voyage effectué en Arménie par un professeur au Collège de France qui tenait à mettre les choses au point dès le début de son article : « J'ai vécu seul en Arménie pendant plusieurs mois au cours desquels j'ai pu circuler à mon gré, le jour comme la nuit, en employant tous les moyens de transport d'un pays moderne, depuis l'avion jusqu'au bateau, en passant par l'automobile, le trolleybus et le chemin de fer. J'ai toujours observé, dans toutes les manifestations de la vie de ce pays, la plus grande liberté. Ici, les kolkhoziens n'ont plus besoin de travailler du lever au coucher du soleil, et ils peuvent dans les clubs et les bibliothèques s'instruire en se reposant des fatigues de leur travail. » Dragère replaça les reliures sur l'étagère, rassuré par ce qu'il venait de lire. Que pesaient en effet les divagations d'un grossiste en tricots face à la description d'une réalité objective, basée sur un contact réel avec le pays, signée de plus par une personnalité aussi éminente qu'un professeur au Collège de France ?

Il dormait profondément, le matin suivant, quand on avait frappé à la porte. Près de dix heures au cadran du réveil posé dans une niche du cosy-corner. Il piétina *Graine de cimetière*, une Série noire de Day Keene qui l'avait tenu en haleine jusqu'aux aurores, puis en frissonnant il passa un pantalon, une chemise, grognant qu'il arrivait... Planté sur le paillasson, le facteur ébrouait sa pèlerine luisante d'eau avec des mouvements de jeune chien. Il plongea les mains dans sa sacoche, lui présenta un petit bleu. Dragère signa le registre, posa le télégramme sur la table. Il para au plus pressé en confectionnant des boulettes avec le journal de la veille pour rallumer le feu.

Le télégramme pouvait attendre. Il n'aimait pas ces intrusions du destin dans le quotidien. La dernière fois qu'il en avait reçu un, il était signé de sa mère, Katia, qui vivait en Pologne depuis près de quatre ans. Elle le suppliait de venir la rejoindre à Varsovie afin qu'elle lui parle de son père, Florimond Dragère. Il n'avait pas compris pourquoi, là-bas, la confidence était devenue soudainement si urgente. Louis ne l'avait pratiquement pas connu. Florimond était mort en 1938, neuf ans après sa naissance, dans le naufrage au large de Barcelone d'un bateau de la compagnie France-Navigation, une création de l'Internationale communiste, qui fournissait des armes aux républicains espagnols. Il en gardait le souvenir d'un homme taciturne qui faisait de brèves apparitions à la maison, et qui, sans que Louis n'en discerne la raison, était pris de brusques emportements contre sa femme. Les cris, les insultes, les coups, puis le départ vers un nouveau port d'embarquement, requis par une prochaine et périlleuse mission. On lui avait fait des obsèques prolétariennes, les oriflammes rouges claquaient devant un cercueil vide, avec la chorale populaire qui chantait l'*Appel du Komintern* auquel Florimond n'avait cessé de répondre présent. Les paroles, la musique cadencée lui revinrent en mémoire tandis qu'il traversait la pièce.

Le sang de nos frères
Réclame vengeance,
Plus rien n'arrêtera
La colère des masses,
À Londres, à Paris,
Budapest et Berlin,
Prenez le pouvoir,
Bataillons ouvriers,
Prenez votre revanche,
Bataillons ouvriers.

Il décacheta l'enveloppe pour prendre connaissance du message frappé en capitales, soulagé, dans un premier temps, qu'il n'émane pas de sa mère :

JOURNAL RÉPOND PAS – STOP – IMPOSSIBLE T'AVOIR AU TÉL – STOP – MAMAN TRÈS MALADE – STOP – RESTE JUVISY – STOP – T'EMBRASSE – STOP – SIGNÉ ODETTE – STOP.

Une heure plus tard, il était installé dans le train de la ligne de Corbeil, gare d'Austerlitz. Le convoi roula normalement jusqu'aux abords de Juvisy, puis termina le voyage au pas pour ne pas fatiguer le ballast travaillé par la montée des eaux. Dragère sauta du wagon avant l'arrêt complet. Il se mit à courir vers la Grande-Rue qu'il découvrit totalement inondée. Une Venise de banlieue. Deux barques effectuaient des allers-retours pour ravitailler les gens du quartier, les transporter vers les commerces ou leur permettre d'avoir accès à leur maison. Les plus assurés parmi les habitants, ceux qui avaient le pied marin, empruntaient un réseau de planches prélevées sur un chantier et posées sur des caisses qui couraient le long des façades. Il s'y aventura. L'équilibre devenait précaire au milieu de chaque longueur quand le bois ployait sous la charge, ou quand un citadin naufragé, trop pressé, s'engageait alors que le précédent était encore en chemin. Il faillit tomber par deux fois, se rétablissant en écartant les bras, à la manière des fildeféristes. Quand il parvint devant l'immeuble des parents d'Odette, il comprit pourquoi la concierge n'avait pas répondu à ses appels insistants. Les bureaux contigus des établissements Bevilacqua (ramonage et fumisterie) avaient dû être évacués, engloutis sous un mètre d'eau, et la loge, légèrement surélevée, avait servi de pièce de repli. Une voisine dont il lui était arrivé de porter les sacs, de retour du marché, se tenait accoudée à la rambarde de sa fenêtre au deuxième étage. Elle lui apprit qu'Odette était absente, qu'elle s'était occupée du transfert de sa mère depuis la clinique Camille-Flammarion vers l'hôpital Joffre-de-Champrosay, de l'autre côté du fleuve, sur les hauteurs de Draveil. De retour dans le quartier de la gare, il finit par trouver un taxi qui accepta de mouiller ses jantes pour lui faire franchir le pont et le déposer devant la grille du sanatorium. Il se sentit mal dès qu'il pénétra dans le bâtiment, après qu'on lui eut indiqué que le dortoir de Mme Gosselin se situait au deuxième étage, à droite de l'escalier central. Il n'aimait rien dans les hôpitaux, ni leur architecture militaire, ni le silence feutré qui y pesait, comme si on traversait un musée de la maladie, ni le blanc laiteux des uniformes, des draps, des visages, ni ces sourires obligés où traînait la mort. Mais ce qui le mettait au bord du vertige, c'était l'odeur, ce mélange de Javel, d'éther, de sciure et de mauvaise cuisine, de déjections, une odeur qui imprégnait tout, l'air, les murs, les meubles, les vêtements, la peau. Il releva le col de sa chemise pour respirer au travers du tissu, essayer de filtrer les miasmes, marchant en apnée sur vingt ou trente mètres, se remplissant les poumons d'air frais, non vicié, à la providence d'une fenêtre ouverte. Odette l'aperçut dès qu'il poussa la porte. Elle traversa le dortoir, une vaste salle divisée à l'aide de tentures qui accueillait une vingtaine de lits. Il la prit dans ses bras, ferma les yeux pendant une seconde d'éternité. Son corps, la palpitation de la vie, l'odeur de ses cheveux, l'onde de chaleur qui montait de sa gorge, tout cela lui fit oublier où il se trouvait. Leurs lèvres se rejoignirent, furtivement, puis il se pencha à son oreille.

— J'ai filé à Austerlitz dès que j'ai lu ton télégramme… Je n'arrête pas de penser à toi. J'ai l'impression d'avoir été abandonné…

— Ne dis pas ça mon chéri… Qu'est-ce que tu veux que je fasse ? Je dois m'en occuper…

— Bien sûr, je sais… Elle va comment ?

— Les médecins ne se prononcent pas… Ici, c'est surtout pour soigner les tuberculeux, mais je crois que c'est autre chose… D'après ce que j'arrive à comprendre, il pourrait s'agir d'une tumeur aux poumons… Viens, ça lui fera plaisir de te voir… Elle me demande d'acheter le journal, tous les matins, pour lire ce que tu as écrit… Tu ne dis rien sur les examens, elle ne sait pas…

Il vint s'asseoir au pied du lit après avoir remarqué, en embrassant la malade sur le front, combien ses traits s'étaient creusés en un mois. Il la lança sur le sujet qu'elle affectionnait par-dessus tout, les tournées théâtrales qui lui avaient permis de découvrir le monde, de faire les rencontres les plus inoubliables. Les couleurs circulèrent à nouveau sur ses joues quand, en partance pour le Grand Nord, elle demanda qu'on soulève ses oreillers. Bien que le souffle soit devenu court, ses talents de comédienne, de diseuse, faisaient qu'on était immédiatement captivé par sa phrase. Il avait suffi que Dragère dise qu'il avait eu froid tout au long de la semaine, pour qu'elle se mette à raconter la période de sa vie où, selon ses dires, elle avait cru mourir congelée. Un improbable voyage qui l'avait conduite à jouer du Molière, du Musset et du Brecht à Göteborg, à Kiruna, à Narvik, puis après un saut au-dessus des icebergs à Reykjavik avant de s'approcher au plus près du pôle Nord, au Groenland. Ils avaient planté leur décor des *Femmes savantes* à l'entrée du plus profond fjord du monde, une échancrure de trois cents kilomètres en basalte volcanique et glace millénaire, dans une ville minuscule dont elle prononçait le nom sans hésitation, roulant les *r*, faisant claquer les *t*, Ittoqqortoormiit, avant de préciser que cela voulait dire « ceux qui habitent là où il y a une grande maison ».

Dragère retourna à Juvisy grâce au car qui déposait les infirmières du matin tout au long du chemin. Les deux trains du début d'après-midi furent annulés en raison des intempéries. Ce n'est que vers cinq heures qu'il réussit à prendre place dans un wagon bondé, en direction de Paris où il arriva avec la nuit.

CHAPITRE 8

Rue Au-Maire, Armène Assadourian n'avait pas encore eu le temps de ranger ses valises qui encombraient la minuscule entrée de l'appartement. Elle avait laissé Dragère s'expliquer, en piétinant sur le paillasson, dans les courants d'air du palier, puis elle s'était effacée pour le laisser entrer quand il avait parlé de son travail à *L'Humanité*, de l'inauguration prochaine de la rue du Groupe-Manouchian, puis prononcé le nom de Jacques Duclos. La quarantaine énergique, elle débarrassa la table des reliefs du petit déjeuner familial. Pendant qu'elle préparait du café frais, il lui confia qu'il était venu l'avant-veille, et qu'une voisine, les phalanges encombrées d'un chapelet, lui avait conseillé d'aller voir Hampartsoumian, le grossiste en tricots de la rue des Gravilliers. Elle se tenait devant l'évier, occupée à passer les tasses et les cuillères sous l'eau, ce qui l'obligeait à soutenir la conversation le dos tourné, avec de brefs regards par-dessus son épaule.

— Comme ça, vous avez rencontré le tricoteur… Qu'est-ce qu'il vous a raconté, si ce n'est pas indiscret ?

Dragère remarqua un croquis sous verre, un trait au crayon rougeâtre sur du papier jauni accroché au mur près de la fenêtre. Il fut surpris de découvrir un Missak Manouchian sportif, musclé, qui posait torse nu pour le dessinateur.

— Non… Il m'a surtout parlé de son frère qui a pris le bateau en 1947 pour l'Arménie soviétique, le *Rossia*, en même temps que votre sœur, Mélinée… Vous n'avez pas eu envie d'y aller, vous aussi ?

Elle dodelina de la tête.

— J'ai deux enfants, deux fils. Il aurait fallu les séparer de leurs amis, chambouler leur vie sans rien leur demander… De quel droit… Mélinée n'avait plus rien, sa vie s'était arrêtée brusquement le 21 février, comme si une des balles du peloton d'exécution l'avait atteinte au cœur… Par-dessus tout, elle voulait honorer la demande que lui faisait Manouche dans sa dernière lettre : « Tu apporteras mes souvenirs si possible à mes parents en Arménie. » Malgré la guerre, elle avait sauvegardé ses carnets, ses lettres, ses poèmes, ses photos. Elle m'a laissé le dessin que vous regardiez tout à l'heure, où il pose pour un de ses meilleurs amis, Krikor Bedikian, qui vit maintenant en Suisse, à Fribourg. Il doit exposer à Paris, ces jours-ci, je crois…

— Vous avez des nouvelles de Mélinée ? Avant-hier, Hampartsoumian, le tricoteur comme vous l'appelez, m'a raconté de drôles de choses, à propos de son frère... Des lettres écrites à l'encre rouge qui, selon lui, signifieraient le contraire de ce qu'elles semblent dire...

Elle se retourna pour poser les soucoupes sur la nappe.

— Bien sûr que j'ai des nouvelles. Moins souvent que je ne le souhaiterais. Elle m'écrit que tout va bien. Elle est professeur de français dans une école, à Erevan...

À la manière dont elle lui répondait, Dragère comprit qu'il ne servirait à rien d'insister. Il déposa un sucre dans sa tasse.

— Vous étiez au courant de l'activité de votre beau-frère ?

— Dès le début. Je n'ai jamais compris pourquoi les Allemands ne sont pas remontés jusqu'à moi... C'est un mystère, ils connaissaient pratiquement toutes les planques et celle-ci leur a échappé. Mélinée passait souvent, accompagnée ou non de Missak. J'ai hébergé assez longtemps un des survivants du groupe, Henry Karayan, qui était membre du premier détachement. Les femmes jouaient un rôle important, même si on n'en parle pas souvent. En juin 1943, Karayan et Konstantinian assuraient la couverture de Léo Kneler qui a attaqué un camion allemand à la grenade, devant l'église de Vanves. Ils sont arrivés au rendez-vous les mains dans les poches. Ce jour-là, c'est leur agent de liaison, Madeleine Oboda, qu'on appelait Catherine, qui leur a fourni les armes puis qui les a récupérées juste après l'action. Huit jours plus tard, la même équipe devait exécuter un Juif qui travaillait pour les nazis et qui leur fournissait des listes de gens à déporter. Il habitait rue Ramponeau, à Belleville. Le détachement a été repéré avant de pouvoir agir. Karayan a dû tirer sur un policier, un commissaire, et je les ai vus rappliquer tous les trois ici, dans l'heure qui a suivi…

Le journaliste regardait ce petit bout de femme qui détaillait à son intention des actions militaires menées par un groupe de quelques dizaines d'individus dans une ville totalement sous contrôle nazi, racontant cela d'une voix égale, sur le ton de la conversation, en lui tendant une assiette garnie de quelques gâteaux secs, de gaufrettes.

— Le plus difficile, c'est quand Boïco m'a amené Manoukian blessé et que j'ai cru qu'il allait mourir ici, avec les enfants dans la chambre d'à côté…

— Manouchian… Vous avez dit Manoukian…

— Oui, Manoukian, c'est bien de lui que je voulais parler… Beaucoup de gens les confondent. Dans le groupe, il y avait Missak Manouchian et Armenak Manoukian, le plus âgé de tous les combattants. Son vrai nom c'était Arben Dav'tian. Il a été intégré par Manouche au premier détachement arménien en juillet 1943. Il a aussitôt participé à une opération de déraillement sur la ligne Paris-Verdun. Quinze jours plus tard, il a détruit un camion de transport de troupes nazies devant les usines

Renault, à Boulogne-Billancourt. Début octobre, Manouchian avait décidé de frapper un grand coup : l'exécution du plus haut responsable de la déportation des travailleurs français en Allemagne, Gaston Bruneton. L'équipe de renseignements avait repéré ses bureaux, dans l'immeuble de l'École des mines, boulevard Saint-Michel, et noté les horaires de ses déplacements. Cette fois-ci, c'est Olga Bancic qui était chargée d'apporter les armes aux partisans. Olga, que les nazis ont décapitée à Stuttgart, six mois plus tard, parce qu'ils considéraient que c'était faire trop d'honneur à une femme que de la fusiller. Elle a équipé Diran Vosgueritchian et Manoukian, qui se sont mis en position. Sauf que Bruneton se méfiait. Il n'est jamais sorti par la porte principale mais par une issue secondaire qui donnait sur les jardins du Luxembourg. Au bout d'une demi-heure, Manoukian a compris que quelque chose clochait, qu'il fallait se replier. Au moment où il remettait son arme à Olga, rue de l'Observatoire où elle attendait assise sur un banc, comme convenu, des coups de feu ont claqué. Il a reçu une balle dans l'épaule gauche, une autre dans la hanche. Olga a sûrement reconnu le tireur, parce qu'elle s'est mise à lui crier : « Arrête ! Arrête ! » On a compris plus tard que la deuxième partie du détachement se repliait également vers la rue de l'Observatoire et qu'un des hommes, qui ne connaissait pas Armenak Manoukian, a cru qu'Olga était en danger.

— C'était possible que les membres d'un

même groupe ne soient pas présentés les uns aux autres ?

— C'était la fin, cinq semaines avant les arrestations... Il ne leur restait, à tous, que quelques mois à vivre. Manouchian devait maintenir la pression, mettre au point des actions d'éclat dans l'urgence la plus grande, en utilisant des jeunes sans expérience. C'était les ordres.

Elle poussa la fenêtre pour atténuer les appels qui montaient de la rue : « Rémouleur, rémouleur ! On repasse les couteaux ! Rémouleur ! On repasse les ciseaux ! Rémouleur, rémouleur ! »

— Quand Manoukian s'est écroulé sur le banc, Diran Vosgueritchian a ordonné à Olga de partir au plus vite avec les armes. Il a aidé son camarade blessé à marcher, malgré la souffrance, pour quitter le quartier. Il connaissait une adresse dans le XIVe arrondissement, celle du docteur Medzadourian, qui a apporté les soins de première urgence à Manoukian. Des calmants, des pansements. Mais il fallait opérer d'urgence, extraire les balles. Le médecin leur a remis une lettre de recommandation pour une clinique proche, la clinique Alésia, où travaillaient des chirurgiens résistants. J'ai été prévenue dans la nuit qu'il fallait me préparer à le soigner, le temps qu'il puisse être transféré dans une autre planque, pour sa convalescence. C'est Cristina Boïco qui l'a conduit ici. Mélinée passait tous les jours, avec des médicaments. Ils étaient tous magnifiques, mais j'ai une pensée particulière pour lui. Nous avons longuement parlé de l'Arménie soviétique où il avait vécu, avant la guerre. Ensuite, il a été transféré dans une chambre louée par Henry Karayan, rue des Gravilliers, à deux pas de chez Hampartsoumian, le tricoteur, qui nous aidait au risque de sa vie même si on n'était pas d'accord sur tout. Une fois la paix revenue, j'ai tenu la promesse faite à Manoukian, s'il lui arrivait malheur, d'aller remercier une personne qui l'avait accueilli à son arrivée en France…

Dragère tourna la page de son calepin.

— C'était qui ? Un membre du groupe ?

— Non. Un ouvrier, un électricien à la Ville de Paris, Roland Filiatre… Un homme charmant. Je ne l'ai jamais revu.

Il nota le renseignement puis après avoir croqué les quatre coins du biscuit (sa mère disait qu'il fallait lui couper les oreilles), il trempa le petit Lu atrophié dans son café.

— Manouchian, vous l'avez rencontré quand, exactement ?

— C'est une très longue histoire ! Mélinée et moi, nous sommes nées à Constantinople à un an d'écart. Moi la première en 1912, elle en 1913. Normalement on dit que c'est un chiffre porte-bonheur… Notre père était directeur des Postes. Après son assassinat, au début du génocide, on nous a placées dans une école américaine, puis en Grèce, pour nous protéger des Turcs. On a vécu des années dans un camp où la moitié des gens habitaient dans des trous avec, au matin, les corps alignés de ceux qui étaient morts de tuberculose, de dysenterie… On a fini par débarquer le 14 octobre 1926, au milieu de deux cents orphelines accueillies par l'école Tebrotzassère, une institution charitable fondée par l'Association des dames arméniennes, dans le quartier de la Capelette à Marseille. Je me souviens encore de nos matricules : j'avais le D196, Mélinée le D215. Trois ans plus tard, l'école a été transférée au Raincy, dans le nord de Paris. On mangeait mal, l'ambiance n'était pas bonne. Trop stricte. J'en suis partie dès que j'ai pu, pour travailler. Mélinée n'a pas tardé à suivre le même chemin. Elle est venue habiter chez moi, puis après elle a loué pour presque rien une chambre rue de Louvois au grand-oncle de Charles Aznavour.

Le nom du chanteur fit sursauter Dragère, mais il se garda d'intervenir pour ne pas briser le récit d'Armène.

— La journée, elle essayait d'apprendre le secrétariat, la comptabilité. Elle avait déjà la tête plus politique que moi. Elle lisait Serpouhie Djussap, une féministe arménienne, elle s'intéressait à ce qui se passait en Union soviétique… Quelqu'un lui a fait connaître le HOG, le Comité de secours à l'Arménie, rue Bourdaloue. Elle assistait à des conférences, des lectures de poésie, des représentations théâtrales. Un jour, je l'ai accompagnée à la Bellevilloise, rue Boyer dans le quartier Belleville, pour la projection d'un film de Bek-Nazarov qui retraçait la naissance de l'Arménie soviétique. À un moment, on annonce aux pauvres paysans que l'Amérique est sensible à leur détresse, qu'elle s'est mobilisée, qu'elle leur envoie de l'aide. Des caisses énormes sont déchargées sur la place du village, mais quand on les ouvre c'est pour s'apercevoir qu'elles ne contiennent que des smokings, des hauts-de-forme, des souliers vernis. La scène suivante, les cultivateurs tracent les sillons dans la terre aride, à la seule force de leurs bras, de vraies bêtes de somme, habillés comme des milliardaires de Wall Street... Tout le monde s'esclaffait, mais celui qui riait le plus fort, c'était Missak Manouchian que Mélinée venait de me présenter, avant la séance, comme un des dirigeants du HOG. Il en est d'ailleurs devenu le secrétaire l'année suivante. On a immédiatement sympathisé ; il a suffi de quelques jours pour qu'il me considère comme sa propre sœur. À ce moment-là, Mélinée et lui n'étaient pas encore en couple. Elle assurait le secrétariat du HOG, la frappe des lettres, les tirages des tracts à la Gestetner. Manouchian voyageait beaucoup pour aller à la rencontre de toutes les communautés arméniennes dispersées en France. Lyon, Valence, Marseille... Il passait sa vie à préparer des discours dans les trains, puis à les prononcer quelquefois devant quinze personnes. Quand il était à Paris, ils se croisaient dix fois par jour dans les couloirs. Elle faisait semblant de ne pas comprendre pourquoi il la regardait avec autant d'insistance. Elle m'a raconté cent fois comment il s'y était pris pour la séduire. Ils étaient allés boire un café rue de Châteaudun, après une énième réunion interminable. Au cours de la conversation, Mélinée lui a demandé s'il était marié. Manouchian a répondu qu'il allait bientôt se fiancer. Elle a cru que son cœur allait s'arrêter de battre. Il lui a proposé de lui montrer la photo de sa promise. Avant qu'elle ait eu le temps de répondre, il a sorti un petit miroir de courtoisie de sa poche de veste et Mélinée s'y est vue…

— On a envie d'y avoir pensé avant lui. C'est très beau, très élégant…

— Et surtout irrésistible !

Armène Assadourian but la moitié du verre d'eau posé près de sa tasse avant de se lever. Elle passa dans la chambre du fond pour revenir quelques instants plus tard avec un carton dans les bras. Elle l'ouvrit avec précaution, remua les photos, les papiers qui se trouvaient à l'intérieur, en écartant certains qu'elle empilait sur la nappe. Elle finit par trouver ce qu'elle cherchait.

— Voilà… Avant de partir, Mélinée m'a confié une grande partie de ses souvenirs… J'avais encore en tête une petite histoire que Manouche avait écrite pour fêter le premier anniversaire de leur rencontre. Je croyais qu'elle était en français, mais en fait, c'est en arménien… Je vais essayer de la traduire…

Elle lissa la feuille sur la table, du plat de la main, avec application, respirant profondément pour contenir l'émotion.

Ceux-là étaient deux êtres dont le sort avait été le même dans la vie. Ayant bu jusqu'à la lie le sel et l'âpreté d'être orphelin et les privations, le jeune homme était entré très tôt dans le combat de la vie. Son enfance, il l'avait passée dans le sein libre de la nature. Ses yeux étaient habitués à de larges horizons. Il était familier des montagnes et avait savouré le mystère de leur grandeur. Des animaux et des oiseaux, des arbres et des fleurs, des plantes et de la terre, il avait appris le secret de l'amour. Son imagination était puissante. En lui s'était accomplie la gésine d'un idéal humain le plus haut.

Le silence qui suivit était trop dense pour qu'Armène le laisse s'installer.

— Je vais refaire un peu de café...

Pendant qu'elle s'activait devant la cuisinière, Dragère se pencha pour essayer de lire le brouillon d'une lettre signée simplement du prénom Missak. « Je vais aller au consulat, au ministère, pour que nous puissions nous unir. Mais même si nous ne pouvons pas, je t'aimerai toujours aussi fort. Je n'ai jamais connu cette affection féminine dont ma nature sauvage avait besoin pour connaître l'harmonie. Je veux me donner à la création, à l'art. Mais ma vie médiocre et sans soutien me jette dans le désespoir. Je suis comme un tigre enragé dans la cage de ma vie. Il faut me comprendre, il faut m'aimer. Il me faut ton affection et je puis réussir en tout. Je puis être grand... » Louis tourna la tête quand la sœur de Mélinée revint vers lui. Il lança la première question qui lui traversait l'esprit pour qu'elle ne s'aperçoive pas de son indiscrétion.

— Ils se sont mariés ?

— Oui, le 22 février 1936, à Beyrouth, au Liban, au milieu de ceux qui l'avaient élevé et qu'il appelait « sa famille »… Avant de mourir, il m'a écrit une lettre pour me dire de ne jamais oublier de fêter son anniversaire de mariage avec Mélinée. Nous n'en avons jamais eu le courage…

— Pourquoi donc ?

— Parce qu'il a été fusillé un 21 février, et c'est ce jour-là qu'on pense très fort à lui. Le jour de sa mort, pas le jour de son mariage ni celui de sa naissance…

Elle marqua un temps avant de reprendre :

— Vous pouvez revenir quand vous voulez… Ça m'a fait plaisir de parler de ce temps-là, mais je dois aller faire les courses et préparer à manger pour mes deux fils…

Dragère replaça son calepin dans la poche de sa canadienne avant de se diriger vers la porte. La main sur la poignée, il osa une dernière question.

— Tout à l'heure, vous avez prononcé le nom de Charles Aznavour… C'est le même que celui d'un chanteur qui passe en ce moment au Moulin-Rouge ?

— Oui, c'est bien de lui dont je voulais parler. Manouche l'a connu quand il avait dix ans, par l'intermédiaire de Mélinée… Il lui a appris à jouer aux échecs. Son vrai nom, c'est Aznavourian. Encore une histoire très compliquée… Il ne nous a jamais oubliées. Je reçois toujours des invitations pour ses spectacles. J'en ai une pour le Moulin-Rouge. Vous aimez ce qu'il fait ?

— Je ne connais pas vraiment son parcours. Sa voix est curieuse… J'ai entendu une de ses nouvelles chansons hier à la radio… *L'Émigrant…* D'après ce que je me rappelle, c'était plutôt bien.

— J'ai prévu d'y aller demain soir. Il a plein de choses à dire, lui aussi. Si vous êtes libre, je vous attendrai dans le hall à huit heures…

CHAPITRE 9

Le lendemain matin, Dragère fut une nouvelle fois réveillé en sursaut par quelqu'un qui tambourinait à sa porte. Il s'habilla dans le brouillard, ses rêves s'effilochant au gré des vêtements qu'il passait sur son corps. Que faisait-il avec Odette sur le pont de ce bateau en barbe à papa qui traversait Paris par les terres, à la manière d'un brise-glace ? L'instant d'après, il ne savait même plus qu'il y avait un bateau. Le fantôme d'Odette, seul. Le monde réel l'avait une fois encore rattrapé quand il découvrit son ami Alain Maulien, que tout le monde surnommait Linlien, planté sur le palier, une chapka sur la tête, les mains gantées, un manteau gris à carreaux renforçant la découpe de ses épaules.

— Mais qu'est-ce qui se passe ? Qu'est-ce que tu fais là en pleine nuit ?

— Il se passe qu'on se les caille ! Tu parles d'une nuit ! Il est plus de neuf plombes du matin. Je t'attends depuis une demi-heure sous la flotte devant l'Archiduc… Tu es sûr de n'avoir rien oublié ? Je te mets sur la piste : l'Archiduc est fermé…

Dragère se dirigea vers l'évier en traînant les pieds.

— Oh merde, on est dimanche, j'avais oublié…

— C'est ce que je me suis dit. Il a fait le mariol à la réunion de cellule, comme d'habitude, volontaire pour la vente de masse du journal de classe, mais au moment de passer à l'acte, dodo dans les toiles !

— Arrête de me saouler dès les aurores, Linlien. Je suis sur une enquête qui me prend la tête, c'est tout. Tu veux un café ? Il en reste d'hier, il y a juste à le réchauffer.

Il vint s'asseoir sur le bord du lit.

— C'est pas de refus. Il a gelé toute la nuit, et maintenant il tombe des glaçons… Odette n'est pas là ?

— Non, elle est bloquée à Juvisy. Sa mère est à l'hôpital, pour des examens.

— Oh merde ! C'est sérieux ?

— J'espère que non. On ne sait pas encore…

Un quart d'heure plus tard, après avoir fait un crochet par le local, ils longeaient la rue du Faubourg-Saint-Martin, grimpant les escaliers des immeubles pour frapper systématiquement à toutes les portes et proposer *L'Humanité Dimanche* aux habitants du quartier. La diffusion de la presse était importante pour eux, mais plus encore celle des idées. Le contact direct avec les ouvriers, les commerçants, les employés du secteur sur lequel rayonnait la cellule permettait de comprendre ce qui préoccupait les gens, de profiter de l'échange pour avancer des explications, argumenter sur le bien-fondé des revendications. On les connaissait pour les croiser chez le boulanger, au zinc des troquets, et ils étaient reçus avec bienveillance. Les hostilités se manifestaient simplement par une porte obstinément close, alors que la musique filtrait par les jointures du bois, et que les craquements du parquet trahissaient une présence. Les diffuseurs du journal faisaient partie du paysage, comme l'employé du gaz, le releveur des compteurs à eau. On les accueillait en robe de chambre, en pyjama, torse nu aux chaleurs, leur proposant un café puis, la matinée avançant, la tasse cédait la place au verre de vin rouge ou blanc puis aux solutions anisées. Il fallait savoir se méfier de la gentillesse tout autant que de l'embuscade. La force des arguments s'émoussait quand ils sortaient d'une bouche pâteuse. La vente au porte-à-porte servait aussi de bureau des pleurs. Louis et Linlien prenaient note de toutes les détresses, tous les appels au secours en promettant non pas la lune, mais de faire suivre la requête jusqu'à un conseiller municipal, un maire d'arrondissement, un député. Là encore battait le pouls de l'époque : une mère qui ne dormait plus depuis que son fils aîné avait reçu sa lettre pour l'Algérie, un jeune couple avec ses deux enfants claquemurés dans un deux-pièces et la femme qui leur demandait de poser la main sur son ventre rebondi pour qu'ils vérifient que le troisième commençait à remuer, une femme à demi folle, avec laquelle ils parlaient musique, qui déambulait dans un appartement totalement vide, habillée de son habit de déportée… Un petit entrepreneur en maçonnerie leur prit le journal pour la première fois, attiré par l'annonce du reportage photographique sur la crue de la Seine annoncé en caractères gras. Il était dans le secret des dieux, question inondations.

— On se prépare au pire depuis plus de dix jours… Avec tous mes gars, on mure les égouts pour ne pas que la flotte remonte par en dessous… On surélève les parapets, quai de la Gare et quai de la Rapée, on aveugle les ouvertures de la morgue… Des fois que leurs clients se barrent en pédalo ! Les ingénieurs nous disent que ça devrait devenir sérieux à partir de mercredi prochain, surtout dans le métro… Le Zouave du pont de l'Alma se mouille déjà les genoux. Comme il continue à tomber de la neige, le niveau grimpe de deux centimètres à l'heure, et c'est autre chose qu'il devra se rincer d'ici trois jours…

Le plus compliqué, au milieu de toutes ces préoccupations quotidiennes, c'était d'élever le débat, de faire passer le message principal du moment : la nécessaire mobilisation du peuple parisien contre le réarmement allemand, contre la « Wehrmacht de la revanche » dont l'imminent meeting du Vél' d'Hiv, présidé par Jacques Duclos, serait le point d'orgue. La subtilité n'étant pas la principale qualité de Linlien, il décimait un régiment de Boches à chaque palier, à se demander s'il y en aurait assez pour la fin de la tournée. Tout y passait, de la Patrie en danger assiégée par les Prussiens aux envahisseurs de 1870, des enfants aux mains coupées de la Grande Guerre jusqu'à Oradour-sur-Glane. Dragère se montrait plus convaincant en exaltant le souvenir de la Résistance. À plusieurs reprises au cours de la matinée, il invoqua l'exemple de Missak Manouchian et de ses camarades, adjurant les citoyens surpris dans leurs préparatifs dominicaux, ménage, toilette, épluchage des légumes, de ne pas oublier leur sacrifice. Et résonnaient en lui ces mots de la dernière lettre qui soudain prenaient tout leur sens : « Au moment de mourir, je proclame que je n'ai aucune haine contre le peuple allemand. »

La matinée de prospection avait permis de vendre une trentaine de journaux, d'obtenir autant de promesses de présence au Vél' d'Hiv, d'engager trois fois plus de conversations. D'autres équipes de militants avaient quadrillé les autres rues du quartier de la Grange-aux-Belles à Jaurès. Dragère et Linlien arrivèrent bons derniers au Débarcadère, un restaurant coincé entre deux dépôts de charbon, quai de la Loire, que tenait le père Champvain, un des plus anciens membres de la cellule. Après une friture de poissons, les vingt convives rassemblés dans l'arrière-salle firent honneur à la blanquette mitonnée par leur hôte, reprenant en chœur les refrains des chansons de l'année que jouait le Trio du Canal. *L'Auvergnat* précéda *Mon pote le Gitan* avant que les arpèges du *Piano du pauvre* ne succèdent à *La Goualante du pauvre Jean*… Dragère tendit l'oreille au solo de guitare jazzy qui annonçait un morceau inconnu de lui. Le chanteur posa sa voix sur les accords, sans effets, comme en confidence :

Si je t'ai blessée,
Si j'ai noirci ton passé,
Viens pleurer au creux de mon épaule…

Dragère ne savait pas qu'il allait l'entendre le soir même, interprété par son auteur. Ils finirent tous l'après-midi au Rialto, de l'autre côté du bassin de la Villette, où John Wayne, pilote névrosé d'un DC4 en perdition, n'eut besoin que de deux heures trente minutes pour rallier New York à l'aéroport d'Honolulu et sauver ses passagers. Linlien n'avait pas vu grand-chose du film, trop occupé à pratiquer le bouche-à-bouche sur Angeline, la trésorière de la cellule. Le journaliste profita de l'intimité qui naît de la fréquentation simultanée des urinoirs pour sonder les intentions de son copain.

— Ça a l'air sérieux avec le petit ange…

Linlien s'était rebraguetté.

— Tu me connais assez pour savoir que ce n'est pas mon genre.

— À vous observer, on peut en douter.

— Elle est en demande, je n'ai rien pu faire…

Je vais négocier une ristourne sur le prix de mes timbres…

— Ce que j'apprécie le plus chez toi, c'est la délicatesse.

Après un crochet par la rue de l'Aqueduc pour se changer, le journaliste était revenu vers la place Stalingrad prendre le métro aérien qu'il avait quitté à Pigalle avec l'envie de flâner jusqu'au Moulin-Rouge. Devant le Sphinx, les badauds semblaient marcher sur l'eau en traversant les reflets de l'immense coquille Saint-Jacques en néon du Sphinx qui inondaient le macadam. Il crut reconnaître son voisin sous la façade du Narcisse plus sobrement décorée d'un bouquet de fleurs électriques, mais la silhouette fut happée par un groupe de fêtards… Il traîna devant les baraques de la fête foraine, amusé par les discours des bonimenteurs vantant les exploits des lutteurs de foire, des contorsionnistes pervers, des strip-teaseuses grelottantes, des catcheuses en bas résille, des fausses Hindoues charmeuses de serpents, ou le frisson garanti par une visite à l'exposition des monstres en bocaux… En prévision du spectacle, il fit la queue devant le stand à hot dogs, faisant durer son sandwich jusqu'à la terrasse du Cyrano où il prit une bière, sous les ailes lumineuses du Moulin-Rouge avec le nom de Charles Aznavour en lettres de feu. Armène l'attendait dans le hall, devant les vitrines de photos, frêle dans un manteau noir, serrant un sac minuscule dans ses mains. Il songea soudainement qu'il n'avait jamais eu rendez-vous avec sa mère au théâtre, au cinéma, au restaurant, et que ce trouble dans le regard des autres, né d'une rencontre d'un couple aux âges différents, lui manquait. Avant de s'avouer, en secret, que l'absence de sa mère lui pesait. Il traversa la foule pour se porter à la hauteur de la sœur de Mélinée et l'embrassa sur les joues, encore sous le coup de l'émotion. Elle lui montra les tickets retirés au guichet.

— Il ne s'est pas fichu de moi : nous sommes au premier rang.

En traversant le fumoir, elle tomba dans les bras d'un homme d'une cinquantaine d'années accompagné d'une femme du même âge. Après les avoir embrassés à s'en étouffer, elle les présenta à Dragère.

— Knar et Mamigon, les parents de Charles Aznavour…

Le père du chanteur lui tendit la main.

— On m'appelle Misha, je préfère… Comme ça, vous travaillez à *L'Humanité* ? Vous allez faire un article sur mon fils ?

Armène lui évita de mentir.

— Non, c'est mon invité. Il prépare un reportage sur Manouche…

À l'énoncé du diminutif affectueux, une ombre obscurcit le regard de Knar, puis la pression des spectateurs, impatients de prendre possession de la salle, les obligea à avancer. Une placeuse les accompagna jusqu'à leurs fauteuils situés presque au centre de la salle, à quelques mètres du rideau rouge. Quand la pénombre se fit, Dragère aperçut Jacqueline François, Charles Trenet, puis Mouloudji, qui venaient discrètement s'asseoir face au micro planté sur la scène. Il ne fréquentait que rarement les music-halls, les cabarets, leur préférant depuis toujours les cinémas, et il fut déçu dans un premier temps par le manque de présence de l'interprète, qui avait choisi de saluer le quartier dans lequel il jouait sa carrière :

De Pigalle à Blanche
De la place du Tertre à Clichy
Les rues sont pavées de nuits blanches
Et le plaisir à tous les prix
Les nuits de Montmartre
Dès qu'il se fait tard
Sont étoilées d'espoir.

Pour la seconde fois de la journée, il fut happé par le départ syncopé de *Viens pleurer au creux de mon épaule* entendu chez Champvain, troublé par la sensualité crue qui se dégageait du texte et que l'interprétation ne faisait qu'accentuer. Le public retint son souffle quand Aznavour annonça *Après l'amour,* une chanson plus directe encore dont la diffusion était déconseillée sur les ondes nationales, un cran sous *Le Déserteur* de Vian interprété par Mouloudji :

Après l'amour
Nous ne faisons qu'un être
Après l'amour
Quand nos membres sont lourds

Au sein des draps froissés
Nous restons enlacés...

À la fin du répertoire, alors qu'à l'issue de quatre rappels les applaudissements crépitaient encore, les parents d'Aznavour et Armène entraînèrent Dragère dans les coulisses puis vers les loges où la vedette du jour recevait les remerciements, les encouragements des personnalités venues l'écouter. Une coupe de champagne atterrit comme par miracle dans sa main. Il trinqua avec tous ceux qui encombraient l'étroit couloir. Un quart d'heure plus tard, il se laissait choir à l'arrière d'un taxi, qui, après avoir dévalé la rue Notre-Dame-de-Lorette à pleine vitesse, vint se garer devant Les Diamantaires, rue La Fayette. Knar l'attendit devant la porte vitrée.

— Charles a retenu le restaurant pour toute la soirée. Mon mari ou moi, nous essaierons de le faire parler de Manouche. Je ne vous promets rien, il a toujours du mal à évoquer ceux qui nous ont quittés...

Le bois des tables disparaissait sous une profusion de plats qui déclinaient les nuances de la cuisine arménienne et byzantine : tarama, djadjiki, soudjouk, keftedakia, haricots plakis, dolmas, hoummous, pasterma, manti, kokinisto, chiche taouk, matzounov kebab... Il se retrouva à trois chaises du chanteur, face à ses parents, et Armène à sa droite. Le brouhaha faisait écran à la musique traditionnelle que dispensait un orchestre posé sur une estrade, en fond de salle.

Il se pencha pour saisir les paroles que Charles Aznavour échangeait avec Bruno Coquatrix, le nouveau directeur de l'Olympia, qui, comprit-il, était prêt à l'accueillir sur la scène du boulevard des Capucines avec Sidney Bechet en complément de programme. Le chanteur rayonnait.

— Il fera la vedette américaine, et moi, en quelque sorte, je serai la vedette arménienne !

— Non, monsieur Aznavour, la vedette tout court, ou plutôt tout du long, avec votre nom en haut de l'affiche… Ce qui se passe tous les soirs au Moulin-Rouge est extraordinaire. Le public vous a élu, on ne cesse de passer vos disques à la radio, les plus grands interprètes vous demandent d'écrire pour eux, les journalistes qui vous étaient hostiles ont capitulé…

— Oui, mais les écrits restent… Il n'y a pas si longtemps, j'étais « l'aphonie des grandeurs », « l'enroué vers l'or », « la Callas mitée », et j'en passe… Je connais mes handicaps. Ma voix, ma taille… Il faut faire avec. Ma voix, impossible de la changer, les professionnels que j'ai consultés m'ont même déconseillé de chanter. Mon mètre soixante-quatre, pareil, rien à faire. Aux États-Unis, j'avais mis des brodequins à compensation, des *elevator shoes* comme ils disent, pour gagner quelques centimètres. Résultat, les producteurs croyaient que j'étais affligé d'une paire de pieds bots ! La seule solution, c'est d'accepter sa taille et la faire oublier aux autres.

Armène avait déplacé un bouquet de fleurs

qui faisait écran entre Knar et Dragère, puis elle s'était occupée de servir le raki autour d'elle.

— C'est Knar qui est à l'origine de notre rencontre, quand elle a loué une petite chambre à Mélinée, rue de Louvois, en face de la Bibliothèque nationale…

— Je ne la louais pas directement… On ne possédait rien. C'était une sous-location au nom d'un de mes oncles. Nous, on avait la chance qu'il nous reste un peu de famille, pas comme vous, les orphelines… Aïda et Charles étaient encore tout petits. Mélinée, c'était comme une grande sœur… Une confidente aussi, elle en savait plus que Misha et moi sur eux deux… Quand Manouchian a été arrêté, le 16 novembre 1943, la police a immédiatement perquisitionné la chambre où Mélinée venait tous les jours pour taper les tracts, les comptes rendus des actions. L'oncle a été interrogé, surveillé, mais il a fait l'idiot. À la fin, ils n'ont rien trouvé à lui reprocher. Quelques semaines plus tard, on a récupéré Mélinée que les survivants du groupe avaient cachée dans un réduit sans fenêtre de la rue de Maubeuge.

Armène l'interrompit.

— Tu es sûre ? Ce n'était pas plus près du boulevard Magenta, à côté d'une Kommandantur…

— Oui, tu as raison… J'ai tellement déménagé dans ma vie que j'arrive à mélanger. On l'a installée dans notre appartement de la rue de Navarin, près de Pigalle, pendant des semaines et des semaines, en lui interdisant de sortir. Par précaution, on avait pris une chambre dans l'hôtel d'en face, pour Misha que la Gestapo recherchait aussi. On ne savait rien pour Manouche… À un moment, Mélinée s'est souvenue qu'ils avaient loué une petite maison à Vire avant guerre, pour y passer quelques semaines, et que Missak lui avait dit, un soir, que c'est là qu'il reviendrait s'il avait des ennuis. C'est devenu une idée fixe. Il a fallu que je fasse un aller-retour dans le Calvados pour demander aux fermiers s'ils n'avaient pas revu Manouchian… Je ne sais pas ce qu'ils ont pensé, mais ils étaient sur leurs gardes. Le seul lien qu'elle avait au monde, c'était nous. Sa seule distraction, c'était la vue sur la cour intérieure de l'immeuble quand elle se mettait à la fenêtre du deuxième pour fumer cigarette sur cigarette… Je me souviens de la marque, des Meva qui venaient de Pologne et que Charles trouvait je ne sais comment…

En entendant son prénom, Charles Aznavour se glissa dans la conversation.

— Qu'est-ce que j'ai encore fait ? Pourquoi tu parles de moi, maman ?

— Je ne dis que du bien… Je racontais que tu ramenais des Meva à Mélinée, quand on la cachait rue de Navarin…

Il approcha sa coupe de champagne de ses lèvres, but une gorgée.

— Le mois prochain, cela fera onze ans que Missak a été fusillé. Onze ans… Pourtant, j'ai l'impression que je l'ai quitté hier soir, qu'il aurait pu être ici, cette nuit, en notre compagnie… Avant chaque spectacle, dans ma loge, pour me concentrer, je joue aux échecs, une petite partie contre moi-même, et je pense à lui qui m'a initié à ce jeu quand j'avais une douzaine d'années… Je crois qu'il aurait été heureux de me voir sur la scène du Moulin-Rouge, alors qu'il a assisté à l'un de mes tout premiers succès, à deux pas de la place Blanche… Un succès modeste, mais un succès quand même. On devait être en 1937… À la maison, on tirait le diable par la queue. Pour aider à faire bouillir la marmite, Aïda et moi, on écumait tous les radio-crochets dont les prix étaient versés en argent liquide. Ce jour-là, Mélinée et Missak nous accompagnaient dans un grand café de la place Pigalle. Elle nous avait bien avertis de ne rien commander en nous montrant les pauvres deux francs perdus dans son porte-monnaie. Il y avait des dizaines d'inscrits. Aïda s'est lancée dans une chanson d'amour tragique, du genre « Pardonne-moi si je n'ai pas su te comprendre », qui a fait impression, tandis que votre serviteur, une canne à la main, traversait la scène de long en large en imitant Maurice Chevalier… Au moment de la distribution des prix, on se tenait très fort la main, avec Aïda. Le speaker, avec son nœud papillon, s'est approché du micro et a commencé à lire son papier. Cinquième prix, rien. Quatrième prix, rien. Troisième prix, rien. Mélinée nous a regardés en haussant les épaules, l'air de dire : « Ce sera pour la prochaine fois… » « Deuxième prix, un billet tout neuf de cinquante francs est attribué à… Aïda Aznavourian. » On n'avait pas fini de l'embrasser que le gars, toujours collé à son micro, annonçait le premier prix : « Un billet tout aussi neuf mais de cent francs, celui-là, est attribué à Charles Aznavourian ! » Un jour de gloire, il ne manquait que *La Marseillaise* ! Sur le chemin du retour, Missak a acheté un poulet rôti, un kilo de frites et une bouteille de vin rouge dans une baraque du boulevard, et on a tous fait la fête, papa au piano, dans l'appartement en pente de la rue La Fayette…

Sa mère lui coupa la parole.

— J'ai encore dans un tiroir la lettre qu'il m'a envoyée de Bretagne quand il était mobilisé dans l'armée française, au début de la guerre. Il a écrit : « Charles sera l'honneur du peuple arménien, et une gloire pour la France. » Il faudra que je la retrouve et que je te la donne… J'ai toujours senti qu'il disait vrai, ça me faisait toujours beaucoup de bien de la relire, quand la vie n'était pas si facile…

Le chanteur reposa son verre près d'un solide plat de kechkek.

— C'est surtout lui qui est l'honneur du peuple arménien et la gloire de la France.

Dragère quitta Les Diamantaires au petit matin, grisé tout autant par ce qu'il avait entendu que par le raki, le vin libanais, et le petit verre d'eau-de-vie de mûre auquel il n'avait pas pu résister. Le froid vif lui fit reprendre immédiatement ses esprits. Il releva le col de sa canadienne, puis se mit en marche, les mains profondément enfoncées dans les poches. Il accéléra le pas tout au long de la rue La Fayette, traversant le pont interminable jeté sur les lignes de l'Est avant de bifurquer sur la rue de l'Aqueduc luisante de verglas. La première chose qu'il fit en entrant dans sa chambre, ce fut de poser bien en évidence le programme du Moulin-Rouge avec la photo d'Aznavour ornée de la dédicace du chanteur que suivaient les signatures d'Armène, de Knar, de Misha.

CHAPITRE 10

En se réveillant, après quelques heures d'un sommeil sans rêves, Dragère s'aperçut que la réserve de bois et de charbon était épuisée. Il s'habilla aussi vite que le lui permettait sa conscience engourdie pour venir prendre place devant un café double flanqué de deux tartines dans la salle de l'Archiduc. Son déjeuner englouti, il se hissa sur un tabouret de bar pour appeler Juvisy depuis le téléphone posé sur le zinc. Odette n'avait pas beaucoup de temps : un des employés de chez Bevilacqua qui devait accompagner Christophe, le jeune fils des patrons, à l'hôpital de Draveil l'attendait avec la voiture de l'entreprise de fumisterie près du pont du chemin de fer. Elle ne devait surtout pas manquer le passage d'une barque pour franchir les deux cents mètres qui la séparaient de la gare.

— Je croyais que tu m'aurais téléphoné, hier. On était dimanche…

Il perçut un reproche là où il n'y avait que de la tristesse.

— Justement. J'avais une vente de masse avec Linlien. Ensuite, on s'est tous retrouvés pour manger un morceau au Débarcadère, chez le père Champvain, puis j'ai suivi le mouvement jusqu'au Rialto. Un film avec John Wayne en pilote d'avion... Ça ne volait pas haut. Quand j'en suis sorti, il était tard, je ne voulais pas déranger ta concierge...

Elle chuchota :

— Arrête avec ça, c'est pas « ma » concierge, c'est « la » concierge !

Il reprit un café en se reprochant non d'avoir menti, mais de ne pouvoir partager avec Odette les moments passionnants qu'il était en train de vivre. Il s'était trouvé à deux doigts de lui parler du tour de chant d'Aznavour, de lui fredonner *Viens pleurer au creux de mon épaule*... S'il ne s'était pas retenu, il aurait fallu expliquer le Moulin-Rouge, Les Diamantaires, Knar et Misha, Armène, pour inéluctablement en arriver à Manouchian... Il sortit son calepin, son stylo Bic, commença à résumer tout ce qu'il avait entendu au cours de la première partie de la soirée, l'adresse des planques, Louvois, Navarin, le désarroi de Mélinée, les parties d'échecs, le radio-crochet, la maison de Vire... Cela venait difficilement, l'écho en était encore trop proche. Il s'obligea à un effort plus intense encore pour que remonte à la surface ce qui s'était dit après le cinquième toast porté à la carrière de Charles, pour retrouver avec précision tout ce qui concernait l'activité de résistance du père du chanteur.

En 1942, Misha Aznavourian travaille comme maître d'hôtel dans un restaurant arménien au numéro huit de la rue de Maubeuge, le Raffi, qui se présente comme un cabaret folklorique russe. Après son service en salle, il chante le répertoire slave et ne tarde pas à s'apercevoir que nombre de clients en uniforme vert-de-gris reprennent les paroles en chœur. Ce sont pour la plupart des soldats de l'armée Vlassov, un ancien général de l'armée Rouge rallié à l'Allemagne. Des volontaires ukrainiens, géorgiens, des membres de la Légion arménienne utilisés par la propagande pour montrer que le régime soviétique est chancelant. Les premiers revers des divisions nazies sur le front de l'Est, la nostalgie du pays, la vodka délient les langues quand la soirée s'éternise. Le Raffi devient une source de renseignements sur le dispositif en place à Paris, sur les mouvements de troupes, l'état moral des combattants. À partir de la capitulation du feld-maréchal Paulus devant Stalingrad, le Raffi devient le premier maillon d'une filière de désertion de « volontaires » arméniens qui avaient, en fait, été enrôlés de force. Le cas de chaque candidat était soigneusement examiné avant que le déserteur ne soit dirigé vers l'appartement de Knar et Misha Aznavourian, rue Navarin, où les uniformes étaient dépecés, détruits, brûlés en partie, dispersés dans les poubelles et les égouts.

Le mercredi 17 mars 1943 à huit heures du matin, rue Rivay, près du pont de Levallois, Missak Manouchian (code Georges) participe à sa première opération armée. Couvert par Marcel Rayman (code Michel) et Arsène Tchakarian (code Charles), il lance une grenade sur un groupe de feld-gendarmes qui se rendaient sur le quai Michelet pour assurer la garde des usines d'armement Hotchkiss. Le communiqué des FTP faisait état de quatre morts et d'une dizaine de blessés. Au milieu de la semaine suivante, Manouchian a participé à un repas chez les Aznavourian, en compagnie de Mélinée, d'un autre combattant, Henry Karayan, et du docteur Haïe Kaldijian, le fondateur du Comité de secours à l'Arménie (HOG), dont Missak avait été le secrétaire de 1935 à sa dissolution en 1938. Misha explique que ce n'était pas Missak qui était prévu pour lancer la grenade mais Tchakarian, qu'au dernier moment, contrairement à toutes les directives, Manouchian a exigé de le faire. Quelques jours plus tôt, lors de l'attaque d'un camion allemand, deux grenades avaient explosé dans les mains des lanceurs, Jean Kerbel et Maurice Radzinski, les tuant sur le coup. Le 18 mars, c'était au tour de Iancu Silberman de tomber victime lui aussi d'une grenade défectueuse fabriquée par le même artificier clandestin. Au cours de la soirée, Manouchian a dressé un état de la situation, un mois et demi après la victoire de Stalingrad. Ceux qui étaient présents gardent le souvenir d'avoir été galvanisés par son discours. Armène a précisé que Missak avait pris des cours d'orateur à l'université ouvrière de la rue Mathurin-Moreau, avant la guerre. Puis Misha a chanté les odes du poète caucasien Sayat Nova avant que Manouchian ne récite certains de ses textes. Au moment de nous séparer, j'ai demandé à Armène si elle savait ce qu'il se passait dans la tête de Manouchian, le poète, au moment de jeter une bombe. Il avait confié à Mélinée, m'a-t-elle répondu, que la première image qui lui était venue, au moment de l'explosion, était celle du visage de son père, du visage de sa mère qui sortaient du tombeau et qui lui disaient : « Tu ne fais pas le mal, tu ne fais que tuer des tueurs. » À cet instant, c'est comme si toute la misère du monde qu'il portait sur ses épaules depuis toujours avait soudain disparu.

Dragère souligna les noms d'Arsène Tchakarian, d'Henry Karayan qu'il se promettait de contacter, avant d'entourer la phrase où il était question des cours d'orateur. Il se souvint avoir lu dans son journal, des mois plus tôt, un reportage sur l'université ouvrière fondée par Henri Barbusse au début des années 1930. La série d'articles rendait hommage à tous les professeurs bénévoles déportés, torturés, fusillés… Gabriel Péri, Georges Politzer, Jacques Solomon…

Joint au téléphone, son chef de rubrique, Roland Vastard, retrouva l'existence d'un papier d'ambiance sur le sujet paru deux ans auparavant dans l'almanach ouvrier-paysan, un supplément annuel de *L'Humanité*, sous la signature de Marcel Tournemain.

— Inconnu au bataillon !

— C'est un gars de province, de Montluçon, je crois…

— Tu sais où je peux le trouver ?

— Une minute, je regarde le dossier… Voilà… Il écrit les discours du groupe communiste à l'Assemblée nationale. Avec un peu de chance, tu devrais le coincer à partir de cet après-midi dans un des points de chute du Parti. Lui, c'est l'hôtel d'Angleterre, cité Bergère… Une prise de guerre au moment de la Libération. Ça devait être le siège d'une organisation collabo… Tu vois où c'est ? Au-dessus du boulevard Poissonnière…

Le réceptionniste lui confirma que Marcel Tournemain avait retenu une chambre pour le début de la semaine. Dragère laissa un message annonçant sa visite ainsi que son motif. Il mit à profit le temps qui l'en séparait pour sortir de la cave la poussette déglinguée qu'il lesta d'un sac de charbon et de petit bois chez le bougnat de la rue Louis-Blanc. Puis il remit un peu d'ordre dans la piaule avant d'aller prendre une douche brûlante aux Bains municipaux du faubourg Saint-Martin.

On atteignait la cité Bergère en passant sous la voûte ornée de caissons sculptés d'un ancien immeuble-porche. Une rue isolée du monde, en forme de coude, bordée de bâtiments en pierre de taille presque tous occupés par des résidences de tourisme aux entrées protégées par des marquises ouvragées. Marcel Tournemain ne ressemblait pas à son nom. À peine plus âgé que Dragère, très mince dans un costume croisé, les cheveux assez longs rejetés en arrière, des lunettes cerclées de fer sur un visage allongé, il faisait davantage penser à un jeune diplômé qu'à un militant ouvrier. Il accueillit le journaliste dans le petit salon. Dragère se fit servir un demi et, certainement pour faire honneur à la dénomination de l'hôtel, Tournemain commanda un thé, bien qu'il ne fût que quatre heures.

— Vous préparez quelque chose sur l'université populaire, si j'ai bien compris…

— Oui… Enfin ce serait davantage axé sur les personnalités qui l'ont fréquentée… Les professeurs, bien entendu, mais surtout les élèves. Voir si certains, ensuite, grâce aux cours, sont devenus des cadres dirigeants.

Doigts écartés, il passa sa main dans ses cheveux tout en s'enfonçant dans son fauteuil.

— Pour mon article dans l'almanach, j'avais abordé le sujet sous un angle très différent. Ce qui m'avait intéressé, tout d'abord, c'était les lieux. Les 8, 10, 12 de la rue Mathurin-Moreau sur la place qui a pris le nom du colonel Fabien… Il y avait le siège de la CGTU, la Maison des syndicats, le Secours rouge international, le comité pour l'Espagne républicaine, le bureau d'engagement dans les Brigades internationales, la salle de l'Avenir social, la chorale populaire, l'université ouvrière et le pavillon des Soviets… Vous êtes déjà allé y faire un tour ?

— Non, je n'en ai jamais eu l'occasion. J'ignorais même qu'il existait à Paris un pavillon des Soviets !

— Vous n'êtes pas le seul. C'est une relique : la contribution de l'Union soviétique à l'Exposition des arts décoratifs de Paris, en 1925. À la clôture, pour éviter les frais de rapatriement, le gouvernement russe en a fait cadeau à la CGTU, à charge pour elle de le remonter sur un terrain de son choix. Vous vous intéressez à l'architecture ?

Dragère récupéra la mousse sur ses lèvres, d'un mouvement de la langue.

— Pas plus que ça…

— Dommage… C'est une structure simple de verre et de bois, barrée de deux escaliers en diagonale qui a fait sensation et lancé le mouvement constructiviste. Six ans plus tard, la CGTU l'a mis à la disposition d'Aragon, au moment de l'Exposition coloniale, pour répondre à l'obscénité de ce qui se déroulait porte Dorée en organisant une contre-manifestation. Paul Eluard, Tristan Tzara, Georges Sadoul ont prêté des œuvres d'art océanien, africain, amérindien… Clovis Trouille, qui habitait juste à côté, a peint une toile spécialement pour l'occasion. Ce n'est pas rien ! Pour en revenir à l'université ouvrière, certains cours étaient dispensés dans ces locaux qu'on peut qualifier d'historiques. Quand j'ai écrit mon article, je me suis aperçu qu'il n'existait pratiquement pas d'archives. Tout a été mis à l'abri à Moscou. J'ai rencontré ou téléphoné à quelques enseignants : le linguiste Marcel Cohen, Jean Maîtron qui donnait des notions d'allemand, Henri Wallon, Paul Langevin, Georges Fournial… J'aurais bien aimé retrouver un intervenant original, qui signait « Docteur Coron » ses chroniques dans *L'Humanité.* C'était en fait un Russe du nom de Jacob Kalmanovitch. Il s'occupait de la médecine du sport et de l'éducation sexuelle en mettant les militants en garde contre la blennorragie ! Il y avait effectivement des cours de pratique oratoire, ils appelaient ça « propagandistes orateurs », des sessions pour apprendre aux prolétaires à se défendre en justice, des stages pour la confection de journaux, de tracts, d'affiches, d'animation d'émissions de radio. Le nombre de profs n'a pas dépassé la cinquantaine en sept ans d'activité. Certains n'ont donné que quelques cours comme Paul Nizan. D'autres se sont fait virer. Un certain Robert Jospin par exemple, pour anarchisme. Du côté des élèves, je me rappelle qu'il y en avait environ sept cents la première année et près de deux mille en 1937. On peut tabler sur huit mille personnes. Le seul à m'en avoir parlé, c'est Édouard Pignon…

— Le peintre ? J'ai vu son exposition de céramique, l'année dernière à la Maison de la pensée française. Il y avait un dessin de Picasso où on voyait Pignon poussant une brouette pleine de ses pots…

— À l'époque, il tirait surtout le diable par la queue. Il venait de se faire licencier de chez Citroën, pour ses idées, et travaillait comme manœuvre dans une fabrique de démarreurs, à Issy-les-Moulineaux. Il s'était inscrit à des cours de philosophie, de littérature, d'économie politique, lui qui avait commencé au fond de la mine à 13 ans…

Ce que Tournemain racontait fit ressurgir d'autres informations recueillies lors de conversations précédentes auxquelles il n'avait pas prêté attention mais qui prenaient soudain de l'importance.

— Dans la même période, Missak Manouchian a suivi des cours à l'université ouvrière. Il a aussi travaillé chez Citroën et connaissait des peintres de Montparnasse pour lesquels il posait. Un Arménien notamment, Krikor Bedikian… Il est possible qu'il ait croisé Édouard Pignon…

Tournemain prit le temps de se resservir du thé.

— Je n'en sais rien, mais ce que je peux vous dire, c'est que vous n'êtes pas le premier à me parler de la présence de Manouchian rue Mathurin-Moreau… Marcel Cohen se souvenait l'avoir eu parmi ses élèves. Par la suite, il m'a fait parvenir une lettre où il me racontait une anecdote à ce sujet. Je peux vous en faire parvenir une copie dès jeudi, quand je serai rentré à Montluçon… Vous avez une carte ?

Dragère tira son calepin de sa poche de canadienne, déchira une feuille, décapuchonna le Bic.

— Non, je les fais à la demande.

Il repartit à pied par les Boulevards, dans la direction de Strasbourg-Saint-Denis. En fouillant dans les rayonnages des livres d'occasion, chez Joseph Gibert, il mit la main sur *Pages de gloire des vingt-trois*, un ouvrage sous couverture rouge édité quatre ans plus tôt par le Comité français de défense des immigrés, accompagné d'une postface de Charles Tillon, commandant en chef des Francs-tireurs et partisans. Il le feuilleta, regardant une à une les photos de Manouchian et de ses compagnons, parcourant leurs biographies, découvrant les fac-similés des journaux de combat en yiddish, en italien, en arménien, les photos des condamnés avant leur exécution… La dernière lettre de Missak était reproduite. Dragère la lut lentement, son regard s'arrêtant sur de discrets points de suspension où se dissolvaient les mots manquants. « Je pardonne à tous ceux qui m'ont fait du mal ou qui ont voulu me faire du mal sauf à celui qui nous a trahis pour racheter sa peau et ceux qui nous ont vendus. » Il fut à deux doigts de l'emporter, partagé entre le désir d'acquérir une précieuse source de renseignements et la crainte de briser un interdit en possédant un texte de Tillon, mis depuis au ban du Parti pour activité fractionnelle. Il s'arrêta ensuite devant le Far West, attiré par le titre du film qui s'y jouait, *Traquenard* de Richard Fleischer, mais les photos épinglées dans le hall étaient celles d'une histoire de gangsters, de faux-monnayeurs, loin des chevauchées sans fin dont il avait besoin. Il mit le cap sur la gare de l'Est.

CHAPITRE 11

Sans qu'il n'ose se l'avouer, Dragère était désemparé par l'absence prolongée d'Odette. Toute son enfance, il avait été ballotté de grand-mère en tante, d'amies de sa mère en camarades du Parti, de famille d'accueil en colonie de vacances. C'est peu dire qu'il vivait mal le fait de se sentir abandonné, soupçonnant que ce n'était pas une raison impérieuse qui éloignait ses proches, mais lui qu'on voulait fuir. Il poussa la porte du salon de coiffure, fit rafraîchir sa coupe en lisant un vieux numéro de *Détective* qui revenait sur le mystère du squelette de la gare de Saint-Christoly, avec l'interview de celle qu'on croyait être la propriétaire des ossements, mais qu'on avait retrouvée, bien en chair, à Bruxelles. Il salua le facteur qui terminait sa tournée de l'après-midi. Par les jours dans le métal de la boîte aux lettres, il vit qu'il y avait du courrier. Il reconnut l'écriture du frère d'Odette sur la première lettre, avant même de lire le bureau d'envoi, Besançon, sur le tampon. Le second pli lui était adressé. La graphie ne lui évoquait rien, et le compostage ne pouvait être plus vague : Paris-Louvre. Il l'ouvrit en grimpant les escaliers. Le nom qui figurait en haut à gauche, Roland Filiatre, lui avait été communiqué par Armène Assadourian.

Cher Monsieur Louis Dragère,

J'ai bien reçu votre mot par lequel vous me demandez un entretien dans le but de nourrir votre réflexion sur le groupe Manouchian et singulièrement à propos de l'un des membres de ce groupe que j'ai eu l'honneur de bien connaître, Armenak Manoukian (fausse identité sous laquelle il a été fusillé), de son véritable nom Dav'tian Arben Abramovitch. Ma femme et moi l'avons accueilli en France après son départ d'Arménie soviétique, en mai 1937, tout comme Armène Assadourian lui a donné asile après la tragique méprise dont il a été la victime lors d'une action contre l'occupant. Je dois vous confier que cela fait trente ans que le journal *L'Humanité* ne s'était pas intéressé à ma modeste personne : en ces temps reculés, un article protestait contre mon incarcération pour « propagande communiste ». Né avec le siècle, j'avais alors 25 ans. Je suis disposé à vous rencontrer, bien que je sois persuadé que vous ne pourrez entendre ce que j'ai à vous dire. Le temps n'en est pas encore venu. Ce seront pourtant les paroles d'un homme arrêté par la Gestapo le 7 octobre 1943, déporté à Dachau, Buchenwald puis Dora et, ironie de l'Histoire, libéré par les troupes soviétiques en juin 1945. Vous pouvez prendre le risque de me joindre à la Mairie de Paris, aux heures habituelles de travail, à l'atelier électricité. Dans le cas contraire, je tiens à vous remercier d'avoir évoqué le souvenir d'Armenak et de m'avoir conduit, ce soir, à relire quelques papiers qu'il nous a laissés.

Il était presque parvenu sur le palier quand il rebroussa chemin, rien ne lui paraissant plus urgent que de composer le numéro inscrit en haut, à gauche, de la lettre. La standardiste de l'Hôtel de Ville le mit en contact avec les ateliers municipaux où on lui répondit que M. Filiatre s'était absenté pour une intervention urgente dans une école du quartier République, et qu'il ne devrait plus tarder. Dragère laissa les coordonnées téléphoniques du café l'Archiduc. Linlien passa en coup de vent, accompagné d'une jeune femme blonde, pour lui dire que si quelqu'un le cherchait, il devait répondre qu'il ne l'avait pas vu. Il tua le temps en engageant une partie de 421 avec le facteur qui se remettait, devant un grog au Negrita, de trois heures de piétinements dans le froid. Il en était de deux tournées quand, une heure plus tard, le patron lui tendit le combiné.

— C'est pour toi, Louis. La Mairie de Paris…

Roland Filiatre, au bout du fil, exprima sa surprise d'avoir été contacté aussi rapidement. Il se déclara prêt à rencontrer le journaliste le soir même dans une brasserie parisienne, ou plus longuement le lendemain matin, à Maisons-Alfort où il habitait.

— Je ne travaille pas de tout le mardi, je récupère un samedi d'astreinte… On peut manger un morceau dans mon quartier. Le mieux, c'est de se donner rendez-vous en bas de chez moi à une heure... D'accord ?

Dragère nota l'adresse sur son carnet. Il demeura un moment immobile à regarder la pointe de son stylo, avant de relire la lettre pour la troisième fois en se demandant où il allait mettre les pieds. Il avait toujours le bec-de-cane de l'Archiduc dans la main lorsqu'une voix féminine l'interpella depuis le trottoir d'en face. Il traversa, claqua un baiser sur chacune des joues rebondies de sa trésorière de cellule tout en se composant un air de communiant.

— Salut Angeline. C'est assez rare de te voir dans le secteur... Je te dois des sous ? J'ai fait une erreur, hier, quand je t'ai rendu les comptes de la vente de masse ?

Elle leva les yeux au ciel, agacée.

— Tu ne vas pas t'y mettre toi aussi ! Je m'intéresse à autre chose qu'aux additions et qu'aux règles de trois. J'avais rendez-vous avec Linlien, en bas de chez lui. Résultat, il a plus d'une heure de retard. Tu ne sais pas où je pourrais le trouver, par hasard ?

— Non... On devait également préparer un collage pour le meeting du Vél' d'Hiv. Je l'attends encore ! Ce n'est pas son genre, tu le connais. À mon avis, il a dû avoir un empêchement.

Ils marchèrent ensemble jusqu'au faubourg pour se séparer devant le Familistère où il s'acheta une bouteille de Valstar verte accompagnée d'une boîte de choucroute qu'il fit réchauffer directement sur le gaz après avoir ôté l'étiquette, histoire de s'épargner la vaisselle. Juste le couvert à rincer sous le robinet. Sa conserve avalée, il s'allongea sur le lit, un verre à portée de main, le poste de radio réglé sur Paris-Inter. Malgré toute sa bonne volonté, la fatigue l'empêcha de supporter plus de dix minutes la dramatique au programme dont le titre, *Victor imbécile heureux*, sonnait comme une mise en garde.

En fin de matinée, de minuscules billes de neige s'étaient mises à tomber ; le vent les faisait tournoyer, dessinant des vagues ondoyantes sur le bitume humide. Le temps qu'il traverse Paris par le sous-sol jusqu'à Charenton-Écoles, les aimables précipitations s'étaient transformées en une pluie verglaçante qui habillait le paysage d'une redoutable enveloppe de verre craquante. À peine assis sur la banquette du bus pour Maisons-Alfort, le receveur, son composteur sur le ventre, vint avertir les passagers que le conducteur ne pouvait pas prendre la responsabilité de circuler sur une route rebaptisée en patinoire. Quelques personnes, des anciens, choisirent de rester à l'abri en attendant un hypothétique redoux. Après s'être renseigné sur la direction à prendre, Dragère descendit la rue de Paris jusqu'au pont sur la Marne, à une portée de regard de la confluence avec la Seine, choisissant pour y mettre ses pas les portions d'asphalte qui ne brillaient pas. Il n'avait qu'un quart d'heure de retard quand il arriva, grelottant, transi de froid, square Dufourmantelle. La ville de banlieue, pavillonnaire, s'était effacée devant une cité faite d'immeubles cubiques en brique rouge, toits en terrasses, disposés autour de jardins cloisonnés, d'espaces équipés de jeux d'enfants. Il contourna une statue en béton représentant le Petit Chaperon rouge pour se retrouver au pied du bâtiment où Roland Filiatre lui avait donné rendez-vous. L'électricien se tenait dans le hall. Il sortit pour accueillir le visiteur, lui adressant une vigoureuse poignée de main tout en le jaugeant des pieds à la tête.

— Filiatre. Content de faire votre connaissance. J'ai retenu une table dans un restaurant italien à deux pas d'ici. Il y avait bien un Arménien, on aurait été dans le sujet, mais il est à l'autre bout de la ville, et avec ce temps…

Habitué à côtoyer les travailleurs, les militants du service d'ordre, Dragère capta immédiatement la force qui se dégageait du personnage. Tout au long du trajet, Filiatre lui vanta l'intérêt qu'il trouvait à vivre dans cette cité-jardin où il avait emménagé dès son inauguration vingt ans plus tôt, insistant sur la qualité de l'enseignement que sa fille avait reçu dans les écoles dessinées par les mêmes architectes. Ils s'attablèrent dans la salle principale du Taormina fréquentée par les ouvriers du quartier, en vêtements de travail, et quelques employés ou représentants de commerce reconnaissables à leur cravate.

— La patronne est du Nord, de Gênes. Lui

vient de Sicile, de la ville qui a donné son nom au restaurant. La glace et le feu. C'est pour ça qu'elle est aux fourneaux. En entrée, si vous ne connaissez pas, je vous conseille les arancini, une friture de boulettes de riz farcies à la viande de veau... Ensuite, je prends des pâtes à la seiche...

Il surprit le regard insistant de Dragère sur sa dentition ravagée.

— J'évite le bifteck... À Dachau, le dentiste était un peu brusque... Avant guerre, ici, c'était tenu par des Auvergnats. Quand j'hébergeais Manoukian, on y venait une fois ou deux par semaine...

Dragère coupa l'arancini en deux, comme il l'aurait fait avec un œuf. La première couche de riz croustillait, puis c'était d'autres textures, moelleux, fondant, d'autres goûts, oignon frit, parmesan, qui occupaient le palais. Il hocha la tête pour signifier que la préparation lui plaisait. Filiatre aussi lui plaisait, il appartenait à son monde, s'intéressait aux mêmes sujets, était fier d'habiter en banlieue, mais Dragère ne parvenait toujours pas à percer le mystère des préventions inscrites dans sa lettre. Dans son système de pensée, de références, si Manoukian, partisan fusillé aux côtés de Manouchian, était arrivé en France en 1937 depuis l'Arménie soviétique, ce ne pouvait être qu'un membre de l'appareil communiste.

— Il vous avait été adressé par qui ?

— Par l'instinct de survie. Il avait réussi à fuir le camp de relégation d'Andijan, en Asie centrale, trois ans plus tôt, pour se réfugier en Iran. De là, il a pris contact avec des amis à moi qui éditaient des brochures sur la situation en Union soviétique.

— Quels amis, quel genre de brochures ?

Filiatre souleva le carafon pour remplir les verres de vin rouge.

— Dès que j'aurai répondu à votre question, vous pourrez vous lever de table et me laisser en plan avec les deux portions de pâtes à la seiche, je ne vous en voudrai pas... Ces brochures critiquaient sans détour la dictature stalinienne. Pour aggraver mon cas, je vous dirai que le camarade le plus en vue s'appelait Léon Sedov, le fils de Trotski...

Dragère était prêt à tout entendre, mais il n'aurait jamais pu imaginer la collusion d'un des membres du groupe Manouchian avec le cercle le plus proche de ceux qu'on lui avait appris à considérer comme les pires traîtres que le siècle ait engendrés ! Il ne songea pas à rompre la conversation, ni à demander des explications, il fut tout simplement pris d'un fou rire. Il but une gorgée pour tenter de reprendre le contrôle sur sa respiration, s'étrangla, toussa, hoqueta, s'essuya les yeux mouillés de larmes avec le coin de sa serviette...

— C'est la meilleure ! Comme ça, Armenak Manoukian serait une taupe trotskiste infiltrée au sein du plus prestigieux groupe de combattants communistes ! C'est totalement invraisemblable !

L'électricien attendit patiemment que Dragère soit à nouveau en état de l'écouter.

— Oui, c'est non seulement invraisemblable, mais en plus c'est incroyable, comme souvent la vérité sait l'être… Mettons cartes sur table : je fais partie de ceux qui, en plein Front populaire, ont créé la principale organisation trotskiste, le Parti communiste internationaliste. J'ai été capturé en juin 1940, à Dunkerque. Dès que j'ai été libéré, je me suis occupé du travail de contact avec les soldats de la Wehrmacht en désaccord avec la politique hitlérienne. La Gestapo m'a coincé un an plus tard, torturé, puis j'ai fait le tour des camps… Je connaissais très bien Manoukian, et je peux vous assurer que c'est bien le même homme qui a été protégé par l'entourage immédiat de Trotski, que j'ai hébergé ici à Maisons-Alfort, puis qui a ensuite été fusillé au mont Valérien…

Toute trace d'hilarité avait disparu des traits du journaliste. Il était comme tétanisé, incapable de prononcer le moindre mot. Filiatre ne lui laissa pas le temps de se ressaisir davantage.

— Manoukian est resté deux ans en Iran, après son évasion, le temps que nous lancions une souscription pour couvrir les frais de son voyage jusqu'à Paris. On l'a fait embaucher par une coopérative amie, l'Association des ouvriers en instruments de précision, dans le XIIIe arrondissement, on l'a installé dans un hôtel meublé de l'avenue Daumesnil…

Le patron déposa les assiettes débordantes de

pâtes fumantes devant les convives. Dragère parvint à formuler une phrase.

— Je n'arrive pas à comprendre pourquoi vous me racontez tout ça, ni à quoi cela vous sert…

— N'inversez pas les rôles. Je ne vous ai rien demandé, c'est vous qui m'avez écrit une lettre pour en savoir plus sur Manoukian. Je ne crois pas vous décevoir… Si vous disposez d'une biographie plus présentable pour *L'Humanité*, libre à vous d'en faire usage… On a juste mangé ensemble, on ne s'est rien dit. À ce propos, c'est meilleur quand c'est chaud… Bon appétit.

Dragère planta sa fourchette dans un morceau de seiche.

— Merci.

— Je dois vous avouer que nous étions aussi méfiants que vous l'êtes maintenant quand Manoukian nous a lancé son appel au secours depuis Tabriz. Notre réaction immédiate a été de penser qu'on essayait de s'infiltrer dans le premier cercle, pour atteindre Trotski… Une tactique qui réussira plus tard, malheureusement pour nous, à Mexico, avec Ramón Mercader. On lui a demandé de nous retracer tout son parcours, en citant les noms de ceux qu'il avait croisés, les lieux où il avait été jugé, incarcéré, puis nous avons minutieusement vérifié ce qu'il avançait. Nous en avons tiré la conclusion qu'il disait vrai, et le feu vert a été donné pour sa venue en France. Une amie, Magdeleine Paz, a réussi à faire établir un passeport au nom de

Manoukian, transformant son pseudo en identité légale. C'est pour ça qu'elle a tenu jusqu'au bout. Il faut savoir que ce n'était pas un simple militant de base. Il a été garde rouge pendant la Révolution, il a participé à la Commune de Bakou, il faisait partie des troupes bolcheviques qui entrèrent à Erevan en avril 1921. Pendant des années, il a travaillé en relation directe avec le Comité central d'Arménie, de Géorgie, d'Azerbaïdjan, avant de se voir exclu pour avoir pris position en faveur de Trotski, et d'être condamné à être déporté à Akmolinsk dans le Kazakhstan. Sous un autre pseudo, Tarov, il a rédigé un « Appel personnel au prolétariat mondial » que nous avons diffusé à l'automne de 1935, dans lequel il explique par le détail les conditions d'existence des oppositionnels relégués dans les prisons secrètes, les exactions des gardiens, les grèves de la faim, les suicides… Tenez, je vous en ai amené un exemplaire…

Il lui tendit le papier plié en quatre avec brusquerie, il y avait presque de la colère dans le geste. Dragère hésita à s'en saisir.

— Si tout cela a un semblant de réalité, en quoi suis-je responsable ?

Roland Filiatre se pencha au-dessus de la table pour taper sur l'épaule du journaliste.

— Tiens, prends-le. Excuse-moi, ça remue trop de souvenirs… Manoukian n'est pas le seul fugitif que j'ai recueilli. Rudolf Klement aussi se tenait à votre place…

Le vouvoiement avait repris le dessus.

— Rudolf Klement… ça ne me dit rien… C'était qui ?

— Un antifasciste allemand qui assurait le secrétariat du Vieux, en Europe. On a retrouvé ses membres épars dans la Seine… Découpé à la russe… C'est ce qui a failli arriver à Manoukian. Tous les matins, je le conduisais au métro Porte-Dorée. Je venais le récupérer chaque soir au même endroit. Un jour, j'ai commis l'imprudence de le quitter avant que nous soyons arrivés à la bouche du métro. Derrière moi, j'ai entendu crier « au secours ! »… Je me suis retourné. Trois hommes tentaient de l'entraîner vers une voiture pendant qu'il se cramponnait à un arbre. J'ai pris un énorme marteau à l'étalage d'une quincaillerie et je suis accouru en le brandissant au milieu des passants effrayés. Il ne me manquait que la faucille ! Les trois hommes sont remontés dans la voiture et se sont enfuis sans demander leur reste… Je ne suis pas là pour vous servir de grands discours, mais simplement pour dire ce que j'ai vécu… Après, vous en faites ce que vous voulez, vous placez la pièce dans le puzzle ou vous la laissez de côté.

Filiatre prit son portefeuille dans le manteau qu'il avait posé sur le dossier de sa chaise, en sortit une photo.

— Je ne possède qu'une seule photo où je figure près de Manoukian… Je suis là, appuyé sur la barrière et il pose la main sur l'épaule de ma femme… Vous le reconnaissez ? C'est bien lui…

Dragère, vaincu, repoussa son plat auquel il avait à peine touché.

— Oui… En effet. Manouchian ne pouvait pas être au courant de tout ça, sinon il ne l'aurait jamais intégré dans le groupe des combattants…

— Je suis persuadé du contraire. Manouchian s'est nécessairement porté garant de son parcours avant d'en faire un de ses principaux appuis. Et quand Manoukian a reçu deux balles perdues dans des circonstances plus que troublantes, après l'attentat raté contre Gaston Bruneton, c'est Armène, la propre belle-sœur de Manouchian, qui l'a planqué… On ne prend pas un tel risque, dans sa propre famille, sans raison. Vous devriez demander des explications à ses supérieurs…

— Ceux qui ne sont pas morts sont retournés dans leur pays natal. Adam Rayski et Louis Gronowski en Pologne, Boris Holban et Cristina Boïco en Roumanie… En plus, Mélinée vit en Arménie.

Filiatre non plus n'avait pas fini son assiette. Il fit signe au patron du Taormina qu'il lui apporte l'addition.

— Vous avez encore la possibilité de taper plus haut en allant voir le grand chef…

— Qui ?

— Charles Tillon, le fondateur des Francs-tireurs et partisans…

Dragère, vaincu, se contenta de lever les yeux au ciel.

CHAPITRE 12

Le soleil froid de janvier avait laissé le givre intact, empêchant la reprise du trafic des autobus. Ils avaient marché en silence jusqu'au pont sur la Marne, perdus dans leurs pensées, puis Dragère avait continué seul vers le métro. Dans le wagon bringuebalant qui l'emmenait vers la gare de l'Est, il avait lu, relu l'adresse de Tarov, alias Manoukian, alias Dav'tian, au prolétariat mondial. Sa conscience, son expérience, son éducation, son amour pour l'Union soviétique, sa dévotion pour le chef qui venait de mourir, deux ans plus tôt, tout en lui se dressait contre les mots alignés sous ses yeux : « Des centaines et des milliers de bolcheviques léninistes languissent dans les prisons staliniennes. Hier encore, j'étais avec eux, et ensemble nous partagions toutes sortes de tourments que nous infligeaient les gardes-chiourme staliniens... Que le prolétariat mondial sache que le pays des Soviets, comme tel, est en train de périr... » Il était impossible qu'un homme qui avait écrit cela, qui l'avait fait diffuser par la presse trotskiste à travers le monde, ait pu être admis dans les détachements de choc des partisans, à l'avant-garde du combat ! Il était encore plus improbable que la mémoire de ce même homme soit célébrée par un parti pour lequel cette propagande représentait un danger mortel.

Il avait laissé passer la correspondance à République sans descendre, poursuivant son trajet jusqu'à Strasbourg-Saint-Denis. Le livre *Pages de gloire des vingt-trois*, postfacé par Charles Tillon, figurait toujours sur le rayonnage de la librairie Joseph Gibert. Dès qu'il l'eut acheté, Dragère ne put résister au besoin de consulter immédiatement la notice concernant Manoukian. Il se percha sur un tabouret, au bar du Khédive, commanda un café et ouvrit l'ouvrage au chapitre « Patria non immemor ». Là, Dav'tian se muait en « Mardin Lavitian dit Armenek Manukian » né en 1898 à Chubhi, Arménie. Rien n'était dit de son existence avant sa venue à Paris en 1937, où il aurait été embauché comme serrurier aux usines Renault. Deux phrases attirèrent son attention. Il était assez familier du langage officiel pour lire ce qui se jouait entre les lignes : « Il veut ardemment combattre, mais il éprouve des difficultés pour trouver le contact avec la Résistance. Ce n'est que vers juin 1943 qu'il est accepté dans les rangs des FTP. » Les « difficultés », le « ce n'est que », le « accepté » pesaient de tout leur poids aux yeux de tout initié. Pour autant, il eut la franchise de s'avouer que sans la discussion avec Filiatre, il ne se serait pas posé de questions sur ces formulations. Il descendit au sous-sol pour téléphoner à Juvisy, raccrocha après une quinzaine de sonneries. En rentrant chez lui, il ne remarqua pas le pli qu'on avait glissé sous la porte. Ce n'est qu'une heure plus tard, après avoir lu le livre dans son intégralité, alors qu'il sortait faire des provisions, que son regard tomba sur l'enveloppe. Il déplia le papier à en-tête du Comité central qu'elle contenait. On lui demandait de se mettre rapidement en rapport avec le secrétariat d'André Vieuguet, le responsable qui lui avait confié la mission au nom de Jacques Duclos. Il renonça à l'Archiduc où les oreilles indiscrètes faisaient leur miel des conversations échangées depuis le bar, préférant monter jusqu'à la place Stalingrad et les cabines publiques installées près de la gare routière avec vue sur la Rotonde de Ledoux, le métro aérien. Répondant à son appel, une femme qui ne jugea pas nécessaire de se présenter insista pour qu'il vienne rue Le Peletier, séance tenante. Il acheta un carnet de tickets, en tendit un au poinçonneur. Sept heures sonnaient au clocher de Notre-Dame-de-Lorette quand il appuya sur le bouton électrique caché dans le portail du 44. La voix métallique venue des hauteurs s'enquit de son identité, du motif de sa visite, puis il suivit la même procédure, le même itinéraire que la fois précédente. André Vieuguet le reçut dans son bureau, impassible, alors que de la salle contiguë provenaient des éclats de voix et de rire, le tintement de verres s'entrechoquant. Il se souleva de son siège pour lui tendre la main.

— Alors, ça avance depuis cette entrevue avec Aragon, à Saint-Arnoult ?

Dragère demeurait debout au milieu de la pièce, n'osant pas s'asseoir sans y avoir été invité. Un geste de la main vint à son secours.

— Je le pense... En fait je ne sais pas trop... J'ai rencontré beaucoup de personnes qui ont connu Manouchian après la première guerre, en Turquie, au Liban... J'ai longuement discuté avec sa belle-sœur, qui m'a mis en rapport avec la famille Aznavourian et leur fils Charles, le chanteur... Le camarade Tournemain m'a également aidé pour la période où Manouchian prenait des cours à l'université ouvrière de la rue Mathurin-Moreau... Ce soir, je dois me rendre à l'inauguration de l'exposition d'un peintre, Krikor Bedikian, pour lequel Manouchian a posé. Ils se connaissaient depuis le Liban...

Vieuguet l'interrompit.

— Je ne doute pas un instant de l'intérêt qu'on peut porter à toute la période de formation politique et intellectuelle de Manouchian, mais ce dont nous avons surtout besoin, c'est de l'éclairage d'un journaliste sur la dernière année de sa vie, afin de pouvoir apprécier exactement ce que l'on peut apprendre sur lui en se montrant curieux. Je croyais avoir été assez clair, la semaine passée... Non ? Le mieux, c'est de nous faire un rapport sur cette première phase puis de se consacrer à l'essentiel. D'accord ?

Dragère repoussa son siège. Il se dirigea vers la porte, soulagé de n'avoir pas été poussé dans ses retranchements, de n'avoir pas été obligé de bafouiller en dissimulant ses conversations avec Hampartsoumian le tricoteur de la rue des Gravilliers ou Filiatre l'électricien de Maisons-Alfort. La voix du secrétaire de Duclos résonna dans son dos.

— Pas de demandes particulières ? Adresses, numéros de téléphone ?

Il se retourna.

— Si, j'allais oublier… Mélinée Manouchian pourrait nous être d'un grand secours. Le problème, c'est qu'elle est partie en Arménie soviétique, à l'automne 1947… Elle n'a rien laissé derrière elle. Le courrier met des semaines, des mois, à transiter… S'il y avait un moyen d'entrer plus rapidement en contact avec elle… Par la valise diplomatique… Je sais qu'elle enseigne le français à Erevan…

— Il suffit d'écrire une liste de questions. Je verrai ce qu'on peut faire.

La rafale de vent glacé qui l'accueillit sur le carrefour Châteaudun, en mobilisant toute son énergie contre l'attaque du froid, lui fit paradoxalement du bien. Ne plus penser qu'à ça. Relever le col de la canadienne, enfoncer les poings dans les poches, courber la silhouette, respirer par à-coups, les lèvres entrouvertes, plisser les yeux, ne plus songer qu'à s'opposer à la puissance de la nature… Il prit la rue du Faubourg-Montmartre qui dévalait droit sur les

Halles, croisant des dizaines de passants dont le regard se résumait à une mince meurtrière horizontale. Les camions et les charrettes chargés de légumes, de viande, commençaient à se masser autour des pavillons. Il obliqua vers le fouillis de passages qui menaient vers le boulevard pour arpenter la rue Mondétour à la recherche de la Bigouden, une habituée tapinant en coiffe bretonne, que Roger Vailland évoquait lors d'une réception au journal. En vain. Il y avait aussi la ménagère, toujours accrochée à son cabas débordant de poireaux, de céleri, passé minuit, comme si elle revenait du marché, mais elle officiait plus bas, rue Quincampoix. Les joues en feu, il poussa la porte vitrée du Diable de Saint-Eustache, où les commerçants arrivés de province venaient reprendre des forces avant le déferlement de la nuit. Tandis qu'il respirait les odeurs venues de la cuisine, le creux laissé dans son estomac par le repas bâclé du midi prit la proportion d'un gouffre. Il avait le temps de manger, la galerie où exposait Bedikian se trouvait rue Guénégaud, juste de l'autre côté de la Seine. Il commanda le plat du jour, un mironton servi avec des pommes vapeur accompagné d'un carafon de brouilly. La dernière édition de *L'Intransigeant*, prélevée sur le comptoir, partageait ses titres entre les rumeurs de démission du gouvernement Mendès France et les menaces que la Seine faisait peser sur Paris. Une photo montrait des Parisiens massés sur le pont de l'Alma au-dessus du Zouave impassible, de l'eau jusqu'aux coudes. La banlieue, elle, n'était pas au spectacle. Des digues commençaient à céder à Bry-sur-Marne, la gare de triage de Villeneuve-Saint-Georges était à la merci de la rupture d'un barrage de bois qu'un détachement de l'armée consolidait jour et nuit. Le niveau du fleuve arrivait à hauteur des fenêtres de l'île Seguin, on évacuait en urgence les stocks de chaux de la briqueterie du bas Meudon, l'Île-Saint-Denis avait provisoirement perdu un quart de sa superficie, les chantiers navals Van Praet de La Garenne-Colombes étaient fermés pour cause d'inondation.

En se dirigeant vers les quais, pour traverser le Pont-Neuf, il remarqua des équipes d'ouvriers occupés à édifier des cheminées de maçonnerie autour des bouches d'égout, à disposer des parpaings pour isoler les regards des canalisations. De loin en loin, il devait enjamber des tuyaux reliés aux pompes qui refoulaient l'eau des sous-sols. Le courant faisait naître des tourbillons contre les piles du pont. L'écume blanche flottait jusqu'au milieu du triangle formé par le square du Vert-Galant, qui ressemblait à la proue d'un navire échoué. On se préparait au même assaut sur l'autre rive du fleuve, et des sacs de terre, de sable, étaient disposés sur tout un côté de la rue Guénégaud, pour protéger l'hôtel des Monnaies. La galerie se trouvait presque à l'angle de la rue Mazarine. Alors qu'il s'apprêtait à entrer, une jeune femme lui proposa un verre de vin chaud qu'elle maintenait à température sur un réchaud posé dehors, au-dessus d'une table à droite de la porte.

— Il y a d'autres boissons à l'intérieur, mais le thermomètre nous a dit que ce n'était pas une mauvaise idée... Il est parfumé à la cannelle... Je vous sers ?

— Volontiers...

Il se glissa dans la salle d'exposition qu'occupaient une vingtaine de personnes. Les murs accueillaient autant de toiles, quelques natures mortes, mais surtout des portraits d'enfants pauvres, semblables à ceux dont Dragère avait croisé le regard lors de ses reportages, à Hénin-Liétard, dans la zone entre Montreuil et Saint-Ouen. Il fut frappé par la manière discrète avec laquelle le peintre ne transformait pas ses modèles en gavroches de pacotille, en poulbots pour touristes. La vie même des mômes transcendait la toile, les lambeaux de rêves malgré les haillons, la dignité de la posture malgré l'injure des temps, le défi au monde depuis ses marges. Il se fit la réflexion que l'artiste ne se tenait pas face à ses personnages, que d'une certaine manière il les accompagnait. Puis, il s'arrêta longuement devant une toile carrée intitulée *Autoportrait au béret blanc, 1945*, avec l'impression que c'était un de ces enfants devenu adulte qui le toisait. Il prit le catalogue, le feuilleta. Sur la couverture, le nom de Krikor Bediguian était orthographié Bedikian, et il avait exposé pour la première fois en 1937 à Paris, au Salon de la Société nationale des beaux-arts, avant de proposer une rétrospective trois ans plus tard, dans son atelier de la rue des Plantes. Il avait reçu sa consécration en 1945, à Lausanne, vendant la totalité des quarante œuvres accrochées, suscitant l'intérêt des musées. Quelque temps plus tard, Charles Vildrac, qui fut l'un des découvreurs de Matisse, de Vlaminck, écrivait : « Il est réconfortant de contempler les œuvres de Bedikian à une époque où tant de peintres ou pseudo-peintres prétendent au conformisme de l'absurde en partant de l'ignorance. » Le *Time Magazine* n'était pas en reste : « Il peint de telle façon que les illettrés eux-mêmes le comprennent. » Soudain il se retrouva face à l'homme représenté avec un béret. En dix ans, les traits s'étaient à peine épaissis, les cheveux étaient passés du noir au gris, mais les épaules étaient toujours aussi massives, le regard aussi profond que bienveillant. Le peintre tenta d'éviter un groupe de visiteurs qui discutaient fort en buvant du vin chaud, bouscula une femme qui faillit renverser son verre. Dragère le rejoignit.

— J'ai aimé la manière dont vous avez su dire qui sont vraiment ces enfants… Sincèrement. On ne les regarde pas comme des bêtes curieuses, on ne les plaint pas…

Bedikian se dandina en écoutant le compliment, comme s'il était embarrassé de son corps.

— Je vous remercie d'y avoir été sensible… Ce que je cherche à saisir, c'est leur âme… La pauvreté qui les entoure ne l'atteint pas.

Aujourd'hui, il me serait impossible de faire le même travail. Totalement impossible.

— Pourquoi donc ?

— J'ai sillonné l'Italie au cours des années qui ont suivi la guerre. Pour ses villes, ses musées, ses vestiges bien sûr, mais aussi pour voir son peuple… Les paysans, les pêcheurs, les marchés sur les places. Les enfants vivaient durement, ils survivaient, mais ils ne se considéraient pas comme des pauvres. Au moment où les Américains, les riches Anglais ont déferlé sur les plages, en distribuant de la nourriture, des vêtements, ils se sont découverts pauvres dans le regard des autres… Ils ont commencé à poser avec des regards larmoyants, à être ce qu'on attendait d'eux. C'était foutu. Avant, on ne pouvait pas donner de nom à ce qu'ils vivaient. Sauf que quand tu prononces le nom, c'est fini, ils sont devenus des mendiants. Et je ne peux pas peindre les mendiants. Pendant très longtemps, la majeure partie de ma vie en fait, j'ai été l'un de ces gamins privés de tout, de famille, de maison, de repas, mais la flamme dans mes yeux ne s'est jamais éteinte, personne ne l'a domestiquée… Vous comprenez ?

— Je crois… Je regarde en tout cas… Pour être tout à fait franc, je ne connaissais pas votre travail. Je l'ai découvert la semaine dernière dans un appartement à Paris. Un dessin à la sanguine…

Krikor Bedikian fronça les sourcils.

— Une sanguine ? Il y a très longtemps que je n'ai pas utilisé cette technique. Vous êtes sûr ?

— Oui, d'ailleurs il était daté de 1929. On m'a dit qu'il représentait Missak Manouchian… Vous l'avez rencontré ?

Ce fut comme s'il avait dérangé un fantôme. Le peintre resta un long moment immobile, perdu dans ses pensées. Il ouvrit la main devant son visage.

— Rencontré ? Non ! Nous étions les doigts d'une même main, semblables et tellement différents… Comme lui, ma famille a été exterminée par les Turcs, comme lui, j'ai été élevé dans l'amour de la culture française, comme lui j'ai pris le bateau à Beyrouth, pour Marseille, comme lui je suis remonté dans un premier temps à Lyon avant d'atteindre le but de mon voyage, Paris. J'habitais en bas de la rue des Plantes et lui à deux cents mètres, cinquante numéros plus haut. À mi-chemin, dans la même rue, il y avait un autre peintre arménien, Karnig Zouloumian, qui est reconnu aujourd'hui sous le nom de Carzou… On a pratiquement vécu ensemble pendant des années. Après, j'étais perdu dans mon univers.. Lui, de son côté, avait coupé toute relation avec ceux qu'il fréquentait. J'en ai compris la raison en me retrouvant un matin face à son visage tuméfié, sur l'Affiche rouge que les nazis avaient placardée sur tous les murs de Paris… Ce n'était pas une « sanguine », mais une sanguinaire…

— J'aimerais beaucoup que vous me parliez de lui…

Une jeune femme qui s'impatientait près

d'eux profita d'une pause dans la conversation pour capter l'attention de Bedikian. Elle voulait lui présenter le responsable de la Mission diplomatique française qui organisait, au printemps suivant, une exposition du peintre en Allemagne. Un collectionneur voulait être renseigné sur le type de cadre qui accompagnerait au mieux le tableau qu'il venait d'acquérir... Un journaliste avait besoin de précisions pour terminer son article. Il la suivit à regret. Dragère refit le tour de l'exposition, frappé cette fois-ci par le caractère dramatique qui imprégnait les toiles, avec l'intuition que la force de ces instants d'humanité, comme le croquis de Manouchian, venait du fait qu'ils avaient été arrachés à la mort. Il s'arrêta devant l'autoportrait au béret blanc, tandis que le peintre, dans son dos, tentait d'expliquer sa démarche au critique.

— Pendant toute une période, je recouvrais le travail de la veille par une autre peinture. Je m'apercevais que je n'avais pas assez appris. On ne doit pas faire plus mal que la nature, sinon on est un mauvais peintre. Ni mieux que la Création, au risque de devenir un esthète, de creuser le fossé entre l'art et ceux à qui il est destiné...

Une heure plus tard, il ne restait pratiquement plus personne dans la salle. Bedikian revint vers Dragère, habillé d'un long manteau noir à col de fourrure, un chapeau à la main.

— Je ne vais pas tarder à partir. J'aime marcher la nuit dans Paris... Si vous ne craignez pas trop le froid, je vous proposerais bien de m'accompagner afin de poursuivre notre conversation…

Ils prirent la rue de Seine en direction des jardins du Luxembourg pour rejoindre le quartier Montparnasse où le peintre avait pris un hôtel.

— Quand j'ai quitté Beyrouth, je n'avais qu'une idée en tête : m'installer à Montparnasse, passer mes journées au Louvre et mes nuits devant une toile. Missak ne concevait pas sa vie sans Paris, lui aussi, et sa voie, c'était la poésie. Il s'y est longtemps consacré, puis le besoin d'aider les autres, de changer le monde l'a disputé à la seule exigence artistique. Au tout début, il n'habitait pas encore la pièce minuscule de la rue des Plantes. Il louait une chambre dans un hôtel, rue Vercingétorix, qu'il partageait avec son frère, Karabet, que j'ai toujours connu de santé fragile. Missak travaillait chez Citroën, au quai de Javel, comme tourneur. La moitié de ce qu'il gagnait passait dans les médicaments, les frais d'hospitalisation. Un jour de 1927, il se rend après le travail à l'hôpital, pour sa visite journalière, mais la surveillante ne peut lui indiquer où se trouve le lit de son frère. Il finit par croiser une infirmière qui lui annonce brusquement le décès de Karabet. Missak a fait une crise nerveuse, et les médecins ont dû lui donner de puissants calmants pour sauvegarder sa raison. C'était un poète doublé d'un sportif. Avant la mort de Karabet, je ne voyais que le rêve dans son regard. Chaque fois que je l'ai dessiné, c'est ça que je voulais exprimer : cette force physique qui abritait cette douceur. Après, la mélancolie ne l'a plus jamais quitté.

Ils dépassèrent le Sénat, longèrent les grilles du jardin, les platanes entourant la fontaine de Médicis.

— Il est resté longtemps chez Citroën ?

— Plusieurs mois. Mais dès que la crise économique s'est annoncée, les étrangers ont été les premiers à être licenciés. Le fait d'être apatrides nous a d'une certaine manière protégés. Il n'existait pas d'endroit où nous renvoyer. Les Polonais, les Italiens n'ont pas eu cette chance, on les voyait partir par trains entiers, des dizaines de milliers en quelques mois… On vivait tous au jour le jour, en profitant de ce qu'on trouvait sur notre chemin. Moi, j'avais une petite chance : j'arrivais à vendre des portraits dans la rue, deux francs par-ci, deux francs par-là, je dessinais aussi sur les trottoirs, à la craie… Pendant quelques mois, j'ai remplacé un retoucheur, dans un atelier de photographies. C'est à cette période-là que Missak a commencé à poser pour les peintres, les sculpteurs de Montparnasse qui avaient vu mon travail ou celui de Karnig Zouloumian.

— Vous savez si parmi eux il y avait Édouard Pignon ? Il travaillait aussi chez Citroën, et il prenait des cours à l'université ouvrière en même temps que Manouchian.

— Oui, on se croisait. Il était dans le même état que nous, le rouquin, avec sa tête de shérif de western. Le ventre aussi vide. Je ne pense pas que Missak ait posé pour lui… Manouchian s'est aussi essayé à la figuration par l'intermédiaire d'une agence artistique qui ne me paraissait pas très sérieuse. Ça s'appelait Scénario Cazzola, elle était près de la gare du Maine si mes souvenirs sont exacts. Le soir, pour manger, on faisait la tournée des amis et il arrivait assez souvent qu'on doive se contenter d'une soupe. Le midi, j'achetais une boîte de sardines. Il y en avait six dedans, pour chacun des jours de la semaine. Le dimanche, pour le jour du Seigneur, je sauçais l'huile avec du pain.

Arrivé place Jean-Rostand, Bedikian s'arrêta pour regarder la coupole du Panthéon.

— Avant de venir au Liban, j'avais fait partie de ces Arméniens passés par la Grèce. Missak m'avait appris ce poème de Victor Hugo, *L'Enfant grec*, qui commence par :

Les Turcs ont passé là. Tout est ruine et deuil.
Chio, l'île des vins, n'est plus qu'un sombre écueil,
Chio, qu'ombrageaient les charmilles,
Chio, qui dans les flots reflétait ses grands bois,
Ses coteaux, ses palais, et le soir quelquefois
Un chœur dansant de jeunes filles.

Tout est désert. Mais non ; seul près des murs noircis,
Un enfant aux yeux bleus, un enfant grec, assis,
Courbait sa tête humiliée ;
Il avait pour asile, il avait pour appui
Une blanche aubépine, une fleur, comme lui
Dans le grand ravage oubliée.

Ce n'est que bien des années plus tard que j'ai lu le texte dans sa totalité, et que je me suis aperçu que les derniers vers parlaient pour lui. Vous savez ce qu'ils disent ?

— Non… Il me semble que c'est dans *Les Orientales*, non ?

— Exactement. Écoutez Hugo, on croirait qu'il parle de Missak :

Veux-tu, pour me sourire, un bel oiseau des bois,
Qui chante avec un chant plus doux que le hautbois,
Plus éclatant que les cymbales ?
Que veux-tu ? fleur, beau fruit, ou l'oiseau merveilleux ?
Ami, dit l'enfant grec, dit l'enfant aux yeux bleus,
Je veux de la poudre et des balles.

Ils abordèrent en silence le boulevard Saint-Michel, alors que, juchés dans les bennes de camions qui avançaient au pas, des employés de la voirie jetaient des pelletées de sel sur les pavés glacés.

— Il avait déjà adhéré au parti communiste, à ce moment-là ?

— C'est une période un peu confuse pour moi… Il y a eu un accident dans ma vie. J'ai été comme retranché des vivants pendant plusieurs mois au cours desquels la marche du monde s'est accélérée sans que j'en aie véritablement conscience. Autant l'avouer, j'ai fait de la prison… Rassurez-vous, je n'ai pas tué. Pas de rouge sur mes mains, seulement sur mon front, celui de la honte… Je passais mon temps à dessiner. J'écrivais aussi une lettre chaque jour à Missak, qui me répondait aussitôt. Il était mon seul soutien. Il suivait mon dossier, ne lâchait pas d'une semelle l'avocat commis d'office, cherchait à obtenir des informations auprès de la justice. Quand je suis remonté à la surface, Paris semblait appartenir à un autre pays, l'insouciance avait disparu, les passions gouvernaient la rue alors que dans ma solitude, moi, je m'étais rapproché de Dieu. Auparavant, Missak passait le plus de temps possible à la bibliothèque Sainte-Geneviève, il traduisait Verlaine, Baudelaire, Rimbaud pour les revues littéraires arméniennes qu'il dirigeait avec son ami Séma. Il cherchait à rencontrer les poètes arméniens comme Avétik Issahakian, Archag Tchobanian, Dikran Kamsaragan, Louise Aslanian… Quelques mois plus tard, il était devenu militant politique à temps complet. Il m'expliquait qu'il avait pris conscience en février 1934, au moment de l'attaque de l'Assemblée nationale par l'extrême droite, que tout pouvait basculer dans le fascisme, ici aussi. Il s'occupait du HOG, le Comité de secours à l'Arménie, il descendait dans la rue pour manifester, il courait de réunion en réunion, un jour à Lyon, un autre à Marseille, puis à Bordeaux, à Toulouse… Il était devenu « l'enfant grec », délaissant toutes les beautés du monde pour *de la poudre et des balles*…

Dragère pensa si fort que c'était sûrement la seule façon de préserver toutes les beautés du monde qu'il crut l'avoir dit.

CHAPITRE 13

Il se réveilla, le lendemain matin, en cherchant dans le noir la présence d'Odette, ne rencontrant que le froid des draps lisses là où il espérait la tiédeur d'une étreinte. Il entrouvrit la fenêtre pour prélever sur le rebord une poignée de neige et s'en frictionna le torse. Une enveloppe de l'Assemblée nationale était arrivée dans la boîte aux lettres, en franchise postale. Il se mit à la lire en prenant la direction de la gare du Nord. Il n'avait rien à y faire, seulement se fondre dans le mouvement, avoir l'impression de ne pas être seul. Si Marcel Tournemain, l'assistant parlementaire du groupe communiste, avait tenu sa promesse, elle n'était pas, pour autant, aussi satisfaisante qu'espéré.

Cher camarade,

Le dossier que j'avais constitué pour écrire mon article dans l'almanach ouvrier-paysan n'avait pas encore été transféré à Montluçon, et j'en disposais encore dans mon bureau du Palais-Bourbon. Je n'ai malheureusement pas réussi à remettre la main sur le courrier de Marcel Cohen dont je vous avais promis une copie. Seulement sur des notes (que je crois très précises), prises en vue d'un autre article qui n'a pas vu le jour pour des impératifs de place. Il y était question d'un cours sur la langue française intitulé « *Je fis une tache à ma veste de graisse* », à propos des déplacements entre le corps principal de la phrase et ses appendices. Le but était de susciter une réflexion approfondie sur les écarts entre la langue parlée et la langue écrite. L'objectif que se fixait l'université ouvrière consistait clairement à donner une culture d'orientation marxiste à un public ouvrier, mais le corps professoral avait conscience que ne pouvaient être appliquées, sans modification, les méthodes de l'enseignement bourgeois. Chaque cours ne devait pas excéder quarante-cinq minutes, suivies de trente minutes de discussion ouverte afin d'effacer le hiatus professeur-élèves. Autant que faire se peut, les interventions devaient s'appuyer sur des exemples concrets, ce qui donnait l'exemple suivant dans ce cas précis : « *A-t-il jamais travaillé dans un atelier, le patron ?* » Marcel Cohen analyse ainsi les distorsions : « *Le fait dominant, c'est que l'ordre est essentiellement impulsif : on jette en tête ce qui se présente d'abord à l'idée, quitte à ne pas être clair, et on rajoute ensuite tout ce qu'il faut pour la compréhension, de manière à construire un tout.* » Il cite pour conclure une chanson du siècle précédent poussant ironiquement le procédé dans ses ultimes retranchements :

Je renversai les assiettes et les plats,
Je fis une tache à ma veste, de graisse,
Sur ma culotte et mes jambes, de drap,
Et sur les bas que mon grand-père, de laine,
M'avait donnés, avant de mourir, violet.

L'un des participants au cours (Arsène D.) intervient ensuite pour rapporter une phrase construite selon le même modèle : « *Le chef de gare avec sa casquette sur la tête en cuir* », puis un autre (Missak) se souvient avoir entendu dans une cantine d'usine : « *Arrêtez de faire du bruit quand vous mangez avec vos chaises.* » Je ne peux affirmer, comme je l'avais fait lors de notre rencontre, que ce Missak est bien Manouchian, mais cela reste fort probable vu la rareté du prénom. J'espère que je ne me suis pas trop avancé, et que tout ceci vous sera utile dans vos recherches.

Une formule de politesse précédait la signature puis, dans un post-scriptum, Tournemain signalait que Marcel Cohen pouvait être joint à l'École pratique des hautes études. Il plia la lettre, la glissa dans la poche intérieure de sa canadienne. La façade de la gare se dressait devant lui, avec le blanc des statues symbolisant les villes d'Europe posé sur le ciel bas. Il se mêla au flot des voyageurs qui descendaient des autobus, émergeaient du métro pour se presser vers les quais embrumés par la respiration des locomotives. Il se retrouva à l'endroit même où il avait agité la main, quatre années plus tôt, quand Katia, sa mère, avait décidé de repartir en Pologne pour construire le socialisme. Warszawa… L'accent natal qu'elle dissimulait sous la gouaille parisienne lui revenait quand elle chantait des berceuses de là-bas, pour l'endormir. Ainsi, c'était cela qu'il était venu chercher, ce souvenir, cette image, cet espoir fou, surtout, de la voir courir dans le couloir du wagon alors que le sifflet résonnait sous la verrière, descendre au dernier moment quand le souffle de la vapeur se faisait lourd, que la masse de fonte, de fer, lestée de centaines d'existences, résistait à ses sollicitations... En quelques jours, il en avait appris davantage sur Manouchian que depuis toujours sur ses propres parents. Les relations avec la famille bretonne n'avaient pas survécu à la mort de son père Florimond dans le naufrage du bateau de France-Navigation, pendant la guerre d'Espagne, tandis que les contacts avec la partie polonaise n'avaient jamais existé. Il savait seulement que ses grands-parents avaient disparu dans la tourmente, déportés depuis leur banlieue de Wolomin vers le ghetto de Varsovie. Quelques phrases glanées lors de conversations nocturnes, quand les adultes se fiaient aux paupières closes de l'enfant, à sa respiration régulière, lui permettaient de penser que sa mère avait rejoint Paris, au milieu des années 1920, pour renforcer le parti français, sur ordre du Komintern, et qu'aucun hasard n'avait présidé à sa rencontre avec celui qu'elle allait épouser deux ans plus tard à la mairie d'Ivry. Il avait également appris qu'elle travaillait chez Citroën, qu'elle avait organisé des grèves dont elle rendait compte sous le pseudonyme de « Suzanne » dans la presse syndicale. Ce prénom lui était resté, et nombre de militants, de passage à la maison, continuaient à l'utiliser, vingt ans plus tard. Une lutte de longue haleine l'avait opposée au chef du personnel des usines de Javel, le colonel Lanty, un ancien militaire qui faisait quadriller les ateliers par ses agents recrutés en majorité dans le vivier des milliers de Russes blancs réfugiés en France après la révolution bolchevique. Leur principale cible était le réseau de *rabcors*, ces correspondants ouvriers clandestins qui alimentaient les journaux communistes en informations puisées directement sur le terrain. Là encore, « Suzanne » était à la manœuvre. Une nuit qu'il était de permanence au journal, il avait lu dans les archives tout ce qui concernait Citroën, les articles de Chénavent, ceux de Timbaud, à la recherche de la mention d'une « Suzanne », d'une allusion à une ouvrière polonaise ; en vain. Les années de guerre étaient encore plus mystérieuses, rien n'en avait jamais filtré, même lors des multiples commémorations et hommages auxquels il avait participé, adolescent, au Père-Lachaise, au cimetière d'Ivry, là où justement étaient enterrés les membres du groupe Manouchian… Il s'était alors étonné du nombre comme de la qualité des personnalités qui venaient la saluer. Yves Farge, Charles Tillon, alors ministres du général de Gaulle, Louis Saillant, le président du Conseil national de la Résistance, Henri Rol-Tanguy, le libérateur de Paris… Est-ce pour cela qu'on l'avait choisi, en raison de ce que garantissait le passé de sa mère ? La question l'effleura tandis qu'il tendait les mains au-dessus d'un des braseros disposés dans le hall. Il se retourna en entendant son nom. Linlien se tenait devant lui sa chapka sur la tête, et avec son manteau à carreaux qui lui donnait une carrure de catcheur.

— Salut, Louis. Je ne m'attendais pas à tomber sur toi ici… Tu vas où ?

— Nulle part. Je suis entré pour me réchauffer. Et toi ?

Ils s'approchèrent d'un stand, commandèrent des cafés.

— J'ai un chantier à Persan-Beaumont. Toute la tuyauterie d'un pavillon à refaire. Le gros coup de gel de la semaine dernière. Circuit d'eau, chauffage central. Le patron va être furax… On devait prendre ensemble le train de 7 h 12. Angeline est partie en oubliant de mettre le réveil à sonner…

— Angeline ? J'avais cru comprendre…

Quand Linlien posa sur le comptoir un billet de cinq cents francs à l'effigie de Victor Hugo, avec le Panthéon au second plan, près de la signature du caissier, *L'Enfant grec* passa furtivement, effaçant la réponse. Dragère voulut la lui faire répéter, mais Linlien avait déjà ramassé la monnaie, courait vers les quais, une main plaquée sur sa toque de fourrure pour éviter qu'elle ne tombe. Il le regarda grimper à la volée dans le train qui s'ébranlait, puis il alla s'enfermer dans une des cabines téléphoniques de la galerie marchande. À Juvisy, la concierge se montra exceptionnellement aimable avant d'appeler Odette par la cage d'escalier, lui laissant un instant craindre le pire.

— Qu'est-ce qu'il se passe ? Tout va bien ?

— Oui.

— Tu es sûre… Ta mère ?

— C'est gentil de demander de ses nouvelles. De ce côté, c'est plutôt rassurant. D'après les résultats des derniers examens, elle a fait une infection qui a réveillé de vieilles douleurs. Apparemment une pleurésie mal soignée, du temps où elle était sur les routes avec sa troupe de théâtre… Elle doit revenir à la maison d'ici deux ou trois jours. Je pourrai rentrer moi aussi, sauf si la crue continue. Dans ce cas, il faudra que je m'en occupe encore un peu, pour les courses.

La communication fut brutalement interrompue. Lorsqu'il tenta de rappeler le numéro, la ligne ne lui renvoya que l'écho du silence, pas même le signal « occupé ». Il renonça à la troisième tentative. Avant qu'ils ne se quittent, à l'angle de la rue Campagne-Première, Krikor Bedikian lui avait parlé d'une fondation, seul endroit pensait-il où Dragère pourrait consulter les revues pour lesquelles Manouchian avait travaillé avant la guerre. Il prit la carte où l'adresse était griffonnée, s'engouffra dans le métro. Calé sur la banquette des secondes, il se plongea dans la lecture du journal dont seul l'arracha le spectacle magnifique de la trouée vers le fleuve, entre les immeubles haussmanniens, au moment où la rame sortait de terre à l'approche de la station Passy. En poussant la porte qui donnait sur la rue en escalier, il eut l'impression de ne plus être dans la même ville. Les jardins suspendus entourés de grilles en fer forgé, le calme de l'enclave débarrassée de la circulation automobile, les façades ouvragées des hôtels particuliers, la lumière si particulière des quartiers de collines, tout concourait à rendre l'endroit exceptionnel. La bibliothèque Nubar occupait, au 16 du square de l'Alboni, le premier niveau d'un immeuble de coin aux formes arrondies. Une plaque de cuivre saluait la mémoire de Boghos Nubar, le fondateur de l'Union générale arménienne de bienfaisance, dont la bibliothèque était l'une des réalisations. Des livres, des documents, par dizaines de milliers, avaient été sauvés de la destruction, acheminés par des réfugiés à travers l'Europe, pour venir trouver asile sur les rayonnages vitrés de ce havre de paix. Il traversa une grande salle parquetée, où cinq personnes travaillaient autour d'une table de bois, pour atteindre le bureau du conservateur, sur la droite. Il ressentit une gêne fugace chez son interlocuteur quand, après avoir prononcé le nom du journal dans lequel il écrivait, il précisa l'objet de sa visite.

— J'aimerais pouvoir jeter un œil aux revues dirigées par Manouchian…

— Je ne sais pas si nous avons tous les numéros de *Tchank* dont l'existence a été assez brève… Moins d'un an… En ce qui concerne *Zangou*, la collection complète a été reliée, donc là, pas de problème. Je vais également vous apporter *Mechagouyt* qui a été créée par son ami Séma. Je ne pense pas que Manouchian figure au sommaire, mais ça vaut la peine de le vérifier. La période a été très créative. Sur dix ans, on compte près de cent cinquante publications différentes…

Il posa la main sur la poignée de la porte, se retourna.

— Vous lisez l'arménien, bien sûr…

Dragère remua la tête, les yeux écarquillés.

— L'arménien ? Non… Pas du tout… Pourquoi ?

— C'étaient des publications imprimées à Paris, bien entendu, mais à destination de la seule communauté arménienne. Vous souhaitez tout de même les consulter ?

Dragère bafouilla un « oui, je me débrouillerai » étouffé tout en sentant la chaleur envahir ses joues. Quelques minutes plus tard, il feuilletait les journaux aux pages remplies de caractères vaguement persans dont il ne parvenait pas à saisir la plus infime concordance avec l'alphabet latin. Il songea à cette blague du manchot à qui l'on offre une paire de gants… Seuls de rares placards publicitaires étaient partiellement composés en français. Il les lut un à un, pour donner le change, montrer qu'il faisait des découvertes. Un Aram Mardirossia vantait la qualité des coupes de costumes réalisées dans son atelier de la rue du Delta, à Paris, Kazazian et Yazidjian, rue des Jeûneurs, se faisaient une spécialité du flou dans le jersey de soie, H.M. Ketchedjian, chef de bureau spécial pour les Orientaux, assurait sur la vie, rue de Richelieu, tandis que P. Videlian, ex-président de la Société impériale de médecine turque, chirurgien des hôpitaux à Constantinople, opérait en toute sécurité au 8 de l'avenue Perrichont prolongée. Une demi-heure plus tard, le bibliothécaire s'arrêta à sa hauteur après avoir débarrassé la place qu'un lecteur venait de libérer.

— Vous trouvez ce que vous êtes venu chercher ?

— Non. Je n'avais même pas pensé à l'essentiel... Dans mon esprit, elles ne pouvaient être que bilingues.

Le conservateur fut sensible à sa détresse.

— Je dois impérativement terminer un travail d'annotation sur manuscrits pour un chercheur américain de passage à Paris. Dès que j'en aurai terminé, je pourrai vous consacrer une heure. Pas plus. Tourner les pages avec vous et vous signaler ce qui est en rapport avec vos recherches. Cela vous donnera un premier aperçu. Vous pourrez ensuite revenir avec une personne maîtrisant l'arménien... Je vais aussi regarder dans le courrier en attente. Je crois me souvenir qu'une étudiante de la Sorbonne s'intéressait aux résistants arméniens... Elle doit s'appeler Minelian...

Dragère passa le temps en regardant les photos de différents chantiers entrepris par la fondation exposées sur les rares espaces qui n'étaient pas occupés par les livres. Il était en train de s'intéresser à la construction du quartier des Pavillons Blancs, dans le secteur d'Achrafié, à Beyrouth, quand le conservateur lui fit signe de le rejoindre dans son bureau avec la pile de documents. Il disposa devant lui, comme des cartes, les dix numéros disponibles de la revue *Tchank*, se saisit du premier.

— J'ai remis la main sur la lettre de cette demoiselle Milenian. Son sujet porte sur l'attitude des étrangers, notamment les Arméniens, au moment de la déclaration de guerre… Elle a recensé les régiments dans lesquels ils ont été versés. Je vous ai écrit son adresse, elle habite rue d'Aubervilliers…

Il souligna du doigt la calligraphie de la couverture.

— *Tchank*, ça veut dire « l'effort ». Il ne nous manque que les deux derniers numéros. Elle a vu le jour en juillet 1930, c'est écrit ici, avant de s'arrêter à l'été suivant. Elle se présente comme l'organe de l'Association des jeunes écrivains qui se résume en fait à trois membres, Manouchian, son ami Séma ainsi que la sœur de ce dernier, Marie Atmadjian. Moins de 25 ans de moyenne d'âge. On y discute des vertus comparées du surréalisme, du futurisme, de la tentation romanesque. Manouchian s'essaie à la traduction de poèmes de Baudelaire, livre les siens… Celui-ci par exemple…

Quand j'erre dans les rues d'une grande ville,
Ah ! toutes les misères, tous les manques,
Lamentation et révolte, de l'une à l'autre
Mes yeux les rassemblent, mon âme les recueille.

— Séma, quant à lui, tente de définir ce qui différencie *Tchank* des autres expériences littéraires, il réfléchit à la langue de l'exil, au caractère cosmopolite de l'écriture.

L'attention de Dragère fut attirée par un croquis qui occupait une pleine page du numéro dix de *Tchank.* Il représentait le visage, d'une grande beauté, d'un homme au regard perçant, déterminé.

— Qui est-ce ? Je crois reconnaître le style du dessinateur…

— Séma, justement… De son véritable nom Kégham Atmadjian. Le dessin est de Krikor Bedikian, un peintre arménien de renommée internationale. C'est étonnant… Je n'avais jamais fait attention au fait qu'il collaborait à cette publication…

Le bibliothécaire fit glisser vers lui la collection reliée de *Zangou.*

— Il faudra que je me renseigne… Cette deuxième tentative répond à une tout autre définition. *Zangou,* c'est le nom d'une rivière d'Arménie, un affluent de l'Araxe… Le titre est directement sous l'autorité du HOG, le Comité de secours à l'Arménie soviétique dirigé par Manouchian et qui est lancé dans la foulée de son élection. Ils sont basés rue de la Jonquière, dans le XVIIe. Ce n'est pas un hasard si ce journal hebdomadaire naît en 1935, quelques mois avant le Front populaire, dans le mouvement d'idées créé par le Congrès international des écrivains qui se réunit à Paris sous l'égide de

Malraux, d'Aragon, d'André Gide, de Heinrich Mann ou de Boris Pasternak... Il en est d'ailleurs largement question dans plusieurs livraisons. La ligne éditoriale repose sur trois piliers : la promotion de la république d'Arménie, la lutte antifasciste en Espagne, en Italie, en Allemagne, la défense de la politique de Staline. L'originalité de *Zangou*, c'est le réseau de correspondants ouvriers que Manouchian avait mis sur pied. Il y a là un écho du monde du travail qui est assez unique. Pareil pour la guerre d'Espagne, quand il consacre une rubrique aux lettres des militants engagés dans les Brigades internationales. Séma prend ses distances dès le début, c'est pour ça qu'il décide de se doter de son propre moyen d'expression, la revue *Mechagouyt*, qu'on peut traduire par « culture ».

La pointe Bic de Dragère eut soudain des absences. Il se pencha, frotta la bille sous sa semelle pour la débloquer.

— Vous savez sur quoi portaient leurs divergences ?

— Essentiellement sur le rapport à l'Union soviétique. On ne trouve nulle trace d'un affrontement. Ils n'étaient pas d'accord, mais leur amitié n'en a pas été affectée, c'est beaucoup plus feutré. Ils se situaient dans le même camp pourtant, quand Manouchian mène campagne contre les « ennemis du socialisme » dans son journal, Séma apporte lui sa solidarité aux poètes arrêtés en Arménie, sans pour autant condamner le régime qui en est responsable...

Il est à la recherche d'un équilibre impossible. Deux grands noms de la littérature arménienne, que Séma et Manouchian avaient publiés dans *Tchank*, disparaissent à cette époque dans des conditions tragiques : Yéghiché Tcharents, torturé à mort dans une cellule de la prison d'Erevan, puis Aksel Bakounts, fusillé en juillet 1937 pour activité trotskiste...

— Ici aussi nous avons eu notre lot de traîtres... Drieu La Rochelle, Céline... Bien d'autres encore. Henri Béraud et Abel Bonnard ont été condamnés à mort, Brasillach passé par les armes...

Sans un mot en retour, le conservateur de la bibliothèque Nubar rassembla les livres, les organisa en pile. Il repoussa son siège.

— Vous voudrez bien m'excuser, mais il va falloir que je me remette à mon travail...

— Ce n'est pas ce que je voulais dire... Je cherchais simplement à souligner que les écrivains, les poètes, ne sont pas en dehors du mouvement du monde, qu'ils portent une responsabilité particulière par la simple diffusion de leurs idées...

Ils étaient arrivés près de la porte.

— Séma en était bien conscient, tout comme Manouchian par la suite. Il a revêtu l'uniforme de l'armée française dès la déclaration de guerre. Il est mort sur le front de Flandres au cours des premiers jours de l'offensive allemande, en mai 1940.

CHAPITRE 14

L'un des contacts qui lui avaient été fournis dès la rencontre initiale au « 44 » était celui d'Henry Karayan, membre du premier détachement des FTP-MOI parisiens composé en grande majorité de Juifs d'origine roumaine, de Bulgares, de Tchèques, d'Arméniens, d'un Français, Roger Carabin, d'un Autrichien et d'un antifasciste allemand, Léo Kneler. Habitant en province, il avait été averti d'un appel éventuel. Dragère s'enferma dans une des cabines du bureau de poste de la rue du Faubourg-Saint-Martin après avoir demandé qu'on lui passe le 308 à Décines, dans l'Isère. Henry Karayan revenait de faire ses courses à l'épicerie grecque de l'avenue Jean-Jaurès quand il avait décroché le combiné. Il y eut des bruits de papier froissé, de bouteilles entrechoquées.

— Je me demandais si vous alliez m'appeler…

— Normalement, j'avais prévu de le faire plus tôt, mais grâce à Armène Assadourian j'ai eu l'occasion de m'entretenir avec Charles Aznavour ainsi qu'avec ses parents…

— Si vous les revoyez, les uns ou les autres, saluez-les de ma part… Qu'est-ce que vous voulez savoir exactement ?

Dragère se sentit enfin libéré d'un poids. Il retrouvait le ton amical, direct, auquel il était habitué, à mille lieues de l'ambiance pesante et soupçonneuse qui régnait square de l'Alboni.

— Comment vous avez rencontré Missak Manouchian, ensuite la manière dont ça s'est déroulé pour être intégré au détachement…

— C'est une longue histoire… La première fois où j'ai vu Manouchian, j'avais 16 ans. Le Comité de secours à l'Arménie, ce qu'on appelait le HOG, venait de se dissoudre, et Missak faisait le tour des groupes arméniens de France pour mettre sur pied une nouvelle organisation, l'Union populaire franco-arménienne. Quand il est venu à Décines, il a été hébergé par ma famille. Mon père dirigeait le comité local du HOG. Je traversais une période difficile, cloué au lit depuis des mois par la maladie… Missak m'a tenu compagnie. Assis au pied de mon lit, il m'a demandé de lui raconter comment ça se passait, nos activités pour la jeunesse, comment c'était reçu. Je lui ai parlé de la chorale, de la troupe de théâtre, de notre équipe de football, mais aussi des copains de mon âge qui travaillaient déjà à la « Soie » et qui crachaient leurs poumons, sur le terrain d'entraînement, à cause du sulfure de carbone utilisé pour la fibre artificielle, de tous les produits chimiques qu'ils respiraient chez Gillet, à la Rhodiaceta… En cinq ans, un jeune gars finissait vitriolé de l'intérieur. Il a dû être sensible à ma révolte, parce qu'il m'a confié que deux événements avaient décidé de son engagement politique : le procès des prétendus incendiaires du Reichstag, puis la manifestation fasciste du 6 février 1934. Il est allé place de la Concorde, cette nuit-là, pour s'opposer aux émeutiers avec ses poings. Quand il a vu que je m'intéressais à la lecture, il m'a dit qu'il avait croisé Louis Aragon, Paul Eluard, Henri Barbusse, pendant les travaux du Congrès des écrivains… Vous voyez, notre histoire, elle remonte loin…

— Vous êtes restés en relation, par la suite ?

— Non… En province, on avait des nouvelles par bribes… J'ai su qu'il avait été arrêté par la police française au moment du pacte germano-soviétique avant d'être libéré et intégré à l'armée française, de nouveau arrêté mais cette fois par la Gestapo, quand les troupes allemandes sont entrées en Union soviétique, puis enfin qu'il était passé dans la clandestinité… J'ai repris le contact avec lui en mars 1942.

Dragère tenta de s'accroupir dans sa guérite, pour soulager ses jambes, mais le fil était trop court.

— C'est lui qui est venu vous chercher ?

— Non… J'étais à Paris en compagnie d'un jeune communiste allemand qui s'était évadé des prisons nazies, Léo Kneler. On essayait d'entrer en rapport avec un détachement depuis plusieurs semaines, et on a fini par retrouver la trace de Manouchian. Depuis les années 1920, les communistes étrangers étaient organisés en groupes de langue, roumain, yiddish, hongrois, espagnol, italien, arménien, dans ce qu'on appelait la MOI, la Main-d'œuvre immigrée. Il nous a dirigés vers sa belle-sœur, Armène, rue Au-Maire. Dans un premier temps, elle nous a confié des missions de propagande : distributions de tracts, transmission d'articles, de matériel d'impression… On résistait par le papier. Il fallait être présents, ouvrir les yeux de la population sur la propagande nazie, donner des informations sur les premiers revers de leur armée face aux Russes. C'était aussi une façon de jauger les capacités des individus avant de les verser dans les Francs-tireurs et partisans qui venaient de se créer. Ensuite, grâce à mes brevets professionnels, je me suis fait embaucher comme coiffeur à l'hôpital de la Pitié. Manouchian avait appris que d'importantes personnalités nazies venaient y passer des examens de santé ou se faire soigner. Un jour, j'ai rasé le docteur Friedrich, le commentateur de Radio-Paris, un ami personnel d'Adolf Hitler… J'ai promené ma lame sur sa gorge… Nous étions opposés aux opérations suicides, tout comme aux actions de terreur mettant en cause la population civile. On ne ciblait que l'appareil militaire allemand, ses valets français et les traîtres qui mettaient notre mouvement en danger. J'ai fait un peu de renseignements, mais ça n'était pas très productif, j'étais davantage fait pour le travail sur le terrain… Un an plus tard, en mars 1943, on m'a admis dans le premier groupe, celui dont faisait partie Manouchian et qu'on appelait le détachement roumain. Comme tous les autres détachements, il était placé sous les ordres de Boris Holban, le responsable militaire parisien, que Manouchian a remplacé en août de la même année. Jusqu'à la chute, en novembre.

Dragère savait que Karayan, comme tous les autres résistants qu'il avait eu l'occasion de rencontrer, ne rentrerait pas dans le détail de ses faits d'armes. Il avait appris à se méfier de ceux qui détruisaient une avant-garde de la Wehrmacht en prenant l'apéritif, avant de décimer une escouade de SS avec le plat de résistance ! Il n'ignorait pas que Karayan avait participé au grenadage d'un camion allemand à Vanves, le 18 juin 1943, à la tentative d'élimination d'un traître, rue Ramponeau, la semaine suivante. En tant que chef de groupe, il avait coordonné l'exécution d'un cadre du parti franciste, Fernand Harry-Pierre, le 18 octobre à Montrouge.

— Vous savez comment vous avez échappé à la rafle, vous n'êtes pas tellement nombreux à vous en être sortis ?

— Non, ça reste un mystère… Les Brigades spéciales avaient tissé une véritable toile d'araignée. Cela faisait des mois qu'ils nous filaient, qu'ils reconstituaient notre organisation, méthodiquement. Les camarades avec lesquels je suis monté en opération ont également été épargnés : Arsène Tchakarian, Alexandre Konstantinian, Léo Kneler… Il est évident que ceux qui avaient les adresses de nos planques n'ont pas parlé sous la torture, et que celui qui nous a trahis ne devait pas les connaître. C'est la seule explication…

— « Celui qui nous a trahis »… J'ai déjà entendu cette phrase… Il doit bien avoir un nom… Onze ans ont passé depuis qu'ils sont morts. Onze ans ! Le temps est peut-être venu de lever un coin du voile, non ?

— Il faudra le lever un jour, peut-être même les quatre… Je vais faire mon possible pour être présent à Paris, je ne voudrais pas manquer l'inauguration de la rue du Groupe-Manouchian… Nous aurons l'occasion d'en parler de vive voix. En tout cas, ça m'a fait plaisir de bavarder avec vous.

Jacqueline Minelian, la jeune étudiante dont le conservateur de la bibliothèque Nubar lui avait communiqué l'adresse, alors qu'il était encore en confiance, habitait rue d'Aubervilliers, à deux pas de la voûte des Pompes funèbres municipales sous laquelle défilaient toujours, entre deux voitures aux vitres assombries, des corbillards tirés par de lourds chevaux noirs. Un mur sans fin protégeait les installations ferroviaires, les entrepôts, transformant la voie étroite en une sorte de tranchée industrielle où résonnaient les hurlements des machines à vapeur, le martèlement des roues sur l'acier. Au loin, vers les boulevards des Maréchaux, le meccano circulaire des gazomètres imprimait sa dentelle métallique sur le ciel gris. Le numéro correspondait à une brûlerie à l'enseigne des Cafés Sultan qui se donnait comme une succursale de la maison mère installée rue d'Angoulême. Il poussa la porte vitrée, instantanément enveloppé par les arômes de la torréfaction. Il emprunta le tracé laissé libre par les empilements de sacs de jute avec les provenances des grains dessinées au pochoir : Costa Rica, Colombie, Côte d'Ivoire... Derrière le comptoir, une femme d'une quarantaine d'années, les cheveux retenus par un fichu coloré, pesait les sachets qu'elle venait de sertir, puis elle y collait une étiquette au pinceau. Il toussa pour attirer son attention.

— Bonjour... Je me suis sûrement trompé... On m'avait dit que Mlle Minelian habitait ici...

— Oui, c'est bien ici, mais elle ne rentre jamais avant cinq heures... C'est ma fille. Il s'est passé quelque chose ?

— Non... Je voulais la voir au sujet de ses recherches historiques sur les étrangers pendant la guerre... Je m'appelle Louis Dragère, mais elle ne me connaît pas... Je repasserai en fin d'après-midi...

Il prit la rue Riquet pour se retrouver dans le quartier des Flamands. On changeait d'équipe à la raffinerie de sucre Lebaudy, et les trottoirs étaient envahis par les jeunes femmes et les ouvriers algériens qui composaient l'essentiel du personnel. Il longea le canal Saint-Denis dont la surface commençait à être prise par les glaces. Il contempla le spectacle des oiseaux sautillant sur la fine pellicule craquant sous leur poids, mais le froid trop vif le contraignit à rebrousser chemin. Le Palace-Flandre affichait *La Piste des éléphants* de William Dieterle dont il avait récemment vu *Blocus*, un film sur la guerre d'Espagne. Il se laissa tenter, davantage attiré par le regard de velours d'Elizabeth Taylor que par les trompes musclées des pachydermes. Les paysages de Ceylan, les incursions dans la jungle, la charge des animaux rendus fous par la sécheresse le passionnèrent, contre toute attente. Il était près de six heures quand il poussa pour la deuxième fois la porte de la succursale des Cafés Sultan. Une jeune femme brune revêtue d'une blouse aidait la personne qu'il avait vue un peu plus tôt.

— Ma fille, Jacqueline…

Il lui expliqua en quelques mots comment il était arrivé jusqu'à elle. Ils s'installèrent dans le prolongement de l'atelier, un recoin réservé aux expéditions. Jacqueline s'absenta un moment pour aller prendre ses documents de travail dans la chambre. Il attendit qu'elle pose un épais classeur sur la table.

— Vous faites des études d'histoire ?

— Non, de littérature orientale… Ce sont des recherches personnelles. L'une de mes tantes était agent de liaison, pendant la guerre. Avant sa mort, elle me racontait qu'elle transportait des tracts, des armes au fond de son landau, ou dans son panier à provisions sous les topinambours. J'ai cherché des articles, des livres dans lesquels on parlait des femmes résistantes, mais il n'y avait pratiquement rien. J'ai commencé par là, puis j'ai voulu comprendre ce qu'avaient fait les Arméniens au moment de la déclaration de la guerre, comment certains avaient rejoint la Résistance… Vous savez comment ça s'est passé, vous, par exemple ?

Elle le regarda droit dans les yeux, et ce fut lui qui brisa l'échange.

— Je ne me suis jamais posé la question… J'imagine qu'ils se sont enrôlés dans l'armée française, qu'il y avait des bureaux de recrutement…

— Ce serait trop facile. Les Tchèques, les Slovaques, les Polonais, qui étaient représentés par un gouvernement en exil, ont pu suivre cette voie. Mais les milliers d'Italiens antifascistes, les milliers d'exilés allemands étaient considérés comme suspects en raison de leurs origines… On en a interné des dizaines de milliers dans les camps. Les étrangers protégés par les lois sur le droit d'asile, comme les Espagnols, sont devenus « prestataires de services » et envoyés dans des usines, dans des exploitations agricoles. Les Arméniens, en tant qu'apatrides, ne figuraient dans aucune de ces cases. Des milliers de jeunes gens ont cherché à rejoindre l'armée, mais il a fallu de multiples pressions pour que le gouvernement leur entrouvre la porte des régiments de marche de volontaires étrangers.

— C'est le chemin qu'a certainement suivi Missak Manouchian…

Elle dodelina de la tête.

— J'ai pu reconstituer son parcours. On ne lui en a pas laissé la possibilité, dans un premier temps en raison de ses responsabilités dans l'Union populaire franco-arménienne. Elle venait d'être dissoute en même temps que toutes les organisations communistes qui avaient approuvé le pacte germano-soviétique. Il a été arrêté, jeté dans une cellule de la prison de la Santé. Il a écrit une lettre pour exiger de faire son devoir contre un ennemi qui était tout autant celui de la France que le sien. En réponse, il a reçu l'ordre de se présenter à la 4e compagnie d'instruction, en Bretagne, à Colpo, près de Vannes. Il n'a jamais été engagé dans les combats, son rôle a consisté à entraîner les recrues, à leur faire faire de la culture physique.

— Comment vous avez fait pour avoir des informations aussi précises ?

Son sourire creusa deux fossettes sur ses joues.

— Je vous l'ai déjà dit : ma tante était agent de liaison d'un des combattants du groupe Manouchian…

— C'était un Arménien, lui aussi ? Il s'appelait comment ?

— Non, un Tchèque. Son nom, c'était Oswald Zawodski, un ancien des Brigades internationales… Il s'est évadé du camp français dans lequel il était enfermé.

Dragère essaya de se remémorer la liste des compagnons de Manouchian exécutés au mont Valérien le 21 février 1944… Kubacki, Wajsbrot,

Boczov, Witchitz… Des noms aussi difficiles à prononcer que Zawodski.

— Zawodski… Je ne l'ai jamais vu dans la liste des effectifs… Il a été fusillé ?

— Non, pendu…

— Vous êtes sûre ? Tous les hommes ont été passés par les armes, seule Olga Bancic a été décapitée… D'après ce que je sais, les nazis n'ont pas eu recours à la pendaison pour exécuter les FTP-MOI parisiens…

Jacqueline Minelian replaça ses documents dans le classeur.

— Qui vous parle des nazis ? Il a été pendu à Prague, il y a moins d'un an, en mars 1954, pour complot contre la sécurité de l'État tchécoslovaque…

La gêne s'était immédiatement installée. Dragère laissa son adresse à la jeune femme, à tout hasard, puis il se mit en quête d'une cabine téléphonique dès qu'il sortit de la brûlerie. Il en trouva une au coin de la rue du Département, à vingt mètres du Tourbillon, un café dancing dans lequel ils avaient eu leurs habitudes, un temps, avec Odette. Il allait glisser la pièce dans la fente de l'appareil quand le sol se mit à trembler, des vibrations accompagnées par un bruit d'enfer. Inquiet, il en chercha l'origine d'un regard circulaire. Un tracteur massif sortait de la gare des marchandises tirant une sorte de plateforme, montée sur des roues métalliques, sur laquelle était posée une locomotive à vapeur. Le convoi fit une centaine de mètres sur les pavés de la rue d'Aubervilliers avant de bifurquer vers le faisceau des voies du triage. Dès que le roulement s'atténua, il laissa tomber la pièce dans le monnayeur. Roland Vastard venait d'arriver au journal. Il revenait de Baden-Baden où il avait couvert la rencontre entre Mendès France et le chancelier Adenauer et s'attelait à un article contre le réarmement allemand.

— Je ne voudrais pas te déranger trop longtemps… Tu te souviens du nom du copain qui a traité les procès de Prague ?

— J'ai tout le temps : mon papier est calé pour la deuxième édition. En plus, j'en ai écrit une bonne moitié dans le train… Pour répondre à ta question, je suis à peu près certain que c'est Leudion qui suivait cette affaire. Tu veux que je te le passe ?

Dragère fit la grimace. Leudion était un petit homme sanguin habitué à fréquenter les hommes d'État de toutes les capitales du monde socialiste, à jouer une sorte de rôle d'ambassadeur parallèle. Il avait le sentiment de déchoir en participant aux conférences de rédaction, dévisageant les journalistes avec une moue de mépris, avançant ses arguments avec une autorité suffisante qui n'admettait pas la moindre contradiction. Le seul qui exigeait qu'on le vouvoie.

— Je me doutais que c'était lui… Vas-y, tant pis.

Vastard bascula la communication.

— Allô, camarade Leudion ? Louis Dragère…

Bonsoir… J'aurais besoin d'un renseignement, et je suis persuadé que vous êtes le seul à même de pouvoir me le fournir…

— Oui, si c'est vous qui le dites…

Rien qu'au son de sa voix, on sentait qu'il aimait le miel.

— Vastard pense que c'est vous qui avez rendu compte du procès de Slansky et de ses complices…

— En effet, il a bonne mémoire. Le journal m'a envoyé spécialement à Prague pour l'occasion. Qu'est-ce que vous voulez savoir ?

— Je travaille actuellement sur les FTP-MOI, un dossier à propos de l'inauguration prochaine de la rue du Groupe-Manouchian. On m'a parlé d'un Oswald Zawodski qui aurait fait partie des comploteurs… C'est un nom qui vous rappelle quelque chose ?

— Bien entendu… Il occupait des fonctions techniques au ministère de la Sécurité intérieure, auprès de Karel Svab, le vice-ministre. Il a été convaincu de participation à la conspiration trotskiste visant à abattre la République socialiste tchécoslovaque… J'étais présent dans la salle du tribunal quand il a passé des aveux complets et circonstanciés.

Dragère nota les précisions sur son carnet.

— Il n'a pas participé aux Brigades internationales ?

— Si, justement. C'est à ce moment que le groupe s'est formé, avec à leur tête Artur London… C'est d'ailleurs Zawodski qui a été son principal accusateur. Il y avait aussi Laco Holdos, Antonin Svoboda… Ils ont infiltré les FTP-MOI dans l'unique but, à la fin de la guerre, d'envoyer leurs hommes en Roumanie, en Hongrie, en Allemagne de l'Est, en Bulgarie, jusqu'en URSS, auréolés d'un passé de résistants. Heureusement que le Parti a été vigilant. Ils ont fini par être démasqués avant de payer pour leurs crimes.

Après avoir raccroché, il marcha en direction de la gare de l'Est en songeant à sa rencontre chez l'Italien de Maisons-Alfort avec Roland Filiatre, à Armenak Manoukian, le militant trotskiste mort aux côtés de Manouchian. Aurait-il été pendu, lui aussi, par ceux-là mêmes avec qui il avait combattu, si d'aventure il avait survécu ? Il lui fallait d'urgence revoir Armène Assadourian, l'une des dernières personnes à avoir parlé avec celui qui lui apparaissait comme le plus proche des compagnons de Missak.

CHAPITRE 15

Il occupa la matinée à classer tout ce qu'il avait accumulé depuis le début de son enquête, à mettre au propre les notes prises sur son calepin, à trier les coupures de presse, à rendre compte des conversations qu'il avait entretenues, avant de relire l'ensemble et de souligner aux crayons de couleur, mine bleue, mine rouge, les informations qui lui paraissaient les plus importantes. Il descendit acheter du pain frais et le journal vers dix heures, déjeuna sur un coin de table en prenant connaissance des dernières nouvelles. *L'Humanité* faisait son gros titre sur les intempéries : « La Seine assiège Paris, la banlieue ravagée. » Il parcourut l'article non signé, repérant l'ironie de Vastard quand il était écrit « l'eau envahit Javel », « L'Air Liquide inondé », ou « 11 000 personnes menacées, à Choisy, dans le quartier des Gondoles ». Au détour d'une phrase, il apprit que la cote du fleuve égalait celle de la crue de 1924, à sept mètres trente-deux, avant de constater qu'il était fait mention d'une stagnation des eaux à Juvisy. Une heure plus tard, il montait les escaliers du petit immeuble, au 19 de la rue Au-Maire. Armène Assadourian ne montra aucune surprise en le découvrant sur le palier. Dragère s'assit à la même place que la fois précédente et commença par lui raconter sa rencontre avec Krikor Bedikian.

— Vous saviez que Manouchian s'était occupé de lui quand il était en prison…

— Non, Manouche était très discret sur sa vie intime. Mélinée a essayé de savoir s'il avait vécu avec d'autres femmes avant leur rencontre. Elle a cru comprendre qu'il avait eu deux aventures assez sérieuses, mais rien de plus, pas un lieu, pas un prénom, rien… La seule pointe de jalousie que j'ai jamais ressentie de sa part, c'est envers Louise Aslanian…

— Qui est-ce ?

— Notre plus grande amie. Une poétesse, un écrivain aussi… Elle nous a laissé un grand roman, *Sur les chemins du doute…* Je crois que je m'exprime mal… Pas de la vraie jalousie. Louise, qu'on appelait tous Lass, était très belle, très fine, très intelligente. Et aussi courageuse que les hommes du groupe, même si elle donnait l'impression d'être fragile. Elle militait au HOG, et ne cachait pas son admiration pour Manouche. Pendant la guerre, elle a été intégrée à la section de recrutement des partisans, mais elle continuait à composer des poèmes. Elle travaillait aussi à un projet de roman, avec Manouche comme personnage principal… Dans le premier, l'héroïne s'appelait déjà Anouche… Il ne manquait que le « M ». On ne lui a pas donné le temps de l'écrire. Elle a été arrêtée avec son mari quelques semaines plus tard, torturée, avant d'être déportée à Auschwitz où elle a été assassinée. À son retour des camps, Lise London a transmis à Mélinée les fragments d'un poème que Lass avait confiés à une autre détenue, Nicole Ritz… Ça s'intitule « Mala », ça dit Auschwitz « où la terre gémit de tous les soupirs, des corps ensevelis, morts à demi »… Je ne sais même plus pourquoi je vous parle de tout cela… Vous voulez que je fasse du café ?

Dragère déclina la proposition.

— Non merci… Je vous racontais ma visite à l'exposition de Krikor…

— Ah oui… En ce qui concerne Krikor, c'est pareil, il ne l'évoquait pratiquement pas : leur compagnonnage à Montparnasse date de la fin des années 1920, du tout début des années 1930, avant qu'il ne croise la route de ma sœur… Pour Missak, c'était comme une seconde naissance. Mélinée était quelquefois effrayée par la violence des sentiments qu'elle provoquait en lui. Elle l'aimait de toute son âme, mais elle avait toujours le sentiment que son âme, à lui, était bien plus vaste et que l'amour pouvait s'y déployer à l'infini.

Elle laissa le silence s'installer sur ces derniers mots. Le journaliste se sentit incapable de s'aventurer sur ce terrain, il était ému par la franchise avec laquelle Amène s'exprimait, mais intimement persuadé de l'obscénité de poursuivre sur cet aspect de la question. Il changea brusquement de sujet.

— La semaine passée, vous m'aviez longuement parlé d'Armenak Manoukian. J'ai pris rendez-vous avec Roland Filiatre, la personne qui l'avait accueilli en France. Je ne sais quoi penser de tout ce qu'il m'a confié... Il dit des choses insensées mais avec toute l'apparence de la raison. Vous vous connaissez bien ?

— Non. Je crois vous avoir précisé que je ne l'ai croisé qu'une fois, quand je suis allée lui transmettre le salut posthume de Manoukian. Qu'est-ce qu'il vous a dit d'aussi perturbant ?

— Cela va vous paraître ridicule... Selon lui, Armenak Manoukian s'appelait en fait Arben Dav'tian, il aurait été un haut responsable de la république soviétique d'Arménie avant de quitter le pays au milieu des années 1930, clandestinement, aidé par des réseaux trotskistes... Il aurait même publié des textes dans leurs journaux sous le pseudonyme de Tarov. C'est totalement invraisemblable, et pourtant je n'arrive pas à me persuader que c'est impossible...

Armène poussa la porte de la chambre pour revenir quelques instants plus tard avec le carton contenant les souvenirs de Mélinée. Elle se mit à remuer les papiers tout en répondant à Dragère.

— Rien n'était impossible dans ces années-là. Il s'est dit beaucoup de choses quand pendant des semaines, avec ma sœur, nous avons soigné Armenak après l'attentat manqué contre Bruneton. Que ce soit ici ou bien dans la chambre d'Henry Karayan, rue des Gravilliers. Il savait qu'il allait être arrêté, qu'il allait mourir. Il nous a demandé du papier, de l'encre, et pendant sa convalescence, il a rédigé des sortes de Mémoires sous une forme romancée…

— C'est ce que vous cherchez en ce moment ?

— Non. Le manuscrit a été confié à un camarade avant de disparaître dans la tourmente… Il aurait été brûlé, par précaution. Tout ce que vous a raconté Roland Filiatre correspond à la vérité…

La dernière phrase, prononcée sur un ton égal, atteignit Dragère à la manière d'une balle, en plein front. Il demeura interdit un moment, puis planta ses coudes sur la table, se prit la tête entre les mains. Cela faisait des années que son parti, son journal traquaient les complots, les infiltrations, et l'on pouvait, ainsi, en conversant, évoquer sans réprobation la présence d'un proche de Léon Trotski au cœur même du dispositif militaire de la résistance communiste ! Il pensa avoir trouvé la parade.

— Missak Manouchian ne pouvait pas être au courant… Il ne l'aurait pas intégré dans les FTP-MOI…

— Voilà, j'ai enfin mis la main dessus…

Elle lui tendit une enveloppe de petit format, légèrement jaunie, destinée à Arménouhi Assadourian, rue Au-Maire, à Paris. Au dos, quelques mots : « Missak Manouchian, section allemande, prison de Fresnes. »

— Tenez, lisez… Avant de mourir, Manouche n'a pas écrit une, mais deux lettres. La dernière à Mélinée et, juste avant, celle-ci qui m'était adressée.

Le cœur battant, Dragère fit glisser la feuille de papier, la déplia avec précaution, porta son regard sur les lignes nerveuses tracées sur le papier. L'émotion déposa un voile sur ses yeux qu'il essuya au revers de sa manche.

Fresnes, 21 février 1944,

Bien chère Armène,

Dans deux heures, je ne serai plus de ce monde. Je ne vous verrai plus jamais, j'aurais bien voulu vous voir une dernière fois et vous serrer bien fort sur mon cœur, mais on ne nous donne pas de temps. Je vous prie de ne pas pleurer et de rester courageuse comme je le suis en ce moment.

Je te prie de bien veiller sur Mélinée, de la consoler et de la rendre heureuse en la mariant après la guerre et en te mariant toi-même. J'embrasse bien bien bien chaudement Armand et Vincent par les yeux, le front, par les joues et partout. Par eux, j'embrasse la nouvelle génération qui va venir après la guerre et qui sera heureuse. J'embrasse bien fort tous mes amis, tous ceux qui me connaissent de près ou de loin sans exception, et que je regrette de ne pas pouvoir nommer tous.

Que personne ne pleure sur moi, et qu'on fête le 22 février l'anniversaire de mon mariage en mon absence. J'espère que l'année prochaine à cette date toi et Mélinée vous vous marierez toutes les deux en présence de tous mes amis. Chère Armène, je vous ai tous aimés bien tendrement et je penserai à vous tous jusqu'à mon dernier souffle. Je vous prie de ramasser toutes mes affaires qui sont éparses par-ci par-là, et réunir tout ce qui pourra servir pour honorer ma mémoire. Je vous souhaite à tous Bonheur et longue vie.

Il faut penser aussi à la mémoire de Manoukian qui meurt aussi avec moi.

À ma concierge, à mes amis de province, à tous, salut et bonheur. Courage !

Une dernière fois, je vous serre bien fort sur ma poitrine et Adieu !

Ton ami, ton frère, ton camarade qui t'a aimée et qui vous a bien aimés tous.

Missak Manouchian.

Il replia la lettre, les mains tremblantes, glissa la relique dans son écrin de papier puis leva les yeux vers Armène.

— Armand et Vincent, ce sont vos enfants…

— Oui, il les aimait par-dessus tout… J'entends encore leurs rires qui résonnaient dans cette pièce quand Manouche jouait avec eux, quand il les chatouillait… Vous vous rendez compte, il n'avait plus que deux heures à vivre, ce 21 février, et il voulait qu'on se réunisse dès le 22 pour commémorer son mariage en faisant la fête. Son mariage, mais surtout pas la fin de son existence… Des rires, pas des pleurs… Il continuait à ne penser qu'à la vie, à notre avenir, à notre bonheur…

— On se demande où il va puiser autant de force… C'est à cause de Manoukian que vous me l'avez fait lire, c'est ça ?

— Pas seulement… Dans ses deux derniers courriers, Manouchian ne cite que ses proches, que la famille. Il ne fait qu'une exception, avec Manoukian dont il tient à mentionner le nom. Cela ne veut pas dire qu'il n'avait pas d'affection pour tous les autres membres des quatre détachements, pour Arsène Tchakarian, pour Henry Karayan, Joseph Boczov, Rino Della Negra ou Marcel Rayman… La même fraternité les rassemblait. Mais il savait pour Manoukian, depuis leur rencontre, et il voulait le protéger par-delà sa propre disparition… « *Il faut penser aussi à la mémoire de Manoukian qui meurt* », il écrit « *aussi* », juste derrière, mais il s'aperçoit qu'il a déjà utilisé le mot, alors pour ne pas faire de répétition, il le rature pour le remplacer par « *avec moi* »… J'ai compris le message à la première lecture, au travers de mes larmes…

Perdu dans ses pensées, Dragère remonta la rue Au-Maire comme un automate, rejoignit la station Arts-et-Métiers dont il commença à descendre les marches pour filer vers la gare de l'Est. Il s'arrêta au milieu de l'escalier, repartit vers la surface, se souvenant qu'en marchant cinq minutes, jusqu'à Réaumur-Sébastopol, il évitait une correspondance. Manouchian, Manoukian, Séma, Zawodski, Filiatre… Toute cette histoire devenait trop compliquée. Il se laissa absorber par le spectacle de la rue, un peintre devant Saint-Nicolas-des-Champs tenant sa palette, son pinceau, dans ses mains gantées, une gamine jouant à la corde à sauter au coin de la rue Saint-Martin, une fille adossée à un porche de la rue Greneta, une cigarette aux lèvres, des ouvriers qui installaient des échafaudages sur la tourelle de l'immeuble Félix-Potin… Le titre du film à l'affiche du Palais des Arts, *Jack Slade le Damné*, attira son attention. Linlien l'avait vu la semaine précédente et lui en avait fait une critique enthousiaste. Il avait repéré un acteur de second plan, Lee Van Cleef, auquel il prédisait une carrière à la Julien Carette.

— Dès que Carette déboule sur l'écran, on comprend qu'on va avoir affaire au Parisien dans toute sa splendeur, un titi râleur de première… On le sait, d'avance, mais ça n'empêche qu'on y croit. Lee Van Cleef, lui, c'est le méchant dans toute sa splendeur, avec une tête sculptée au sabre. Que des angles… Jusque dans le regard. Il était déjà au générique du *Train sifflera trois fois*. En faux jeton… Un véritable coyote au foie jaune…

Ses préoccupations agissaient comme un filtre placé devant l'écran. Les chevauchées, les attaques de diligences, les duels au revolver, rien ne parvint à lui faire oublier d'autres combats qui avaient eu Paris pour décor. Il quitta le cinéma avant la fin du film, indifférent au sort de Jack Slade. Il s'acheta une mauricette garnie de saucisson fumé à la charcuterie alsacienne de la gare de l'Est, et la mangea en ralliant la rue de l'Aqueduc où une surprise l'attendait. Odette se tenait debout devant la fenêtre quand il poussa la porte, le contre-jour auréolant sa silhouette. Il se précipita vers elle, l'enveloppa dans ses bras, leurs lèvres s'unirent. Ils basculèrent sur le lit défait. Il l'interrogea, son souffle brûlant dans son cou, lorsque leur étreinte se fit plus douce.

— Comment ça se fait que tu sois revenue ? Pourquoi tu ne m'as pas prévenu ?

Elle remonta le drap sur sa poitrine en frissonnant.

— Tu pourrais remettre du charbon dans le poêle, il ne fait pas très chaud... Si tu veux, je peux repartir...

Il se leva pour faire du petit bois avec une cagette.

— Ce n'est pas ce que je voulais dire... Alors ?

— Ma mère a été transférée ce matin à l'hôpital Saint-Antoine, dans le XIIe, pour des examens plus poussés. Ils n'étaient pas assez bien équipés à Draveil. Je l'ai accompagnée dans l'ambulance. Pourquoi voulais-tu que je te prévienne... Tu avais peur que je te surprenne avec quelqu'un d'autre ?

Dragère vint se coller contre son corps.

— Ne dis pas de bêtises, quand tu n'es pas là, j'habite avec les courants d'air... Je cherche le parfum de ton eau de toilette sur l'oreiller pour m'endormir.

Elle se redressa en le repoussant.

— Ah oui... Dans ce cas-là, tu peux me dire qui est exactement cette Armène avec laquelle tu passes tes soirées au Moulin-Rouge puis tes nuits à faire la fête dans le restaurant des Diamantaires ? Louis, ça fait une heure que je suis arrivée, et j'ai lu tout ce que tu as écrit sur ton cahier… Pourquoi tu m'as fait une chose pareille ?

— Mais je n'ai rien fait, Odette, qu'est-ce que tu vas chercher ! Armène pourrait être ma mère…

— Je ne vois pas ce que ça empêche. Regarde ton copain Gérard…

— C'est absurde… D'abord, Gérard, tu étais tellement aimable avec lui que je ne le vois plus. Je vais t'expliquer…

Elle poussa son avantage.

— M'expliquer quoi, Louis ? Depuis une semaine, tu me mènes en bateau, c'est vraiment le cas de le dire… Au téléphone, et encore, quand tu trouves le temps de m'appeler, c'est pour me servir des histoires de reportages en cours, d'articles sur le réarmement allemand, la préparation du meeting du Vél d'Hiv, la vente de masse de *L'Humanité Dimanche*… Tu es même assez hypocrite pour me raconter le scénario des films que tu vas voir au cinéma. La vérité, c'est que tu te donnes du bon temps dès que j'ai le dos tourné. Si c'est comme ça…

Il décida d'un coup de tout lui avouer.

— La direction du Parti m'a confié une mission confidentielle, une sorte de contre-enquête sur le groupe Manouchian… On doit inaugurer une rue en leur honneur, d'ici un mois, à Paris. Aragon va leur consacrer un poème…

Elle se rapprocha de lui, posa la main sur son torse, un sourire éclaira son visage.

— C'est vrai ce que tu as écrit sur tes notes ? Tu l'as rencontré pour de vrai, dans son moulin ?

— À quoi tu joues exactement, Odette… Tu souffles le chaud et le froid. Je suis perdu.. Oui, je suis allé à Saint-Arn…

Un baiser laissa la phrase en suspens.

— Tu n'es pas très finaud, pour un enquêteur de choc ! Je te fais marcher depuis le début. J'ai bien vu de quoi il retournait en lisant tes comptes rendus, je ne suis pas idiote ! Pourquoi t'avoir choisi, toi, pour ce travail ? Il y a des survivants d'après ce que tu dis, des historiens. Ils étaient mieux indiqués… D'autant que la Résistance, ce n'est pas ton domaine…

— À cause des dossiers que j'ai suivis, dans le journal. Il semble qu'ils aient attiré l'attention sur ma modeste personne.

— C'est énorme ce qu'ils te demandent. Tu arrives à t'en sortir ?

— Non… C'est beaucoup plus compliqué que ce que j'imaginais. Si j'avais su dans quoi je m'embarquais, je n'aurais pas accepté, mais c'est impossible de dire non quand tu te retrouves devant Jacques Duclos en personne ! Au fur et à mesure que j'avance, tout devient plus obscur, plus insaisissable. Je n'ai pour le moment eu affaire qu'à des gens extraordinaires, qui étaient aux premières loges, et ce qui se dégage de nos entretiens n'est jamais raccord. S'il faut les croire, Armenak Manoukian, le bras droit de Manouchian, était un opposant à Staline qui aurait fui l'Arménie soviétique avant d'être hébergé, à Maisons-Alfort, par l'entourage de Trotski. Un autre de ses compagnons d'armes, Zawodski, a été pendu l'année dernière à Prague après avoir avoué qu'il faisait partie d'un complot trotskiste organisé par les anciens des Brigades internationales… Et surtout, Manouchian lui-même affirme dans sa dernière lettre que son groupe est tombé à cause d'une trahison. Si je n'avais pas lu de mes propres yeux le passage en question qui ne figure nulle part sur les transcriptions qui ont été faites de la lettre à Mélinée, je ne l'aurais jamais cru ! J'ai l'impression d'avancer sur un terrain miné, et d'y avoir été envoyé par des gens qui savaient exactement à quoi s'en tenir… En fait, je sers à ça, à faire exploser les bombes sous mes pieds, pour protéger ceux qui, plus tard, marcheront dans mon sillage…

Odette tendit la main vers la table de nuit pour saisir son paquet de cigarettes. Elle en porta une à ses lèvres, l'alluma.

— Il y a bien quelqu'un qui sait à quoi s'en tenir, grâce à la position qu'il occupait pendant cette période, qui pourrait te placer sur les bons rails… Tu n'as pas une idée ?

Il ferma les yeux, emporté au loin par le parfum du tabac blond, un plaisir qu'il s'octroyait par procuration.

— Plusieurs personnes m'ont conseillé de me mettre en rapport avec l'ancien chef des Francs-tireurs et partisans, Charles Tillon…

— Il faut aller le voir. Tu as fait les démarches ?

— Non… Il a disparu de la circulation depuis plus de deux ans. D'après ce que j'ai entendu, il s'est installé dans le sud de la France… Il a été déchu de toutes ses responsabilités dans le Parti pour activité fractionnelle. Tu te rends compte de ce que ça signifie ? Il y a quelques jours, je me suis déjà mis dans de sales draps en cachant au secrétaire de Duclos que j'avais mangé avec ce Roland Filiatre, sans oublier que je me suis renseigné sur Oswald Zawodski auprès de Leudion, une petite ordure du service de politique étrangère…

Elle rejeta un long jet de fumée.

— Ça veut simplement dire que tu n'as plus rien à perdre ! Je ne connais pas le Sud. Le Nord, oui, mais dans ce sens-là je n'ai jamais dépassé Fontainebleau…

CHAPITRE 16

Champvain, le patron du restaurant du Débarcadère, n'avait fait aucune difficulté pour remettre les clefs de sa Dyna Panhard à son camarade de cellule. Dragère avait simplement omis de lui révéler le but de son voyage, Montjustin, un minuscule village des Basses-Alpes. Quelques coups de téléphone au journal lui avaient permis d'apprendre que c'était là que Charles Tillon s'était retiré après avoir été sanctionné par le Bureau politique du Parti. Champvain sortit lui-même la voiture du garage encombré de caisses de vin, de sacs de pommes de terre, de conserves, de bidons d'huile, pour venir la garer le long du quai de l'Oise, puis il glissa sur la banquette, vers la droite, afin de montrer le fonctionnement des instruments à Dragère.

— Les vitesses sont au volant. Pas la peine de forcer, il suffit d'accompagner la mécanique. Marche arrière, tu pousses… Clignotants, chauffage, phares de croisement, tout est à portée de la main, ça se trouve sans effort. Quand tu t'arrêtes à la pompe, ne cherche pas à refaire le niveau de l'eau : c'est un moteur à refroidissement à air, et avec le temps qu'il fait, tu n'auras pas de problème. Surveille l'huile en te souvenant, c'est le plus important, que cette mécanique est équipée de deux cylindres…

Quand Louis arriva rue de l'Aqueduc au volant de la voiture, Odette revenait tout juste de l'hôpital Saint-Antoine où elle était allée prendre des nouvelles de sa mère. Les médecins s'étaient montrés rassurants. Elle avait eu le temps de faire un crochet par le marché d'Aligre pour acheter de quoi confectionner des casse-croûte, histoire de ne pas perdre trop de temps en route avec le repas du midi. Ils calèrent la valise dans le coffre, firent le plein à la station de la Rotonde, place Stalingrad, puis rejoignirent les boulevards des Maréchaux à la porte de Pantin. Ils longèrent les vestiges des fortifications, les alignements d'HBM, pour finir par s'engager sur la nationale 7 au Kremlin-Bicêtre. Odette pointa le doigt vers le panneau barré d'un trait rouge qui indiquait la sortie de la commune.

— Regarde, c'est drôle, on quitte Le Kremlin pour aller voir un exclu…

Elle se tourna vers Dragère pour vérifier l'effet de sa plaisanterie.

— Ça ne te fait pas rire ?

— Non, pas vraiment…

Il se lança à l'assaut de la côte de Villejuif, le pied au plancher, pour éprouver la puissance du moteur, surpris de voir l'aiguille titiller le chiffre 100 au compteur. La mécanique répondait à toutes ses sollicitations, la direction se révélait aussi douce que précise, et il dépassa une colonie de 4CV poussives tout en dissipant le nuage d'échappement d'un camion des Rhums du Vieux Zouave. Plus loin, à l'approche de Juvisy, une déviation permettait d'éviter les quartiers envahis par les eaux de l'Orge. À une heure, après avoir fêté le franchissement de la limite de Fontainebleau, ils firent une halte sur le parking du Restaurant des 100 Bornes, à Fontenay-sur-Loing, le temps d'avaler les sandwichs au persillé de Bourgogne et de boire de la Valstar verte à même la bouteille. Dès qu'ils reprirent la route, Odette avoua à Dragère que ce n'était pas de manière totalement innocente qu'elle avait insisté pour se rendre auprès de Charles Tillon. Elle prit son paquet de cigarettes dans son sac, en tira une qu'elle porta délicatement à ses lèvres.

— Ce matin, à l'hôpital, je n'ai pas pu m'empêcher de dire à ma mère que j'allais le rencontrer… Elle m'a souvent parlé de lui…

— Je ne savais pas…

Elle déplia son mouchoir pour essuyer la buée sur le pare-brise.

— Si, sauf que tu n'as pas fait attention. Ils étaient ensemble sur les quais de Valence, en Espagne, quand la République n'avait plus que quelques jours à vivre. Le personnel de l'hôpital militaire pour lequel elle travaillait avait été rapatrié sur le port, au milieu de milliers de soldats en déroute, alors que les troupes de Franco encerclaient la ville. Tout le monde savait qu'elles ne feraient pas de quartier, que les responsables politiques, les gradés seraient fusillés, comme à Madrid. Les faubourgs étaient sous le feu des bombardements. L'espoir ne pouvait venir que de la mer. Charles Tillon est arrivé de Marseille, sur un vieux rafiot appartenant à la compagnie France-Navigation, le *Lézardrieux*, qui ne pouvait embarquer qu'un réfugié sur dix... Tu te rends compte de ce que ça veut dire ?

Dragère ralentit en passant devant les gisants de pierre sculptés à la mémoire des victimes du dirigeable *République*, naufragé dans ce coin perdu de l'Allier, un demi-siècle plus tôt.

— Oui, tu sais bien que mon père était matelot sur un bateau de la flotte de l'Internationale qui a coulé devant Barcelone... J'imagine que ça devait être la panique...

— Au début, puis ils ont réussi à prendre la situation en main. Pour la première fois depuis des années, tous les responsables républicains se sont concertés, qu'ils soient communistes, syndicalistes ou anarchistes. Ils ont mis au point les listes de ceux qui étaient prioritaires pour monter à bord en direction d'Oran. Les morts en sursis. Ma mère en faisait partie. La dernière image qu'elle a gardée de cette journée d'angoisse, c'est celle de Charles Tillon, debout sur le quai qui regardait le navire s'éloigner, alors que les cris couvraient le bruit des moteurs...

Sur le quai ! Tu comprends ce que ça veut dire ? Il est non seulement venu volontairement se mettre dans la gueule du loup, mais en plus il n'a pas cherché à profiter de ses responsabilités pour aller se mettre à l'abri en Algérie. Non. Il est resté là, sous les bombes, avec les franquistes à portée de canon…

Il avait ralenti pour l'écouter, alors qu'une traction se portait à sa hauteur, sur la route étroite, l'obligeant à mordre sur le bas-côté.

— Eh bien, tu en tires quelles conclusions ?

— Moi, aucune ! Je n'y étais pas. Ma mère, c'est différent. Elle n'a jamais pu croire à tout ce qu'on a déversé sur son compte, il y a trois ans, quand la direction du parti communiste l'a accusé d'être un traître, de comploter pour prendre le pouvoir. D'après elle, ça ne colle pas du tout, mais alors pas du tout, avec le personnage qu'elle a connu.

— Malgré tout le respect que j'ai pour elle, je n'ai pas le souvenir de l'avoir entendue parler politique… On peut se demander ce que valent ses jugements…

Odette se tourna vivement vers lui.

— Comment est-ce que tu peux dire une chose pareille ! À notre âge, elle ne se promenait pas en voiture sur les routes de France pour boucler une petite enquête à propos d'un événement vieux de dix ans…

— Onze… Manouchian a été fusillé en février 1944…

— Onze ans, d'accord, excuse-moi. En plus

ça ne change rien ! Le jour de ses vingt ans, elle défendait Madrid les armes à la main, je crois que ce petit détail lui donne le droit de donner son avis, non ? On est quoi, à côté ? Si elle a fait du théâtre, après, si elle a parcouru le monde en costume de scène, c'est tout simplement parce qu'elle en avait trop vu.

Dragère ne répondit pas. Il accéléra pour passer la troisième vitesse tandis qu'Odette s'enveloppait dans une couverture et fermait les yeux, la tête posée contre le montant de la portière. Ils quittèrent la plaine. Droit devant, la neige recouvrait le sommet des monts de la Madeleine. Louis conduisit en silence pendant l'heure qui suivit, tandis que l'obscurité effaçait peu à peu le paysage. Pour se faire pardonner, il s'arrêta devant la façade imposante du Petit Louvre, une auberge de La Pacaudière qui s'enorgueillissait d'avoir offert le gîte et le couvert à François Ier, Henri IV et Louis XIII. Ils s'installèrent dans une chambre aménagée sous les combles, au creux d'une sorte d'immense coque de bateau renversée que le vent, la nuit, fit craquer comme au cœur d'une tempête, couvrant les gémissements qui marquaient leur réconciliation. Le lendemain matin, après un solide petit déjeuner, ils durent attendre la dissipation des brumes verglaçantes pour attaquer l'ascension du col du Pin-Bouchain, prélude à la brusque descente sur Tarare. Ils laissèrent derrière eux la forêt de cheminées que Lyon dressait dans le ciel bas de sa périphérie, ne s'arrêtant qu'à

Pont-d'Isère pour se faire photographier par un passant devant le monument qui marquait la latitude 45, une ligne imaginaire à mi-distance du pôle Nord et de l'équateur. Dragère jeta un regard à sa montre avant de déclamer avec au moins autant d'emphase que Napoléon sur les Pyramides :

— Il n'est pas encore onze heures, et pourtant c'est ici que commence le Midi !

Comme pour lui donner raison, le linceul gris posé sur le ciel depuis leur départ se déchira une centaine de kilomètres plus loin, laissant la place à un vrai soleil d'hiver qui réchauffa l'habitacle. Ils se partagèrent une omelette au bar d'un restaurant routier dont toutes les tables étaient occupées par les chauffeurs des dizaines de camions garés de part et d'autre de la nationale. Au milieu du vacarme, l'oreille collée à la membrane du poste, la femme du patron écoutait *Sur le banc,* le feuilleton de Radio-Luxembourg avec Raymond Souplex et Jane Sourza en clochards de Boulevard. Pour regagner leur voiture, ils pataugèrent dans les ornières, les flaques, troublant la surface irisée par le fioul. Les boulevards extérieurs de Montélimar, succession ininterrompue de boutiques de confiseurs, leur offrirent l'occasion d'un dessert croquant. Ils quittèrent la route Bleue à Orange pour filer vers Carpentras avant de s'affronter au paysage plus tourmenté de la montagne du Lubéron que sillonnaient des routes minuscules encombrées de tracteurs, d'animaux. Ils arrivèrent en vue de Montjustin avec la pénombre. Il s'arrêta sur un promontoire. Le roc escarpé, la ligne noire des maisons éventrées accrochées aux pentes abruptes, les remparts éboulés, les tours tronquées, tout donnait au village l'allure d'une forteresse vaincue. Odette se serra contre l'épaule de Dragère.

— On n'arrive pas chez les gens à cette heure-là, surtout quand on n'a pas prévenu... Il y avait une auberge sur la route, à la sortie de Céreste, dix kilomètres plus haut... J'ai l'impression que c'était ouvert...

— Je voulais juste voir à quoi ça ressemblait... Il paraît qu'il retape une vieille bâtisse avec l'aide de sa femme et de Simonot, son ancien chauffeur, du temps où il était ministre de De Gaulle.

Le lendemain matin, ils reprirent le même chemin pour aborder Montjustin. Pratiquement toutes les maisons du village étaient abandonnées. Plus personne pour se souvenir de la culture de la garance qui lui avait apporté une relative prospérité, avant la Grande Guerre, quand on n'hésitait pas à teindre les uniformes des fantassins en rouge sang. Ils laissèrent la Panhard près du presbytère, arpentèrent les ruelles jonchées de gravats et finirent par croiser un berger occupé à faire sortir un troupeau de moutons d'un enclos où ses bêtes avaient passé la nuit. Ce fut Odette qui l'aborda.

— Bonjour... Vous pouvez nous dire où habite Charles Tillon ?

L'homme, un vieillard bien campé sur des

jambes solides, avait lissé sa barbe pour se donner le temps de répondre.

— Elle ne serait pas à vous la voiture bleue garée plus haut, devant la maison des curés ?

— Oui, en effet…

— D'après la plaque, vous venez de Paris… Des mois qu'on n'a pas eu de visiteurs. Vous avez fait le plus gros du chemin… Vous trouverez M. Tillon sur la place du village, la maison sur la gauche, entre ce qui reste du château et l'orme. Il travaille sur les remparts. Je lui ai apporté de quoi faire du mortier, ce matin.

Ils laissèrent passer les moutons, qui empruntèrent le même chemin qu'eux sur une bonne centaine de mètres avant que le chien, une sorte de vieux labrit affligé de pelade, ne les oblige à obliquer dans une venelle qui menait à un pré, en contrebas. Un vent venu des Alpes s'était levé au début de la matinée, et il faisait se mouvoir la ramure d'un arbre gigantesque qui dominait les restes d'une tour d'angle dont les meurtrières permettaient de s'assurer du passage sur les chemins de crête qui filaient vers les sommets des Trois-Évêchés. Deux fillettes, on était jeudi, jouaient à faire des pâtés sur un tas de sable devant une maison que des madriers étayaient. Odette s'agenouilla pour discuter avec elles tandis que Dragère contournait la ruine. Un homme d'une soixantaine d'années, vêtu d'un pull-over à torsades et d'un pantalon kaki, ajustait les pierres d'un muret tandis qu'un autre, sensiblement du même âge, en short malgré les frimas, gâchait du ciment dans un seau à l'aide d'une truelle. Ils interrompirent leur travail en voyant s'avancer les visiteurs. Dragère avait reconnu l'ancien ministre au strabisme qui déformait son regard. Il s'approcha d'un tas de pierres grises ramassées au bas des remparts.

— Bonjour… C'est le berger qui nous a indiqué le chemin. Vous êtes bien Charles Tillon ?

Il laissa pendre contre sa cuisse la massette qu'il tenait à la main.

— Oui, Émile ne s'est pas trompé, c'est bien moi. Bonjour. Qu'est-ce que vous me voulez ?

— J'aurais aimé m'entretenir avec vous…

— Vous comptez vous installer dans le village, vous avez besoin de conseils en maçonnerie ?

— Non… Plus tard peut-être. C'est très beau comme endroit… Je m'appelle Louis Dragère. Je suis journaliste à *L'Humanité*…

Tillon se saisit d'une pierre plate qu'il brisa d'un coup de marteau, sur sa paume ouverte.

— Vous auriez pu vous épargner tout ce trajet en lisant ce que votre journal a écrit sur moi…

Il s'était retourné pour continuer son travail. Dragère voulut insister, mais Armand Simonot se porta à sa hauteur, les muscles saillants.

— Je crois que vous n'avez pas compris : vous n'êtes pas le bienvenu.

Odette venait de quitter les deux filles de Charles Tillon.

— Avant de partir, je voulais vous transmettre les amitiés de ma mère… Elle a beaucoup d'admiration pour vous… Et pas seulement parce que vous lui avez sauvé la vie…

Tillon l'observait intensément, cherchant à saisir le fil du souvenir dans les traits de la jeune femme, mais rien ne vint.

— Je suis désolé, il va falloir que vous m'aidiez…

Elle sourit en comprenant que tout n'était pas perdu.

— Son nom ne vous dira sûrement rien… Elle s'appelle Madeleine Gosselin. Elle était parmi les réfugiés du service sanitaire, sur les quais de Valence, dans les derniers jours de la République espagnole. C'est grâce à vous qu'elle a pu avoir une place sur le *Lézardrieux* et aller se mettre à l'abri en Algérie…

Charles Tillon l'écoutait. Il approuvait machinalement en remuant la tête.

— C'est une des journées les plus terribles de ma vie, et pourtant elle n'en a pas été avare… Vous la remercierez de ma part. Vous avez beaucoup de chance, mademoiselle, d'avoir une mère qui ignore l'ingratitude. C'est devenu extrêmement rare de notre temps…

Il tapota le verre de la montre attachée à son poignet.

— Il est l'heure du casse-croûte… Vous allez venir manger un morceau avec nous. Partir sur les routes le ventre vide, c'est le meilleur moyen d'avoir un accident.

Ils entrèrent dans la grange. Une porte donnait sur un cellier qu'ils traversèrent en file indienne pour accéder à la salle à manger qu'un feu, dans une cheminée de pierre, réchauffait. Une femme encore jeune, habillée d'une salopette, un fichu sur les cheveux, vernissait les poutres, juchée au sommet d'une échelle double.

— Tu peux descendre, Raymonde ? On a de la visite…

Ils s'installèrent autour d'une épaisse table de bois qu'Armand se chargea de garnir de terrines, de saucissons, de pommes, d'une bouteille de vin et d'une cafetière qui chauffait sur le coin de la cuisinière. Charles Tillon s'était saisi d'un pain de campagne dont il détachait, au couteau, de larges tranches. Quand il avait présenté Dragère comme « un journaliste de *L'Huma* », le visage de sa femme s'était fermé. Tout était dit sans qu'elle ait à prononcer un seul mot. Elle s'était mise en bout de table pour s'occuper, avec ostentation, de ses deux filles. C'est Armand qui s'était dévoué pour déminer le terrain.

— Vous êtes dans quel service, exactement ?

— Ma spécialité, ce sont les enquêtes de terrain. Dernièrement, j'ai réalisé une série d'articles sur les bandes de jeunes à Paris et en banlieue. Ils devraient paraître prochainement. Je crois que c'est pour ça qu'on m'a choisi pour préparer tout un dossier pour accompagner l'inauguration de la rue du Groupe-Manouchian, à Paris, début mars… En fait, c'est pour vous parler de lui, de Missak Manouchian et de ses camarades, que nous avons fait le déplacement…

Charles Tillon ouvrit la bouteille et remplit les verres.

— Une rue Manouchian ? Je n'étais pas au courant. Ce n'est pas trop tôt… C'étaient de magnifiques combattants. J'ai insisté pour qu'on leur consacre un livre, avec leurs photos et leurs dernières lettres… Elle se situera où, cette rue ?

— Dans le XXe arrondissement. L'ancienne impasse Fleury…

— Une impasse…

Dragère fit comme s'il n'avait pas entendu le sarcasme.

— Je voulais justement vous demander, concernant le livre dont vous avez fait la postface, *Pages de gloire des vingt-trois*, vous saviez que la lettre de Missak à sa femme, Mélinée, était incomplète ?

L'ancien chef des Francs-tireurs et partisans éloigna de sa bouche le morceau de pain dans lequel il s'apprêtait à mordre.

— Non, vous me l'apprenez… J'ai été à l'origine du projet, j'ai écrit un texte. Ensuite, j'ai fait confiance à l'équipe du Comité pour la défense des immigrés. Je me doute que ce qui manque revêt une certaine importance, sinon vous ne m'en auriez pas parlé…

Dragère prit son carnet dans sa poche, l'ouvrit à la page remplie après son entrevue avec Aragon au moulin de Saint-Arnoult.

— À la fin, il écrit : « C'est en regardant le soleil et la belle nature que j'ai tant aimée que je dirai adieu à la vie et à vous tous, ma bien chère femme et mes bien chers amis… » Il y a trois points puis cela reprend par : « Je t'embrasse bien fort ainsi que ta sœur et tous les amis qui me connaissent de loin ou de près. » Les trois points remplacent une phrase que j'ai notée là et que je vous lis : « Je pardonne à tous ceux qui m'ont fait du mal ou qui ont voulu me faire du mal sauf à celui qui nous a trahis pour racheter sa peau et ceux qui nous ont vendus. »

Le silence se fit autour de la table, et ce fut Raymonde qui le rompit.

— Tu connaissais leurs secrets de trop près, Charles, c'est pour cette raison qu'ils t'ont abattu. Il fallait qu'ils se protègent. Si Manouchian avait survécu, ils l'auraient obligé à renier cette phrase ou bien il aurait subi le même sort !

Dragère ne parvint pas à retenir sa protestation.

— Vous ne pouvez pas affirmer une chose pareille ! C'est monstrueux !

— Je dis ce que je veux sous mon propre toit. D'autant que ces poutres, c'est nous qui les avons relevées alors qu'elles étaient au sol depuis des décennies ! À Aubervilliers, dont mon mari était le maire et le député, l'un de ses anciens camarades a pu dire en public, sans être contredit, que « Tillon avait bien de la chance que le Parti ne soit pas au pouvoir, sinon il aurait reçu le même juste châtiment que les traîtres de Prague, de Budapest, de Moscou »… Ce qui est monstrueux, c'est de hurler à la mort contre quelqu'un qui a consacré toute sa vie à la Révolution ! Des gens aux côtés de qui nous avons combattu en Espagne, lors de la Résistance, croupissent au fond des geôles, que ce soit Artur London à Ruzin dans la banlieue de Prague, Peter Mod emprisonné en Hongrie, ou Anatoli Gourévitch dans les caves de la Lubianka à Moscou… D'autres ne sont plus là, pendus au bout d'une corde comme de vulgaires bandits de grand chemin. Avez-vous seulement entendu parler d'Oswald Zawodski ?

Dragère baissa la tête à l'énoncé du nom du compagnon de Manouchian dont les cendres avaient été dispersées pour que son déshonneur s'efface, jusque dans le souvenir. Armand Simonot s'était déplacé sur le banc pour venir passer son bras sur les épaules de Raymonde. Tillon profita de l'accalmie pour prendre la parole.

— Sur cette place, en face, c'était la mairie, à gauche l'école communale et cette maison, c'était le Cercle républicain qui faisait office de coopérative. Les paysans y apportaient leur vin. C'était la maison du partage et j'entends qu'elle le redevienne. Qu'on s'y parle, qu'on s'y écoute… L'instituteur d'Aubervilliers qui me destinait au peloton d'exécution n'était pas un mauvais bougre, c'est bien ça le pire. On lui dictait son dessein, sans même qu'il le sache. On lui avait fourré dans la tête la conclusion de querelles dont il ignorait jusqu'au premier mot. La hiérarchie ne lui demandait qu'une chose : voter la mort en toute bonne conscience afin que ses inspirateurs puissent effacer les crimes attachés à leur passé au moyen de mon sang.

Odette, qui était demeurée silencieuse depuis qu'ils s'étaient réunis dans la salle à manger, l'interrompit.

— Mais pourquoi s'attaquer à vous ? Vous, le symbole de la résistance aux nazis ?

Tillon sourit de la naïveté de la jeune femme.

— En portant le fer dans la plaie, on démontre ainsi sa fermeté, sa détermination ainsi que son allégeance au maître. Beaucoup de gens l'ignorent, mais André Marty et moi, les réprouvés, sommes les titulaires des cartes du Parti communiste français numérotées un et deux... Des cartes datées de 1919, soit un an avant la création de ce parti, à Tours ! C'est Lénine en personne qui l'a décidé, afin de nous distinguer pour avoir refusé de porter les armes contre la jeune République des Soviets, alors que nous étions marins de l'escadre française de la mer Noire. Au cours de son règne, Staline a systématiquement détruit l'entourage de Lénine : ses admirateurs français ne pouvaient pas s'affirmer meilleurs élèves, meilleurs staliniens, qu'en faisant de même à Paris. Allez, goûtez-moi un peu de cette terrine de sanglier. C'est Émile Fioro, le berger que vous avez croisé, qui la cuisine. Il met dans la viande des herbes du chemin qui lui donnent un parfum incomparable...

— Mais pourquoi n'avez-vous pas protesté de votre innocence ?

Il repoussa le pot de grès au centre de la table.

— Où l'aurais-je fait ? J'ai écrit une lettre destinée à votre journal, *L'Humanité*, qui a refusé de la publier, et dans laquelle je rejetais toutes les accusations. Je précisais aussi que je garderais le silence « dans l'intérêt du Parti, même devant l'injustice ». Raymonde, qui est passée par les camps nazis, en est témoin, ainsi qu'Armand, un des premiers résistants de France, qui commandait le maquis Vauban, dans le Morvan... Rendre ce courrier public ailleurs, dans *Le Figaro* par exemple, c'était signer des aveux complets, faire allégeance à l'ennemi, donner raison à mes procureurs. Nous avons cédé au chantage de la discipline dans le seul but de préserver l'avenir. Un jour viendra où la raison des hommes peuplera ce silence, j'en suis convaincu.

Raymonde avait accompagné les deux fillettes jusqu'à la porte afin qu'elles retournent à leurs jeux. Armand rechargeait le fourneau de sa pipe dans son paquet de gris, tout en approuvant de la tête. Il craqua une allumette. Odette en profita pour approcher une cigarette de la flamme alors que, près d'elle, Dragère frissonnait en éprouvant l'acidité du vin de pays. Il reposa son verre.

— Si ce qu'on a dit de vous est faux, que vous reprochait-on, en vérité ?

Il promena son regard oblique sur le journaliste.

— Essentiellement d'avoir vu clair un peu plus tôt que certains visionnaires, bien que physiquement on puisse être enclin à penser le contraire. Le 17 juin 1940, depuis Bordeaux où je vivais en clandestinité, coupé de tout, j'ai fait circuler un manifeste appelant à lutter contre le fascisme hitlérien qui se concluait sur ces mots : « Peuple des usines, des champs, des magasins et des bureaux, commerçants, artisans et intellectuels, soldats, marins, aviateurs encore sous les armes, unissez-vous dans l'action. » Un jour avant que le général de Gaulle ne lance son appel sur les ondes de la BBC. J'ignorais qu'au même moment, à Moscou, en application du pacte germano-soviétique, on donnait des directives de collaboration aux partis communistes des pays envahis…

Dragère fut pris d'un haut-le-cœur. Il se sentit chavirer, tenta de déceler un signe d'Odette auquel se raccrocher. Il respira profondément.

— C'est impossible ! On ne peut pas parler de cette manière du parti de Guy Môquet, de Gabriel Péri, de Manouchian…

Pour la première fois, Charles Tillon éleva la voix.

— Je vous parle, moi, du parti de Thorez, de Duclos, de Vieuguet, pas du parti des martyrs ! Cela fait le même effet quand on révèle à certains catholiques que Jésus était juif, qu'ils communient chaque dimanche matin avec l'enfant d'un peuple objet de leur détestation… Si Jacques Duclos m'a choisi pour être porté en tête de sa liste, c'est tout simplement pour cette raison. Alors que j'appelais à la résistance, lui, en fonctionnaire obéissant de l'Internationale, il jetait les bases de la vie commune avec l'occupant, il organisait la légalisation des activités du Parti sous tutelle allemande, il engageait des pourparlers avec les services de l'ambassade nazie pour que le journal de Jaurès puisse reparaître.

— Je n'ai jamais rien entendu de plus invraisemblable !

Le fondateur des groupes de partisans s'était levé pour aller ouvrir un buffet, au fond de la salle, et fouiller dans le paquet de feuilles qu'il en avait sorti. Il revint avec une série de tracts qu'il étala devant le journaliste.

— Et ça, je les ai inventés ? Lisez : « Les jeunes Français ne veulent se faire massacrer ni pour Hitler avec Pétain, ni pour Churchill avec de Gaulle. À bas la guerre impérialiste ! » C'était encore distribué en mai 1941, par les Jeunesses communistes... J'en ai des dizaines du même acabit. J'ai eu entre les mains la maquette du journal que Duclos avait fait préparer par son entourage direct, et qui n'attendait plus que le tampon des services de la propagande nazie pour être dans les kiosques du Paris occupé ! Oseriez-vous mettre ma parole en doute ?

Dragère leva les mains au-dessus de la table, comme pour calmer le jeu.

— Non... Je ne m'attendais pas à ce que vous pointiez le doigt dans cette direction après que j'ai lu le passage où il est question de « celui qui nous a trahis »...

— Vous résumez les choses à votre manière.

Je me suis bien gardé d'établir le moindre rapport entre cette partie occultée de la dernière lettre de Manouchian et l'attitude de Duclos en juin et juillet 1941. Duclos n'a pas trahi le Parti, il l'a compromis. Je m'en suis d'autant plus gardé qu'en ma qualité de chef du Comité militaire national, j'ai rapidement appris le nom de celui qui avait parlé aux policiers des Brigades spéciales.

CHAPITRE 17

Odette et Louis étaient suspendus à ses mots, tout comme Raymonde et Armand. L'ancien ministre épousseta les miettes de pain que les torsades de son pull avaient retenues.

— J'ai connu les bagnes d'Afrique du Nord, celui de Dar-Bel-Hamrit, les marécages de Kenitra, pour avoir refusé de me battre contre les Soviets. Puis la prison, plus souvent qu'à mon tour, en raison de mon activité syndicale ou politique, mais j'ai eu la chance de ne pas tomber entre les mains des Brigades spéciales, ni de celles de leurs maîtres nazis. Je ne blâme pas ceux qui ont parlé quand leurs chairs étaient fouaillées par le fer, par le feu… Personne ne peut évaluer son courage à l'aune du respect qu'il se porte. Mais là, à l'origine de la chute des détachements commandés par Missak Manouchian, nous avons rapidement acquis la certitude que l'un des nôtres avait cédé, avant même de recevoir le premier coup.

À ce moment, le marteau avait frappé le heurtoir de la porte à trois reprises. Charles Tillon s'était levé pour faire entrer un homme enveloppé dans un lourd manteau de berger. Il ôta le béret enfoncé sur son crâne, libérant son abondante chevelure.

— Bonjour la compagnie… Je crois qu'on va vers un retour d'hiver. Il fait bon ici…

Tillon l'invita à prendre place.

— C'est l'heure de la pause. On travaille sur les remparts depuis les aurores avec Armand. Je te présente Odette et Louis, des amis venus de Paris attirés par le fumet que dégage le pâté de sanglier du père Fiorio… Si tu as faim, tu te sers…

Puis il se tourna vers ses jeunes invités.

— Je vous présente Lucien Jacques, celui que la presse internationale surnomme « le découvreur de Jean Giono » qui a longtemps habité ici. C'est lui qui a envoyé les premiers manuscrits chez Grasset. Écrivain lui-même, poète, peintre, danseur, gymnaste… Il rêve de transformer ce village de bout du monde en une république des arts… On dit que les rêves les plus fous sont les plus faciles à atteindre… Certains de ses amis se sont déjà engagés à relever des maisons de Montjustin…

Le nouveau venu enjamba le banc, piqua une tranche de pain de la pointe de son couteau.

— Je t'avais dit que je risquais de passer… Tu m'avais promis deux nouveaux tableaux pour l'exposition de Manosque, le mois prochain. J'espère que je ne dérange pas…

— Non. Je ressassais de vieux souvenirs peuplés de géants.

— Le problème, c'est que plus on est grand, plus l'ombre est immense.

— Tu ne crois pas si bien dire… Ces jeunes gens s'intéressent aux détachements de francs-tireurs parisiens placés sous le commandement de Missak Manouchian. Pratiquement que des étrangers, des Juifs de Pologne, de Hongrie, de Tchécoslovaquie, de Roumanie, des Arméniens, des Italiens, des Espagnols, et trois Français dont un Breton du nom de Cloarec ! Leur plus grand titre de gloire reste l'exécution d'un proche de Hitler, le général SS Julius Ritter, l'organisateur du Service du travail obligatoire… Pendant des mois, ils sont demeurés insaisissables, malgré des dizaines d'actions, jusqu'à ce que les Brigades spéciales de la préfecture de police tirent un fil qui leur a permis de tisser une toile très serrée autour des combattants. À l'automne de 1943, les inspecteurs ont commencé à faire des « prélèvements » en arrêtant un camarade, pour essayer d'obtenir confirmation de leurs observations. Les rapports qui nous parvenaient évoquaient des « disparitions ». Dans un premier temps, cette méthode n'a pas donné grand-chose. Jusqu'à ce qu'ils se saisissent de celui qu'on appelait Albert, pseudonyme sous lequel se cachait le responsable politique des détachements, Joseph Davidovitch. On était fin octobre. Les flics ignoraient tout de ses responsabilités dans le triangle de direction. Dès qu'ils ont compris qu'ils ne tenaient pas un simple soldat mais un membre du commandement, ils sont allés arrêter sa femme qu'ils ont menacé de torturer devant lui. Davidovitch a craqué, livrant la liste de ses contacts, les lieux et dates de ses rendez-vous, l'organigramme intégral du groupe, les effectifs, les noms des membres des détachements, du service de renseignements, du service d'approvisionnement en armes, du service sanitaire… Tout. Ils ont alors réalisé qu'ils tenaient un élément du dispositif central, et qu'ils n'avaient jamais été aussi près de la direction des FTP. Rétrospectivement, il s'en est fallu d'un cheveu qu'ils ne nous débusquent. Un commissaire présent lors des interrogatoires, et qui jouait un double jeu, a fait parvenir une note où il nous informait des aveux d'Albert. Elle est arrivée trop tard, après un circuit compliqué, alors que les rafles étaient déjà en cours.

Armand Simonot ralluma sa pipe pour la dixième fois tout en parlant.

— C'est la première fois que je t'entends raconter cette tragédie aussi précisément, Charles. Une chose m'étonne… Après l'arrestation d'un chef, les consignes de sécurité auraient dû obliger l'ensemble du réseau à se mettre à l'abri, tout au moins à suspendre les contacts.

— Sauf, commandant Théo, que l'on n'était pas dans le maquis Vauban, au cœur du Morvan, mais dans une ville quadrillée par l'armée allemande, placée sous la loupe des limiers français de la préfecture aidés par des centaines d'indicateurs. Il fallait parfois une semaine pour mettre au point un rendez-vous. Pas de téléphone, le minimum de traces écrites… Et si la rencontre était annulée, une autre semaine pouvait passer, dans une obscurité complète… En plus, la police avait forgé des outils de contre-guérilla. Un an auparavant, sitôt les confidences de Davidovitch enregistrées, des équipes auraient été dépêchées dans tout Paris pour procéder aux arrestations. Là, non. Ils ont fait comme si rien ne s'était passé, observant même le déroulement d'actions militaires dont ils avaient eu communication. Ils ont pris leur temps pour organiser méthodiquement la nasse afin de prendre le maximum de partisans d'un coup.

Dragère avait passé son bras autour du cou d'Odette.

— Vous êtes sûr que des policiers assistaient sans intervenir à des attaques dans Paris ?

— Oui. Plusieurs opérations avaient été programmées avant l'arrestation de Davidovitch, en sa présence. Elles ont malheureusement été maintenues pendant la période d'indécision… Celle qui a déclenché tout le processus de destruction du groupe s'est produite le 12 novembre 1943, rue La Fayette, à deux pas d'un restaurant arménien…

Le journaliste ne put se retenir de lancer un nom.

— Ce ne serait pas Les Diamantaires ?

— Si, Les Diamantaires, exactement… Manouchian avait planifié l'attaque d'un transporteur de fonds à la sortie d'une banque utilisée par l'armée allemande. Selon les informations collectées par le service de renseignements, le militaire devait être seul. Cinq hommes étaient engagés. Manouchian se trouvait également sur place, à titre d'observateur. En fait, Rino Della Negra et Robert Witchitz se sont aperçus qu'il y avait deux transporteurs. Ils ouvrent le feu, tuent un des hommes, récupèrent une sacoche bourrée de devises tandis que le deuxième Allemand se mêle à la foule. Soudain, des coups de feu éclatent. Des policiers sortent de partout. Della Negra, blessé, tombe entre leurs mains. Les groupes de protection sont mis dans l'impossibilité d'assurer leur travail de couverture. Ils se replient vers les vélos cachés dans une rue adjacente. Witchitz est capturé dans la cave d'un immeuble où il s'était réfugié. Au cours de la journée, deux autres membres du détachement italien sont arrêtés, trois de plus le surlendemain. Un coup terrible. Le 16, c'est au tour de Missak Manouchian et de son supérieur, Joseph Epstein, d'être pris. Puis ils se saisissent d'Olga Bancic et de tout l'arsenal dissimulé dans sa planque. Pistolets, grenades, bombes… À la fin du mois, le bilan était tragique : il ne restait pratiquement rien de l'une de nos plus valeureuses formations.

Lucien, le dernier arrivé, s'était levé pour se placer devant la cheminée dans laquelle il tisonnait. Il releva la tête.

— Et ce Joseph Davidovitch, qu'est-ce qu'il est devenu ?

Tillon leva les bras au ciel.

— Ça ne pouvait que mal se terminer ! C'est assez surprenant que ce soit toi, un pacifiste militant nourri des textes de Giono, qui me poses justement cette question… Aussi incroyable que cela puisse paraître, il a refait surface dans les derniers jours du mois de novembre, chez un couple de sympathisants, leur racontant qu'il était parvenu à fausser compagnie à ses gardiens lors d'un transfert. Il exhibe des traces de menottes, ses vêtements sont troués par les balles tirées sur lui par les Allemands au cours de sa fuite… Il demande à la fille de ce couple de reprendre contact avec l'organisation. Nous chargeons le successeur de Manouchian, le Roumain Boris Bruhman, du travail d'enquête. La première chose qu'il doit tirer au clair, ce sont les conditions de l'évasion. Est-elle vraie ou simulée ? Ensuite, il lui faut comprendre si Davidovitch ne tente pas de se racheter de sa faiblesse lors des interrogatoires en nous livrant des informations capitales sur le dispositif adverse, notamment les pièges qui nous sont tendus… Une rencontre est négociée. Elle a lieu dans un pavillon de Bourg-la-Reine quelques jours après Noël. Davidovitch arrive par le train de la ligne de Sceaux, en compagnie du chef du service de renseignements, Cristina Boïco. Il se retrouve face à quatre hommes armés qui n'ont de cesse de le mettre face à ses contradictions. Il finit par tout avouer. Aucune voix ne s'est élevée pour le sauver. Deux mois plus tard, les nazis placardaient leur Affiche rouge sur les murs, et les vingt-deux membres du groupe Manouchian tombaient devant les pelotons d'exécution.

Dragère, sous sa paume, sentit un frisson parcourir le corps d'Odette. Armand brisa le silence en se dirigeant vers la porte de la grange attenante.

— On dirait que le soleil daigne enfin se montrer… Si on se retrousse les manches, on peut finir de monter le muret d'ici ce soir !

Charles Tillon raccompagna les visiteurs jusqu'à leur voiture garée devant le presbytère. Il leur montra la fontaine du village.

— C'est le vieux Fioro qui l'a remise en marche. Sinon, il fallait descendre par le petit chemin, là sur la droite… Elle est alimentée par une mécanique compliquée, on appelle ça un bélier, à cause de sa forme. D'après ce que j'ai entendu, elle aurait été inventée par les frères Montgolfier, avant la Révolution. Elle fait remonter l'eau de plus de quatre-vingts mètres. Pendant des années, un gros propriétaire a détourné la réserve vers ses champs, en contrebas. Personne n'osait l'affronter. Puis Fioro est arrivé…

Il attendit que Dragère ait mis le contact pour se pencher à la portière.

— S'il y a une chose qu'il faut toujours avoir en tête, pour votre travail, c'est qu'ils étaient moins d'une centaine à se battre dans Paris et que la plupart d'entre eux avaient tout juste 20 ans... On exigeait d'eux qu'ils vivent comme des ombres alors que le sang cognait à leurs tempes. Je voulais vous dire aussi une chose que je n'ai jamais pu vérifier. Vous aurez peut-être davantage de chance que moi...

— Oui... Je vous écoute...

— À la Libération, il a été question d'une autre trahison, huit mois avant celle de Joseph Davidovitch. Une fille dont je n'ai retenu que le prénom, Katia, s'est mise à collaborer avec la police. C'est elle qui a permis la rafle du groupe des jeunes Juifs de la MOI, en mars 1943. Près d'une centaine de camarades. C'est à partir de là, en fait, que tout aurait commencé, que les inspecteurs des Brigades spéciales se seraient mis sur la piste de Manouchian.

Odette eut la présence d'esprit de le relancer alors que Louis, en entendant le prénom de Katia, avait engagé la vitesse et que la Panhard s'ébranlait.

— Vous connaissez sûrement quelqu'un qui accepterait de nous en parler...

L'ancien ministre fit deux enjambées pour se maintenir à leur hauteur.

— Le responsable des Jeunesses s'appelait Henri Krasucki. À l'époque pour nous, c'était « Bertrand ». Il est revenu de déportation. Je crois qu'il est permanent à la Fédération CGT des métaux ou à l'Union départementale... Il a aussi des responsabilités dans le Parti.

Ils laissèrent derrière eux ce pays de rocaille,

d'amandiers et d'oliviers noueux, la pensée engourdie par le ronronnement du moteur. Odette alluma une cigarette alors qu'ils traversaient Céreste.

— Tu le connais, toi, ce Krasucki ?

Elle semblait ne pas avoir prêté attention au prénom de celle que Charles Tillon tenait pour un traître, Katia.

— Non. Première fois que j'entends prononcer son nom. Qu'est-ce que tu en as pensé de tout ce qu'il nous a raconté ? Cette histoire de la reparution légale de *L'Humanité* demandée par Duclos aux dirigeants nazis ! C'est comme si on m'annonçait que Maurice Thorez était un agent de la CIA ! Les autres n'ont pas bronché, ça leur semblait normal... Je t'avoue que je me sens complètement perdu...

Elle tourna la manivelle de la fenêtre pour jeter l'allumette noircie.

— J'ai plutôt envie de lui faire confiance...

— Pour quelle raison ? Parce qu'il a sauvé ta mère en 1939, sur les quais de Valence...

— Ce serait un motif largement suffisant : je tiens à ma mère, moi... Je l'ai trouvé sincère. Il s'est ouvert à toi alors que tu te présentes au nom d'un journal qui n'a pas été tendre avec lui... À aucun moment je n'ai ressenti qu'il avançait ses arguments par calcul. D'ailleurs, il n'a plus rien à perdre, tout lui a déjà été confisqué. Tu as vu les conditions dans lesquelles ils habitent avec deux petits enfants ? Un ancien maire, ancien député, ancien ministre qui casse des cailloux pour rebâtir sa maison, qui invite des inconnus à sa table pour partager le casse-croûte ! Tu en imagines beaucoup qui pourraient tenir le même rôle sans que ça apparaisse comme du chiqué ? Pour tout ce qui est historique, je n'en sais rien… Tu as sa version. Puisque tu peux approcher Duclos, pose-lui la question…

Dragère, décontenancé, haussa les épaules. Il pleuvait quand ils entrèrent dans Paris le lendemain en fin de matinée, par Le Kremlin-Bicêtre. On envisageait de mobiliser l'armée pour déménager les caves de Notre-Dame, les réserves du Louvre, les archives du Palais-Bourbon afin que la mémoire, entassée dans les sous-sols, ne soit engloutie. Le père Champvain guida Dragère pour ranger la Dyna Panhard dans le garage, au milieu des réserves de victuailles, puis il invita le couple à profiter d'un plat du jour autant que de saison, une saucisse de Morteau accompagnée d'une purée de pois cassés. Il ouvrit une bouteille de poulsard, un rouge du Jura dont le titrage généreux déliait les langues. Dragère finit par avouer qu'il travaillait sur le groupe Manouchian, et, à sa grande surprise, le patron du Débarcadère lui confia qu'il avait connu un membre du service de renseignements, Maurice Brover, l'adjoint de Cristina Boïco.

— On était début août, une quinzaine de jours avant la Libération. Maurice Brover était chargé de reconstituer un maquis dans le secteur nord de Paris. Il m'a contacté pour que je m'occupe de la ville de Stains. La semaine suivante, Brover s'est fait intercepter par une patrouille de gendarmes allemands, sur la route de Pierrefitte, alors qu'il se dirigeait vers Creil où les FTP étaient fortement organisés. Il a été fusillé sur place aux côtés d'un autre Bessarabien, Georges Gruman… Personne n'en a jamais parlé. Ce serait bien que tu glisses un mot sur eux, dans ton papier…

CHAPITRE 18

Dragère accompagna Odette jusqu'au métro aérien.

— Embrasse ta mère de ma part. Dis-lui que je passerai la voir demain.

— Tu en es sûr ?

— Au moment où je le propose, oui… Je peux même prêter serment.

— Je ne t'en demande pas tant. À tout à l'heure.

Il traversa la gare routière, la valise à la main, contourna la rotonde de l'ancien octroi pour rejoindre la rue de l'Aqueduc. Il croisa Linlien qui sortait de chez L'Ouvrier, un magasin spécialisé dans les vêtements de travail.

— Je me suis pris un bleu neuf, avec les bons de la boîte…

Il l'entraîna au bar du tabac qui fait le coin de la rue de Tanger.

— On t'a attendu avant-hier soir, à la réunion de cellule… Tu aurais pu prévenir… Je suis monté cogner à ta porte… Elle est restée de bois.

— Excuse-moi, j'avais complètement oublié. Avec Odette, en ce moment...

Linlien ne lui laissa pas le temps de terminer sa phrase.

— Il y a de l'eau dans le gaz, c'est ça... Moi c'est pareil avec Angeline. Je ne sais pas ce qu'elles ont...

— Pas du tout, qu'est-ce que tu vas chercher ! Au contraire... Non, c'est sa mère... Il a fallu qu'elle change d'hôpital. Ils ont évacué la moitié des services de l'établissement Joffre de Draveil-Champrosay à cause des inondations. Tout le secteur de Juvisy est sous les eaux. Un vrai merdier pour trouver une place. On y a passé trois jours. Tu me dis s'il y a des collages, des distributions, je trouverai toujours le temps de filer un coup de main aux copains.

Dans la boîte aux lettres, il reconnut immédiatement, au milieu des lettres, le papier pelucheux en usage à Varsovie. Le cachet de la poste indiquait qu'il avait mis près d'un mois pour arriver jusqu'à lui. Son cœur se mit à battre quand il se saisit du courrier de sa mère, et il attendit d'être dans la chambre pour l'ouvrir à l'aide d'une pointe de couteau. La carte postale glissée dans l'enveloppe représentait le palais de la Culture et de la Science, une réplique de 240 mètres de hauteur de l'université Lomonossov de Moscou, un cadeau du maréchal Staline à la capitale polonaise.

Mon cher petit,

J'espère que cette lettre te trouvera en bonne santé. Ici, il fait très froid, ce qui a l'avantage de nous mettre à l'abri des microbes. Je viens d'apprendre que l'inauguration prochaine d'une rue du Groupe-Manouchian me permettra de faire un court séjour à Paris, au début du mois de mars, pour rendre hommage à mes camarades de combat.

Ce sera également l'occasion de faire connaissance avec Odette. Je t'embrasse bien tendrement. Ta mère.

Suzanne.

Il se laissa tomber sur le lit, incapable de comprendre ce que cela signifiait. Sa mère avait-elle fait partie d'un des détachements ? Était-ce la raison qui avait conduit la direction à lui confier cette curieuse enquête ? Jusqu'à cette signature, Suzanne, son prénom de militante clandestine qu'elle avait abandonné après la guerre pour reprendre celui de Katia, et qui réapparaissait de manière déroutante tandis qu'il s'intéressait aux fantômes… Il ferma les yeux pour tenter de faire remonter à la surface les souvenirs de son enfance. Dans un premier temps, le sentiment d'abandon submergea tout, puis des images émergèrent du malheur. D'abord ce fut Raoum-Raoum, un clochard qui avait établi son quartier général au bas de la rue de Belleville, devant la terrasse de La Vielleuse. Assis dans un recoin, il tenait un pavé dans la main, le montrait aux passants en faisant du bruit avec sa bouche, une sorte de « raoum-raoum »... Il serrait son poing en parlant haut :

— Je vais le mettre en morceaux ce putain de pavé. Raoum-raoum... Oui, vous avez bien entendu, raoum-raoum, en morceaux...

Personne ne l'avait jamais vu abattre son poing sur le granit, malgré les encouragements, mais les pièces tombaient dans sa casquette retournée. Le pavé avait servi pendant des années jusqu'à ce qu'un jour il ne restât plus que lui sur le trottoir. Un peu plus loin, sur le boulevard, il revit un chanteur qui imitait Maurice Chevalier et sa *Tonkinoise* avant d'aller dépenser le produit de sa manche au café du Point du Jour, de l'autre côté du carrefour. Son souvenir remonta la rue jusqu'à un marchand de légumes cuits, le seul qu'il ait connu de toute sa vie. On disait dans le quartier qu'il se servait aux Halles de tout ce qui n'était plus assez présentable, invendable, et qu'il lui redonnait apparence comestible en le passant à la vapeur. Il fallait tourner à droite pour arriver devant l'immeuble où ils habitaient, traverser une sorte de tunnel, accéder à une cour entourée de clapiers, de poulaillers. L'appartement se situait dans une deuxième construction, plus petite, au premier étage. Une cuisine, une salle à manger, la chambre de sa mère. On lui avait installé un lit dans une sorte de réduit muni d'une fenêtre percée en hauteur, qu'il n'atteignait qu'en grimpant sur le tabouret. Il découvrait alors un terrain vague, quelques arbres, des herbes folles, où l'été faisait éclater le rouge sang des coquelicots, un refuge pour des dizaines d'oiseaux, rouges-gorges, mésanges charbonnières, sur lequel un cirque, un jour, avait posé sa corolle multicolore. Les bruits familiers revinrent avec les éclats cuivrés de la musique de piste. Le chuchotis de la radio tout d'abord, derrière la cloison, puis les voix des hommes qui venaient alors que le sommeil l'envahissait. Plusieurs fois il s'était réveillé dans la nuit, pris de panique. Il avait couru jusqu'à la chambre de sa mère pour la trouver désespérément vide. Puis il revit les tracts, les papiers, les cahiers, dissimulés dans le poêle qu'on n'allumait jamais, même quand l'eau gelait sur l'évier. Il aurait suffi d'une allumette, en cas de perquisition, pour détruire la preuve recherchée. L'éclat métallique d'un pistolet brilla furtivement dans sa mémoire. Pourquoi ne lui avait-elle jamais rien dit ? Pour le protéger ? Parce qu'elle n'avait pas confiance en lui ? Il sentit les larmes rouler sur ses joues en même temps qu'il prit conscience du froid glacial qui régnait dans la pièce. Il sortit deux cagettes du placard, en fit du petit bois qu'il enfourna dans la salamandre, jeta deux pelletées de boulets Bernot sur la flambée. Ce n'est que bien plus tard, en rangeant les affaires de voyage, qu'il trouva le reste du courrier dissimulé sous la valise. Une lettre à en-tête du Comité central, distribuée le matin même, lui enjoignait de se mettre en rapport le plus rapidement possible avec André Vieuguet. Il passa un rapide coup de fil depuis le zinc de l'Archiduc avant de se diriger vers le métro. Une heure plus tard, il poussait la porte du bureau du secrétaire de Duclos, après une halte au poste de sécurité pour un contrôle aussi tatillon que les fois précédentes. Vieuguet lui tendit la main par-dessus des piles de papiers.

— Merci d'avoir répondu aussi vite à ma demande. Alors, ça avance ? On en est où ?

Dragère demeura debout, les mains appuyées au dossier de la chaise sur laquelle on ne l'invitait pas à s'asseoir.

— Oui, tous les partisans qui ont été fusillés le 21 février 1944 sont des êtres magnifiques… Missak Manouchian en tête… Un poète que les circonstances obligent à faire parler les armes au lieu des mots… Ce n'est pas un hasard si c'est le camarade Aragon qui a été chargé de lui rendre justice…

Il évoqua Rino Della Negra, sa dernière action devant le restaurant des Diamantaires, rue La Fayette, Rino dont la passion dévorante était le football qu'il pratiquait comme ailier droit aux côtés de Fred Aston, Gomez ou Simonyi, sous les couleurs du Red Star de Saint-Ouen. Il retraça la brève existence de Thomas Elek, né à Budapest dans une famille de lettrés, et qui fabriquera de ses mains un livre incendiaire qu'il ira déposer sur un rayonnage de la grande librairie allemande de la rive gauche pour renvoyer au néant les mots de la haine. Il fit résonner le souvenir de l'artificier Joseph Boczov, pseudonyme de Ferenz Wolf, qui partit de son village de Baja-Sprié, en Transylvanie, pour rejoindre, à pied, le combat des Brigades internationales. Il cita la lettre ultime de Marcel Rayman à son frère Simon, Marcel, né le 1er mai 1923 à Varsovie, qui avait exécuté l'ami de Hitler, le négrier Julius Ritter : « Préviens tous mes amis et mes camarades que je les aime tous. Ne fais pas attention si ma lettre est folle, mais je ne peux pas rester sérieux. » Il parla aussi de Willy Szapiro parti en Palestine pour y combattre l'emprise anglaise, expulsé après deux années de prison, réfugié en Autriche avant que les nazis n'y confisquent le pouvoir, trouvant asile en France où il met son expérience de la clandestinité au service des Partisans… Et sa vie comme gage de ses convictions. D'Olga Bancic, guillotinée dans la cour d'une prison de Stuttgart, le jour de son trente-deuxième anniversaire.

André Vieuguet, visiblement ému, lui fit signe de prendre place.

— C'est ce que j'ai toujours pensé d'eux… Leur légende ne ment pas. Sinon, rien d'autre ?

Dragère comprenait intuitivement que pour cacher l'essentiel, ses rencontres avec Filiatre puis Tillon, il lui fallait donner quelques informations importantes. Il lança les premières phrases comme on saute dans le vide, sans savoir à quel moment on touche le fond.

— À l'issue des discussions approfondies que j'ai eues avec de nombreux survivants des FTP-MOI, j'ai acquis la certitude que la chute de Missak Manouchian résultait d'une trahison…

Il faillit dire « comme il l'écrit dans sa lettre », mais se ressaisit à temps… Vieuguet baissa le regard sur son bureau, fixant un buvard publicitaire de La Vache Qui Rit, le numéro deux de la série des duels célèbres, qui recouvrait le plateau.

— C'est une des choses qui se murmurent… Ils ont avancé un nom ?

— Oui. D'après ce que j'ai pu comprendre, il s'agirait d'un des membres du triangle de direction des FTP-MOI. Joseph Davidovitch dit Albert, le commissaire politique des détachements… Il aurait parlé pour protéger sa femme, donné tous les noms des partisans, les adresses des planques, des arsenaux. Les Allemands l'auraient relâché après la rafle pour qu'il les conduise jusqu'au triangle de direction du Parti : Jacques Duclos, Benoît Frachon et… Charles Tillon…

Vieuguet griffonna quelques mots en marge des illustrations.

— Très bien, c'est du bon travail. Il me faudrait un rapport circonstancié le plus rapidement possible… Sinon, le voyage s'est bien passé ?

Dragère, qui s'apprêtait à se lever, sentit le sol se dérober sous ses pieds.

— Comment ça, un voyage ? Quel voyage ? Je suis simplement allé à Juvisy…

Un sourire énigmatique souleva les commissures des lèvres de son interlocuteur.

— C'est certainement ce qu'on m'a dit… J'ai dû confondre… Nous avons beaucoup de travail, en ce moment, avec la campagne contre le réarmement de l'Allemagne. Le rapport, c'est important... Je l'attends...

Dragère n'avait plus qu'une envie, quitter ce labyrinthe surchauffé dans lequel il n'osait pénétrer, quinze jours plus tôt. Il hâta le pas vers la porte blindée, passant sans les saluer devant les gars du service d'ordre. Dès qu'il fut sur le trottoir, au pied du bâtiment massif, il respira profondément l'air glacé, réveillant une ancienne douleur sur une dent plombée. Il se dirigea vers les Boulevards. Il lut les titres des films de la semaine aux frontons des cinémas, mais aucun ne le séduisait. Puis il finit par s'asseoir à une terrasse devant un café cognac, le nez collé à la vitre pour se perdre dans le mouvement de la ville. L'alcool lui donna le courage de remonter vers le nord, jusqu'au triangle étroit formé par les rues La Fayette, Château-Landon et Louis-Blanc, sur lequel se dressait l'immeuble de la CGT. Sa carte professionnelle de *L'Humanité* à l'appui, il inventa, à l'adresse du gardien, un entretien avec Henri Krasucki, l'un des secrétaires départementaux.

— Je l'ai vu prendre sa moto il n'y a pas un quart d'heure...

Il parlait avec l'accent traînant de Ménilmontant.

— Vous savez où il est parti ? Ou quand il reviendra ?

Le militant avait décroché le téléphone en Bakélite noire posé sur son guichet. Lorsqu'il avait composé le numéro sur le cadran, Dragère s'était aperçu qu'il lui manquait deux doigts à la main droite.

— Une minute, je me renseigne… Allô, Mounette. Oui, oui, on verra… Tu sais où est parti Krasu, un copain de *L'Huma* le demande en bas… Hein… D'accord, merci.

Il avait reposé le combiné sur la fourche.

— Il y a eu un accident avec des blessés graves dans les ateliers de la Franco-Anglaise, à Aubervilliers. Les gars se sont mis en grève. Henri est allé les soutenir. Il y reste jusqu'en fin d'après-midi. Tu vois où c'est ?

— Aubervilliers, oui… Pas la boîte…

— C'est pas compliqué, tu ne peux pas te gourer, elle est le long du canal, sur ta gauche, en remontant sur Saint-Denis. Quand tu aperçois les montagnes jaunes, c'est que tu es arrivé.

Le métro jusqu'à la porte de la Villette, le bus pour la mairie puis la marche pour rejoindre le quartier du Landy, il y en avait pour plus d'une heure que le taxi attrapé à la volée au carrefour lui fit économiser. La traction vint se garer le long des murs d'enceinte, devant les cheminées qui crachaient des fumées lumineuses dans un ciel bas. Il suivit le tracé de la voie de chemin de fer industriel jusqu'à la place en demi-lune tracée devant l'entrée principale. Un homme d'une trentaine d'années au visage anguleux, le crâne découvert par une calvitie précoce, prenait la parole devant une foule d'ouvriers. La tristesse se lisait dans les regards. L'orateur manquait de conviction dans la voix, la gestuelle, mais il compensait son manque de don naturel par la force de son discours.

— Parmi vous, combien travaillent aux superphosphates ?

Une cinquantaine de mains surgirent au-dessus des casquettes.

— Vous savez tous que je viens de la métallurgie, et je peux vous dire que la ferraille, la fonte, l'acier, c'est plus franc que la chimie. Aussi dangereux, mais plus franc. Ici, c'est à la pelle qu'on décharge encore cette poussière jaunâtre, comme au siècle dernier ! On la charrie dans des brouettes jusqu'au pied des broyeurs. Elle monte vers les bains dans les chaînes à godets. Elle vole, elle se mélange à l'air, elle s'insinue dans les poumons, elle se colle à la peau en sueur. Combien d'entre vous qui n'ont pas la gorge irritée, les yeux enflammés ? Je ne vais pas vous demander de lever la main : je connais la réponse, aucun ! Et ce n'est pas fini, pour faire leur œuvre, les phosphates doivent être étendus à l'acide sulfurique, une alchimie qui donne ces lumières dans les panaches de fumée… Je connais des ménagères qui toussent en frottant une allumette, ici vous vivez en permanence au milieu d'un incendie d'allumettes ! On empoisonne la ville à petit feu, mais on vous tue à grande vitesse. Le travail doit servir à gagner sa vie, pas à la perdre !

On l'approuvait en remuant la tête. Il rendit hommage aux trois ouvriers intoxiqués qui avaient été conduits à l'hôpital Claude-Bernard avant qu'un cortège se forme qui fit le tour de l'usine en remontant vers le pont du Landy. Lorsqu'ils furent de nouveau en vue du canal, Dragère se porta en tête, près d'Henri Krasucki. Il se présenta.

— Vous êtes déjà sur place ! Chapeau… Les gars seront contents de voir que *L'Huma* s'intéresse à eux… Dommage qu'il n'y ait pas de photographe…

Il le détrompa.

— Je suis là par hasard… Je verrai si je peux faire passer une brève… Je ne peux rien promettre. On m'a dit que je vous trouverais là, rue La Fayette… J'aurais besoin que vous me disiez ce que vous savez de Missak Manouchian…

Henri Krasucki marqua un léger temps d'arrêt.

— Missak Manouchian ? C'est en rapport avec l'inauguration de la rue, le mois prochain ?

— Oui, exactement. Je suis chargé de préparer un dossier pour *L'Humanité Dimanche*…

Ils se retrouvèrent un quart d'heure plus tard, près du pont de Stains, devant des grogs, dans un café envahi par les mariniers en chômage dont les péniches amarrées le long du canal étaient immobilisées depuis des semaines par la montée des eaux.

— Je regardais les ouvriers pendant votre prise de parole… Ils étaient sincèrement touchés par ce que vous leur disiez…

Le dirigeant syndicaliste répondit par une boutade.

— Analyse concrète d'une situation concrète…

— Il n'y a pas que ça… Vous étiez déjà venu ?

— Non. Je les ai écoutés pendant une heure, pour qu'ils m'expliquent ce qu'ils vivaient. Si on se contente de débiter le discours habituel, on prêche les convaincus, on récolte des applaudissements, mais le cœur n'y est pas… Qu'est-ce que tu veux que je te dise sur Manouchian ? On était en contact, mais je ne l'ai pas vraiment connu…

Dragère adopta lui aussi le tutoiement.

— Tu étais pourtant organisé dans la MOI…

— C'était très cloisonné. Pas assez, la suite l'a malheureusement prouvé… On l'a payé très cher, des dizaines d'arrestations, des copains fusillés, les déportations… J'étais responsable de l'organisation des jeunes, recrutés pour l'essentiel dans la communauté juive de Belleville, du quartier République… À la fin 1942, je pouvais compter sur un effectif de trois cent cinquante militants répartis en une soixantaine de groupes. Il existait un passage vers le deuxième détachement armé, celui qu'on appelait le détachement juif… Quand un jeune se faisait remarquer par son esprit d'initiative, de responsabilité, son courage, on le faisait monter vers les partisans. C'est ce qui s'est passé pour mon copain Marcel Rayman, celui qui a exécuté Julius Ritter. Il y a eu aussi Wajsbrot, Fingerweig… Ils sont tous les trois sur l'Affiche rouge…

Le journaliste sentit la chaleur lui monter aux

joues, après avoir avalé la moitié de son verre dans lequel, en proportion, le rhum le disputait à l'eau.

— Vous faisiez quoi, des distributions de tracts, des collages ?

Henri Krasucki sourit et prit son temps avant de répondre.

— Oui, mais ce n'était pas aussi tranquille qu'aujourd'hui… On placardait surtout des papillons sur les murs, dans les couloirs du métro, on faisait des inscriptions à la craie, à la peinture, on jetait des tracts depuis les stations aériennes, comme à Barbès-Rochechouart. On orientait les panneaux indicateurs en sens inverse, ceux qui étaient écrits en lettres gothiques, pour que les troupes allemandes perdent du temps… Il y a eu aussi des coupures de câbles électriques, des incendies dans des stocks de vêtements destinés à la Wehrmacht. Il fallait aussi s'occuper de trouver des planques, de faire fabriquer des faux papiers. On savait à quoi s'en tenir sur un individu après l'avoir vu se comporter dans deux ou trois opérations. Par la suite, il passait à un stade supérieur, comme la prise de parole ou l'organisation de manifestations… Des rassemblements éclair d'une vingtaine de personnes, pour marquer notre présence. Tiens, pour les vingt-cinq ans de la création de l'armée Rouge, des jeunes sont allés accrocher un drapeau rouge en haut de la rue des Panoyaux, sur un lampadaire… Il y est resté la journée avant que les pompiers ne viennent le décrocher. C'est comme ça que l'esprit de résistance s'est diffusé dans la population. On a montré l'exemple… Il y avait aussi de bons moments, le dimanche par exemple, quand on se retrouvait tous au poulailler du théâtre du Châtelet pour écouter les concerts Colonne. Ils jouaient beaucoup de Wagner, mais il y avait aussi du Bach, du Beethoven. L'Opéra aussi, mais c'était plus difficile d'avoir des places à prix abordable…

Dragère le laissait dévider ses souvenirs, ne sachant comment aborder le seul sujet qui l'intéressait. Il entretint la conversation.

— Tu as été arrêté longtemps avant Manouchian ?

— En mars 1943, le 23… Lui, c'est en novembre, huit mois plus tard.

Il sentit que c'était le bon moment pour avancer ses pions.

— J'ai appris que la chute des détachements de partisans avait été facilitée par la trahison d'un des membres du triangle de direction…

Toute trace de sourire disparut instantanément des traits du syndicaliste.

— C'est possible, je l'ai également entendu dire…

— Et pour ton groupe, personne n'a parlé ?

— J'ai précisé tout à l'heure que nous étions plusieurs centaines. Il y en a une bonne partie, des dizaines, que je n'ai jamais rencontrés directement. Comment se porter garant de ces quasi-inconnus ? Avec le recul, je crois que nous avons fortement sous-estimé le travail de fourmi de la police de Vichy, les Brigades spéciales. Eux aussi avaient des centaines d'hommes sur le terrain. On pouvait être filé dans la même journée par deux, trois inspecteurs différents, par des inspectrices déguisées en ménagères, jusqu'à des gamins à leur solde…

Dragère aspira le sucre gorgé de rhum chaud collé au fond de son verre, pour se donner du courage.

— Vous ne vous souvenez pas d'une certaine Katia ?

Il le vit tressaillir à l'énoncé du prénom, puis reprendre aussitôt le contrôle de ses expressions.

— Katia ? Non, je ne me souviens de personne qui portait ce nom ou qui avait choisi ce pseudo…

Le syndicaliste jeta un bref regard à sa montre.

— Il va falloir que j'y aille. J'ai encore une réunion de la commission administrative ce soir, et je n'ai rien préparé… Content d'avoir fait ta connaissance. Si je peux t'être utile, tu sais où me trouver.

CHAPITRE 19

Dragère regarda la moto s'éloigner puis il s'accouda à la rambarde métallique. Il sourit en découvrant sa silhouette qui se reflétait sur les eaux grises du canal Saint-Denis. Des dizaines de cheminées d'usines accompagnaient le tracé liquide. Elles faisaient comme une garde d'honneur à la basilique royale reconnaissable, au loin, à ses toits vert-de-grisés. Des gamins jouaient au ballon dans le ventre vide d'une péniche, tandis qu'une marinière étendait du linge sur un fil tendu entre le poste de pilotage et la hampe d'un drapeau hollandais. Il se mit en marche vers la porte d'Aubervilliers, sur l'avenue rectiligne bordée des façades crénelées des magasins généraux où s'entassaient toutes les richesses du monde : huile de palme, safran, clous de girofle, gousses de vanille, bananes… Il traversa les vestiges des fortifications dont une partie, la gare des Mines, servait à stocker les montagnes de charbon qu'engloutissait chaque jour la capitale. Dans l'odeur âcre du coke, il longea les immenses carcasses ajourées des gazomètres, les lignes en tranchées du secteur de l'Évangile, les terrains vagues accolés aux voies de chemin de fer, la tête pleine du martèlement des convois industriels, des cris déchirants des locomotives, puis son ombre fut absorbée par le gris uniforme des murs de la rue d'Aubervilliers. Rien ne pouvait égaler la tristesse de cette flèche sans fin où il avait été comme naturel d'accueillir les entrepôts des pompes funèbres, les Halles de la mort humaine. Il hâta le pas pour atteindre au plus vite le viaduc du métro aérien que sillonnait une rame scintillante. Il ne lui restait plus qu'à traverser le boulevard. Odette venait juste de rentrer quand il poussa la porte. Elle portait encore son manteau. Les nouvelles glanées à l'hôpital expliquaient la lumière qui brillait dans ses yeux.

— Qu'est-ce qu'ils t'ont dit, à Saint-Antoine ?

— Le spécialiste a diagnostiqué une fibrose pulmonaire… C'est une maladie sérieuse, mais ça n'a rien à voir avec une tumeur… Ils vont la soigner sur place encore pendant une bonne semaine, puis normalement elle devrait suivre un traitement dans un sanatorium… Et toi, tu avances ?

Louis s'assit sur le bord du lit. Il lui raconta son entrevue au « 44 », puis son incursion en banlieue.

— Je ne sais pas trop ce qu'on attend de moi, et je commence à me demander s'ils ne l'ignorent pas eux-mêmes… Ce Krasucki est un type admirable : à 19 ans, il comptait déjà près de trois ans d'activité clandestine. Il a organisé des groupes de jeunes Juifs qui ont donné les meilleurs éléments aux détachements des partisans. Il n'a pas parlé lors de son arrestation, il a survécu à Auschwitz puis aux camps d'extermination par le travail... N'empêche que tout à l'heure, il n'a pas pu s'empêcher de mentir quand je lui ai posé une question directe concernant Katia, la jeune femme qui, d'après Tillon, est la cause de la chute de son organisation... Il ne s'attendait pas à ce que je prononce ce nom. J'ai vu que ça lui avait porté un coup. Il a semblé perdu, et il n'a pas trouvé d'autre moyen de reprendre confiance en lui qu'en mettant fin à notre entretien.

Odette était venue s'asseoir près de lui. Il posa sa tête sur sa poitrine, sa main s'insinua sous le pull, s'énervant sur les boutons du corsage. Elle tenta de se dérober.

— Attends, laisse-moi tranquille... Tu penses qu'il la protège ?

— Non, je n'irai pas jusque-là. Je crois plutôt qu'il n'a pas envie d'aborder le sujet. C'est lui qui recrutait tous les membres des groupes de jeunes. Il a nécessairement proposé d'y intégrer cette Katia, et s'il se confirme que c'est bien elle qui a donné toute la liste à la police, il doit se dire, dans un coin de sa tête, qu'il porte une part de responsabilité en n'ayant pas su détecter la faiblesse de cet élément...

— Il faudrait que tu te débrouilles pour lui parler...

Avant qu'ils ne basculent sur le couvre-lit, il eut le temps de lui murmurer :

— Comment veux-tu que je fasse ? Je n'ai qu'un prénom, et je ne sais même pas si elle est encore en vie…

Elle le découragea d'une phrase.

— Je voulais te dire… L'armée Rouge a débarqué…

Il roula sur le côté. Depuis six mois, c'était le code « armée Rouge », auparavant, c'étaient les Anglais, à moins qu'elle ne se contente d'un « attention terrain marécageux »… Il ne supportait pas l'usage de ces métaphores, qui, à ses yeux, rendaient le naturel obscène.

La tempête qui s'était abattue sur Paris l'avait réveillé au petit matin. Les coups de vent faisaient trembler les fenêtres, claquer les volets. Depuis une heure, les véhicules de secours ne cessaient de sortir de la caserne proche, sirènes hurlantes. Odette s'enroula en soupirant dans la moitié de couverture libérée quand il glissa hors du lit. Il rassembla ses vêtements épars, s'habilla dans l'obscurité puis sortit sur le palier ses chaussures à la main. Au bar de l'Archiduc, il eut droit au premier café tiré du percolateur. Un peu trop lavasse à son goût, avec du marc en suspension qui agaçait les dents… Sur le boulevard de la Chapelle, devant la quincaillerie, deux pompiers débitaient à la hache un platane couché sur la voie par les bourrasques, obligeant les conducteurs pressés à s'aventurer sur le trottoir. Un nuage noir creva au-dessus de lui alors qu'il traversait vers le terre-plein pour atteindre le métro. Le wagon dans lequel il prit place sentait le chien mouillé et le tabac froid. Les jeunes ouvriers qui gardaient le journal, des communistes de la cellule des usines Poivrossage, venus de Pantin, n'étaient pas encore repartis quand il arriva rue du Louvre. Il déclina leur invitation à partager les tartines, fila vers les sous-sols. Il sortit les grosses reliures contenant toutes les parutions des années de l'immédiat après-guerre, à la recherche des articles relatant les mesures disciplinaires prises à l'encontre des policiers collaborateurs. Il survola les comptes rendus d'audiences consacrés aux procès de Lucien Rottée, de Fernand David, d'André Baillet, du préfet Amédée Bussières, le seul à avoir sauvé sa tête. Aucun de ces reportages n'était signé, pas même d'initiales. Dragère se souvint d'une rencontre avec la journaliste spécialiste des affaires de justice de *Libération*, Madeleine Jacob, qui lui avait raconté, un soir en prenant l'apéritif au bar du dernier étage, sa rencontre avec Hitler. Alors envoyée spéciale aux Jeux olympiques de 1936, elle grimpait les tribunes du stade de Berlin, quand elle s'était retrouvée nez à nez avec le dictateur.

— Je le dominais d'une tête ! Je me suis dit : « Quoi, c'est pas possible, ce n'est pas ce petit machin qui fait trembler le monde ! »

Sa patience fut récompensée. Un court article bloqué en bas de page était suivi du nom de celui qui l'avait écrit. Il relatait la comparution de l'inspecteur principal adjoint de la Brigade spéciale n° 2, Gaston Barrachin, le policier commandant l'escouade qui avait filé puis arrêté Missak Manouchian et Joseph Epstein le mardi 16 novembre 1943 au matin, près de la Seine, à la sortie de la gare d'Évry-Petit-Bourg. Il le lut avec avidité.

Tous les témoins qui se sont succédé à la barre ont dressé de l'inspecteur Barrachin le portrait d'un chasseur. Ceux qui l'accusaient, bien entendu, mais aussi ceux, bien moins nombreux, qui tentaient de défendre l'indéfendable. Que disaient-ils ? Que c'était un fonctionnaire scrupuleux, obéissant, un homme amoureux de son métier, qui avait une connaissance parfaite du terrain sur lequel il évoluait, qui avait mis toute son énergie à restaurer l'ordre. Aucun n'a pu contester la noire réputation que Barrachin traîne derrière lui, sa détermination, son besoin de se placer au cœur de l'action, alors que ses fonctions lui permettaient de se tenir à distance, et ses multiples participations aux interrogatoires transformés en séances de torture. Pressé de questions, il a été amené à reconnaître que dans son service, « on dérouillait » les suspects, qu'on les « triquait », qu'il lui était arrivé, sous le coup de l'émotion, de l'énervement, de « donner des gifles, des coups de poing ». Un policier, Émile Brunet, a déclaré ceci : « En 1943, je faisais partie de la Brigade spéciale du VIIIe arrondissement et je me souviens avoir été commandé avec des collègues pour renforcer la Brigade spéciale n° 2 qui était très occupée par l'affaire de la MOI. À un moment donné, je suis entré dans une grande salle et j'ai vu un homme à plat ventre sur une chaise, le pantalon baissé. Bouton et Barrachin lui frappaient sur les fesses dans le sens de la longueur en cherchant à atteindre les parties sexuelles. Ces coups étaient donnés à l'aide d'un martinet et les deux tortionnaires se relayaient à tour de rôle. » Lors de son curieux réquisitoire devant la 12e section de la cour de justice de la Seine, le commissaire du gouvernement s'est livré à de subtils distinguos : Barrachin ne devait pas être condamné pour le zèle mis à traquer et arrêter les résistants ; il recevait des ordres en ce sens. Il ne devait pas être davantage condamné pour avoir employé la torture, non, s'il devait être frappé par la justice, c'est uniquement pour avoir utilisé tous ces moyens dans le but de livrer des patriotes aux Allemands. Nous pensons, nous, que cela fait un tout. Notre glorieux camarade Missak Manouchian, commandant des détachements FTP-MOI parisiens, est tombé entre ses mains, conséquence d'une dénonciation vieille de plusieurs mois, et on ne peut que penser à celui qui l'a arrêté en voyant son visage tuméfié sur l'Affiche rouge de honte imprimée par les nazis.

Il nota sur son carnet le nom du journaliste, Roger Dupons, avant de recopier la partie de la phrase qui montrait qu'il en savait bien plus que ce qu'il livrait à ses lecteurs : « Conséquence d'une dénonciation vieille de plusieurs mois. » Puis il feuilleta les exemplaires des mois suivants sans plus jamais revoir cette signature. Il monta dans son bureau et attendit l'arrivée de Roland Vastard en lisant le tiré à part d'une pièce, *Batailles pour l'Humanité,* que Roger Vailland avait écrite, six mois plus tôt, pour la soirée organisée au Vél' d'Hiv à l'occasion du cinquantenaire du journal. Son chef de rubrique n'était arrivé qu'à dix heures, en compagnie d'un des critiques de la page spectacles, Beltrant, qui se mettait en condition avant de coucher sur le papier la déception éprouvée la veille en allant écouter Léo Ferré à l'Olympia.

— Je ne pouvais pas faire autrement, on n'entend que lui à la radio. Son *Piano du pauvre* a dû lui rapporter de quoi acheter une salle de concert !

Vastard avait défendu l'interprète en fredonnant une de ses rengaines.

— *L'île Saint-Louis en ayant marre*
D'être à côté de la Cité
Un jour a rompu ses amarres
Elle avait soif de liberté.

Je l'aime bien, celle-là...

— Oui, d'accord avec toi, la technique est parfaite, on dirait du Prévert, mais lui, au moins, il connaît ses limites, il ne chante pas. Ferré, il ne faut surtout pas le voir monter sur une scène... Sous les projecteurs, tout le personnage se dévoile, l'anarchisme de pacotille, le non-conformisme affecté, le pessimisme boursouflé... Ça se veut novateur, et c'est né avec des rides. Il est arrivé sur terre avec un demi-siècle de retard... Bécaud, par contre, je vous le conseille.

Dragère replia le journal où était imprimée la dramatique de Vailland.

— J'ai récemment eu l'occasion d'assister à

un concert de Charles Aznavour, au Moulin-Rouge. Ça vaudrait le coup d'en parler dans le journal. Tu y es allé ?

Le critique se contenta d'une moue accompagnée d'un haussement d'épaules avant de disparaître dans le couloir. Vastard se laissa tomber sur son fauteuil.

— On ne voit que toi… Je croyais que tu devais jouer le rôle de l'homme invisible ! Qu'est-ce qui se passe, c'est l'odeur de la nouvelle fraîche qui te manque ?

— Tu ne crois pas si bien dire… Tu n'aurais pas bossé avec Roger Dupons, par hasard ? À un moment, il assurait la rubrique judiciaire.

Dragère comprit, en le voyant baisser les yeux, qu'il avançait une fois de plus en terrain miné. Il insista.

— Je te demande seulement de me dire où je peux le dénicher… Rien d'autre.

— Je crois qu'il bosse sous pseudo pour la page judiciaire de *Libération*, dans l'équipe de Madeleine Jacob…

— Il est parti il y a longtemps ?

Vastard fit semblant de plonger dans ses souvenirs, comme pour faire passer le message que la destinée de Dupons lui importait peu.

— Le procès Kravtchenko, c'était quand au juste…

— Printemps 1949.

— Oui, c'est ça. Alors, je dirais avril ou mai. Il a claqué la porte en plein milieu, après la déposition d'une déportée allemande, Buber-

Neumann, qui prétendait qu'il existait des camps de concentration en Union soviétique... Nous en sommes pratiquement venus aux mains, en comité de rédaction, quand il a déclaré que ce témoin l'avait convaincu... Pierre Daix, accouru des *Lettres françaises* pour l'occasion, faisait des bonds, Wurmser était prêt à en découdre, André Stil hurlait... Ça devrait être plus souvent comme ça, question ambiance !

— Merci du renseignement. À la prochaine.

Un coup de téléphone à la rédaction de *Libération* lui apprit que la journaliste était en déplacement en province. Elle préparait un dossier sur l'appel du procès des criminels de guerre du camp de Natzwiller-Struthof qui devait avoir lieu deux mois plus tard, devant le tribunal militaire de Paris, après la première instance qui s'était tenue à Metz. Madeleine Jacob ne fit aucune difficulté, depuis sa chambre d'hôtel en Lorraine, pour lui confier que l'un de ses adjoints évitait de provoquer la susceptibilité des confrères de *L'Humanité* en signant ses articles Claude Cipan. Joint à son tour, Roger Dupons, alias Cipan, accepta l'invitation de Dragère à manger un morceau dans une brasserie de son choix. Ils se retrouvèrent un peu après midi chez Émile, un bistrot de la rue de la Corderie, face au Carreau du Temple. Dupons attendait son collègue en buvant un verre de rosé. La quarantaine fatiguée, il serrait une pipe entre ses dents, accentuant son genre marin breton, pour mieux accompagner les rides, les poches sous les yeux, le poivre et sel dans les cheveux. Ils commandèrent le plat du jour, du gigot accompagné de flageolets d'Arpajon, qu'ils arrosèrent d'un vacqueyras dont le patron se portait garant, étant natif du village et lié aux Chabran de L'Oustau des Lecques. Le vin se défendait seul, il pouvait faire l'économie des particules. Dupons se pencha vers Dragère.

— Il semblerait que le restaurant s'appelle Émile en hommage à Zola. Il avait remarqué un boui-boui, à cette adresse, dont il a pris modèle pour son *Assommoir.* La maison évite d'en faire la publicité. Alors comme ça, tu passes toi aussi ta vie dans les prétoires ? Curieux qu'on ne se soit jamais croisés...

— Non, en fait je m'intéresse à certains procès pour une enquête en cours, mais j'écris plutôt pour la partie magazine. Je donne un coup de main aux informations générales, aux chiens écrasés...

Dupons répondit au salut d'un habitué qui venait de s'installer à la table voisine.

— Je ne vois pas en quoi je peux t'être utile. Je ne suis pas en odeur de sainteté, rue du Louvre, et ça commence à faire un bail que tous les ponts ont été rompus... En six ans, tu es le premier type de *L'Huma* à accepter de partager le repas du renégat. En plus, c'est toi le demandeur...

Dragère songea à ses rencontres avec Roland Filiatre, avec Charles Tillon.

— Je ne suis plus à ça près... Cartes sur table. Je prépare un dossier pour l'inauguration de la rue du Groupe-Manouchian, le mois prochain, dans le XXe arrondissement. Au début, les choses étaient claires, elles correspondaient à la légende. Plus j'avance, plus ça se brouille. Ce matin, par exemple, j'ai repris les papiers publiés à propos des procès des policiers tortionnaires, quand je suis tombé sur celui que tu as signé sur Barrachin, en octobre 1945…

— C'est pas tout jeune, mais je me souviens bien de cette crapule. Une tête de fouine à fourrure crantée… C'est lui qui a arrêté Manouchian… Un acharné. Il a continué à comploter jusqu'à son dernier souffle. Sous son matelas, à la prison de Fresnes, les gardiens ont découvert du matériel de faussaire… Des tampons et tout le saint-frusquin. Il fabriquait des documents, des lettres, pour mettre en cause ses accusateurs et tenter d'échapper à la justice. Il a fini devant le peloton…

Dragère sortit son carnet de sa poche, le feuilleta pour retrouver ses notes.

— Il y a une phrase, surtout, qui a retenu mon attention.

— Je t'écoute…

— Voilà. Tu écris exactement ceci : « Notre glorieux camarade Missak Manouchian, commandant des détachements FTP-MOI parisiens, est tombé entre ses mains, conséquence d'une dénonciation vieille de plusieurs mois, et on ne peut que penser à celui qui l'a arrêté en voyant son visage tuméfié sur l'Affiche rouge de honte imprimée par les nazis. »

Dupons semblait s'excuser pour cacher son émotion.

— Le style est un peu ampoulé, je le concède… C'est l'époque qui voulait ça, on n'avait pas encore pris assez de distance avec l'événement…

— Ce n'est pas le style qui me pose problème, plutôt ce qui est suggéré… Tu attribues la chute de Manouchian et de ses compagnons à « une dénonciation vieille de plusieurs mois », ce qui recoupe une information dont je ne peux révéler la source…

Dupons détacha un morceau de pain qu'il piqua de sa fourchette pour saucer son assiette.

— Je ne vais te poser qu'une seule question… Dans ta version, cette dénonciation, elle émane d'un homme ou d'une femme ?

Dragère décida de jouer cartes sur table.

— Une femme qui répond au prénom de Katia…

— Bingo ! On parle bien de la même chose… C'est curieux, on laisse une trace derrière soi en espérant que quelqu'un y sera attentif. Tu es le premier, à ma connaissance, à avoir souligné ce passage de mon compte rendu. Au bout de dix ans… Qu'est-ce que tu veux savoir ?

La serveuse se planta devant la table pour leur réciter la liste des desserts. Dragère se laissa séduire par le riz au caramel, tandis que Dupons optait pour une part de camembert.

— Si tu as avancé cet argument, c'est que tu avais des éléments sérieux. Tu t'appuyais sur quoi ?

— Il y a deux étapes. Des alertes en 1945, des confirmations en 1947… Dès la reparution de *L'Humanité*, à l'été 1944, je me suis spécialisé dans le suivi des commissions d'épuration de la police, puis dans ce qui en a résulté, les procès des flics tortionnaires. Contrairement à l'idée reçue, le travail de nettoyage a été intense. Pas mal de galonnés se sont retrouvés collés au poteau qu'ils avaient, pendant leur règne, destiné aux patriotes. Le président de la commission d'épuration de la préfecture, Arthur Airaud, était un camarade du Parti, membre du Front national de la police. Il avait été salement torturé par les flics des Brigades spéciales. Les chiens de garde de David, de Rottée, de Labaume. Je te prie de croire qu'il ne leur a pas fait de cadeaux ! Plusieurs fois je l'ai vu mettre son expérience personnelle sur le plateau de la balance. Un sacré poids ! Ils ont repris du poil de la bête grâce à la guerre froide, après l'éviction des ministres communistes, mais pendant trois ans, ils n'ont pas été à la fête !

— C'est lui qui t'a mis sur la piste de cette Katia ?

Il prit la boîte de camembert d'une main et planta la pointe de son couteau au centre du fromage.

— Oui, indirectement. Par la bande… En février 1945, il avait été assez impressionné par l'audition d'un policier qui travaillait pour une annexe de banlieue des Brigades spéciales, le commissariat de Puteaux. Le type s'appelait

Pierre Piget. D'après ce que je me rappelle, il comptait plusieurs centaines d'arrestations à son actif. Une dizaine de fusillés dans la foulée, sans oublier un résistant qui était mort sous les coups de son équipe dans les locaux du commissariat. En sa présence. Rien à sauver en apparence. Airaud avait demandé la révocation sans pension de ce Piget, ainsi que la transmission du dossier au parquet, pour condamnation. Pourtant, quand il m'en a parlé, ce n'était pas aussi net que ça… J'ai senti qu'il ne dominait pas l'affaire, qu'il y aurait eu à creuser, mais que la situation exigeait de la justice qu'elle donne des signes rapides de sa détermination. D'ailleurs, si ce Piget a fait pas loin de trois ans de prison préventive, l'instruction s'est terminée sur un non-lieu…

Dragère inclina son ramequin pour récupérer un peu de caramel.

— Ça reposait sur quoi de précis ?

— Selon Arthur Airaud, Piget se défendait en disant que, s'il avait arrêté des patriotes, il en avait aussi sauvé. Le dispositif classique. Ne jamais oublier que la devise de Paris est *Fluctuat nec mergitur*, ce qui veut dire « il est battu par les flots, mais ne sombre pas ». Ils ont tous eu un ami communiste, un ami juif. Sauf que Piget donnait une liste de noms assez impressionnante. Il prétendait que la rafle majeure à laquelle son équipe avait procédé, en mars 1943, la liquidation du groupe Krasucki, était due à la trahison d'une jeune femme. Il affirmait également que ce premier coup de filet avait été suivi, plusieurs mois plus tard, de celui qui avait démantelé les détachements FTP-MOI commandés par Missak Manouchian. Qu'il en était la conséquence.

Dragère avait tressailli quand avait été évoqué le nom du syndicaliste rencontré la veille à la Plaine-Saint-Denis.

— Il donnait le nom de la dénonciatrice ?

— Juste le prénom, qui, d'après Airaud, serait Katia.

Dragère attendit que Dupons ait fini de bourrer sa pipe pour le relancer.

— D'accord. Tout à l'heure, tu disais qu'il y avait eu une deuxième étape, en 1947. Tu as revu Airaud à ce moment-là ?

— Non. Un dirigeant du Parti s'est laissé aller à des confidences, au mois de mai 1947. Je ne peux pas te dire son nom, il pourrait avoir des ennuis, je te demande donc de me croire sur parole. Ce n'est pas que je sois un partisan de la tranquillité de l'appareil, mais ce n'est pas dans ma nature de mettre les gens en difficulté... Il coordonnait une vaste enquête interne pour comprendre les raisons de la chute de plus de cent cinquante militants aguerris. Aujourd'hui, on cite le plus souvent Manouchian, mais la prise la plus importante des Brigades spéciales, c'était celui qui l'accompagnait au matin du 16 novembre 1943, à Évry-Petit-Bourg, son supérieur, Joseph Epstein, responsable militaire de l'interrégion parisienne. Il aurait suffi qu'il parle, et la torture ne lui a pas été épargnée, pour que le triangle de direction, Duclos, Tillon, Frachon, tombe aussitôt. L'enquête interne de 1947 s'est focalisée sur Joseph Epstein. Des dizaines de militants ont rédigé des témoignages sur la base d'un questionnaire en vingt-deux paragraphes dont les termes avaient été élaborés au plus haut niveau... Dans la conversation, je me souviens avoir évoqué ce que m'avait dit Airaud, à propos d'une « Katia ».

Il s'interrompit un instant pour craquer une allumette au-dessus du fourneau.

— Ce mystérieux dirigeant était au courant ?

— Disons que ça s'est présenté d'une manière beaucoup plus feutrée. Il avait bien vu un nom qui ressemblait à Katia, mais selon lui, c'était plus près de Kajla, ce qui correspondait au deuxième prénom d'origine polonaise d'une femme qui figurait sur l'une des dernières listes noires dressées par le Parti, au début de l'année 1944, en vue de l'exécution des traîtres et des renégats... Lucienne Kajla... Il a refusé de me fournir l'identité complète... Pour arriver à y comprendre quelque chose, tu devrais essayer de croiser la route de Krasucki ou de Piget...

Dragère versa une cuillerée de sucre en poudre dans le café qu'on venait de lui servir. Il fit un effort pour paraître sincère :

— Pour Krasucki, ça ne devrait pas poser trop de difficultés, j'ai entendu dire qu'il avait un poste en vue à la Fédération de la Seine des syndicats. Par contre Piget...

Dupons cura sa pipe puis fit tomber les cendres dans sa soucoupe.

— Aux dernières nouvelles, et elles datent de près de six ans, il travaillait pour la compagnie d'assurances Le Phénix. Comme tu peux le constater, il fait dans le symbolique ! Il faudra que je regarde dans mes papiers, à la maison. Je dois avoir le nom d'un des policiers résistants qui a chargé la barque de Piget. Téléphone-moi demain dans la matinée, j'aurai eu le temps de m'y plonger. Après, je pars bosser avec Madeleine Jacob à Metz, pour le procès en appel du Struthof. Je serai donc injoignable pendant un bon bout de temps.

CHAPITRE 20

En rentrant rue de l'Aqueduc, il avait réussi à convaincre Odette de passer la soirée au cinéma. Il lui proposa d'aller voir *Le Sel de la terre* qui se jouait à deux pas, au Studio 43, rue Montmartre, mais la préférence de la jeune femme allait à un autre film, *Sur les quais*, qui évoquait lui aussi un conflit du travail et possédait sur le premier l'énorme avantage de compter Marlon Brando au générique.

— Je suis d'accord avec toi, Odette, Brando est un immense acteur. J'ai vu *Un tramway nommé Désir, Viva Zapata, Jules César*, mais ne me demande pas de passer à la caisse pour financer le film de Kazan, un type qui n'a pas hésité à donner tous ses copains ! Je travaille justement sur le sujet, en ce moment...

— Je te ferai remarquer que le *Tramway* et *Zapata* sont aussi de Kazan. Jamais deux sans trois...

Dragère s'était mis à fouiller dans les journaux du mois empilés au pied du lit, près de la commode. Il brandit un exemplaire de *L'Humanité* de la semaine précédente, l'ouvrit à la page des spectacles.

— Écoute un peu ce qu'en dit notre critique : « Les dockers en font voir de rudes au patronat et à sa police. C'est pourquoi un Kazan les a choisis, eux, pour cible de ses crachats de mouchard rageur, ajoutant à sa justification de la délation une saleté supplémentaire bien vue de ses conseilleurs et payeurs. En France, la presse inspirée et la radio crient au chef-d'œuvre, au "réalisme social" et autres expressions de l'enthousiasme de commande, car c'est le gouvernement qui patronne, ici aussi, l'opération. Mais les fleurs qui couvrent une ordure n'en font pas un parfum. » C'est ça que tu me conseilles ?

Elle avait planté une cigarette entre ses lèvres.

— Ce que tu viens de me lire ne parle à aucun moment du film. On se demande ce que vient faire le gouvernement dans cette histoire ! Il n'y a que des insultes à l'égard du réalisateur. Je me contrefiche de ce Kazan ! En plus dans sa chute, ton collègue est obligé de reconnaître que ce qu'il a vu est couvert de fleurs… Tu fais ce que tu veux, mais moi, je vais voir Brando.

Une heure plus tard, il était assis dans la grande salle du Rex, sa main posée sur la cuisse d'Odette, vibrant aux malheurs des frères Malloy, subjugué par le jeu des acteurs et la qualité de la mise en scène. Odette avait fermé les yeux, dans le métro du retour, pour garder les images prisonnières. Elle voyageait avec Brando. Une manière aussi de ne pas demander à Louis ce qu'il avait pensé du film et s'éviter les sarcasmes. Elle avait raison ; il aurait été incapable de lui avouer s'être laissé prendre au mélodrame noir et social dans lequel il avait décelé la déchirure de l'auteur, écartelé entre son passé communiste et son ralliement à une Amérique en proie à la violence.

Le lendemain matin, il fut réveillé par l'odeur du pain grillé, comme dans son enfance quand sa mère posait les tranches sur les anneaux rougis de la cuisinière. Il se leva, prépara les tartines croustillantes en raclant le beurre dur comme la pierre après avoir passé la nuit sur le rebord de la fenêtre. Il déjeuna, puis prépara une flambée pour pouvoir se débarbouiller de la tête aux pieds, nu devant le lavabo, tandis qu'Odette écoutait la retransmission d'un concert de Sidney Bechet à la radio en feuilletant les journaux. Elle leva la tête.

— Tu te rappelles que je dors à Juvisy ce soir…

— Non, tu ne m'as rien dit…

— Bien sûr que si, mais tu es toujours dans tes histoires, quelquefois j'ai l'impression de parler à un mur. Il faut que je prépare les affaires de ma mère. J'ai du lavage, du repassage… L'eau s'est retirée du centre-ville, je vais en profiter avant qu'elle ne revienne…

— Tu rentres quand ?

— Après-demain dans la journée.

Linlien était accoudé au bar de l'Archiduc

quand il descendit passer ses coups de fil. Son chantier était arrêté, à cause des intempéries, et il essaya d'entraîner Dragère dans un des plans foireux dont il avait le secret. Il s'agissait cette fois de déménager des caves, après succession, avec la garantie de pouvoir se partager tout ce qu'elles contenaient. Louis avait décliné sa proposition.

— Quand tu dis « après succession », ce ne serait pas plutôt « après disparition » ?

— On ne va pas jouer sur les mots, on n'est pas en réunion de cellule...

— Bravo camarade ! On a de drôles de conceptions de l'élaboration collective de la ligne du Parti ! Je te remercie d'avoir pensé à moi, mais je suis en plein boulot... Dans le journalisme, on est moins bien lotis que les ouvriers du bâtiment, on bosse dans n'importe quelles conditions, qu'il vente ou qu'il neige... Range tes sous, c'est pour moi.

Dragère posa la main sur le combiné. Dupons venait d'arriver. Il décrocha, essoufflé d'avoir grimpé les trois étages qui conduisaient à son bureau de *Libération*. Il déplia le papier sur lequel il avait noté les renseignements qu'il communiqua à Dragère.

— J'ai retrouvé mes notes de l'époque. Je suis plus ordonné que je le croyais. Si tu me donnes ton adresse, je t'enverrai une retranscription des filatures faites par Piget. Enfin certaines... J'ai également retrouvé la trace du flic qui a dressé un portrait à charge de Piget devant la commission d'épuration. Il s'appelle Navarrenx, avec deux *r* et un *x*, comme la ville des Pyrénées. Il est toujours dans la police. Il travaille au Soviet de Saint-Denis…

— Le Soviet de Saint-Denis. Inconnu au bataillon, ça veut dire quoi au juste ?

— Qu'il est toujours communiste. L'administration a regroupé dans certains commissariats de la région parisienne tous les flics rouges qu'elle n'arrivait pas à virer de manière directe, pour éviter qu'ils ne gangrènent la troupe. Ce sont les flics eux-mêmes qui ont baptisé Soviets ces commissariats. En ce qui concerne Piget, je n'ai rien de plus. La compagnie Le Phénix, rue du Volga, dans le XXᵉ.

Il prit le métro et sortit au carrefour Pleyel, au milieu de la marée bleue des métallos des usines Hotchkiss qui envahissaient les cantines, les restaurants, les chauffe-gamelles du quartier. Après avoir traversé un paysage de cokeries, de faisceaux de chemins de fer, de canaux, un bus le déposa près de la basilique royale qu'enserrait un quartier de masures. Le marché débordait des halles, poussant ses étals jusque sur le parvis. On lui indiqua une rue étroite qui débouchait sur une place allongée où stationnaient les charrettes, les camions des commerçants forains. Le commissariat dressait sa façade sévère, pareille à celle d'un pensionnat, sur l'un des côtés du rectangle. Il poussa la porte avec la désagréable impression de revivre le moment où son professeur l'avait envoyé confesser ses fautes dans le bureau du directeur. Deux képis conversaient derrière un guichet vitré sans prêter la moindre attention à sa présence. Il s'approcha pour constater qu'ils s'intéressaient de beaucoup plus près aux performances des chevaux de la réunion de Vincennes détaillées dans le *Paris-Turf* déployé devant eux.

— Bonjour. Excusez-moi de vous déranger… Pouvez-vous me dire si le gardien Navarrenx est là ?

L'un des deux fonctionnaires leva les yeux vers lui, abandonnant lentement ses pronostics. Il poussa la porte située derrière lui près d'un râtelier rempli de bâtons blancs. Il prit son souffle pour hurler dans le couloir.

— Georges, tu peux venir… On te demande…

Deux minutes plus tard, un petit homme malingre qui ressemblait vaguement à Raymond Bussières fit son apparition. Cravate desserrée, col de chemise ouvert, képi relevé sur l'arrière du crâne. Il jeta un regard interrogatif à ses collègues qui désignèrent Dragère d'un mouvement de tête. Navarrenx s'approcha en remettant de l'ordre dans sa tenue.

— Il paraît que vous vouliez me voir ? C'est à quel sujet ?

Le journaliste baissa la voix.

— Louis Dragère. Je suis journaliste à *L'Humanité.* J'aurais besoin de vos lumières sur l'un de vos anciens collègues de Puteaux…

La mention du nom de la ville fit son effet.

— Je ne peux pas partir comme ça… Je vais

me débrouiller… Attendez-moi rue Gabriel-Péri, vous verrez un tabac au coin de la caserne, Le Brazza… Je vous y rejoins dans un quart d'heure.

Pour passer le temps, Dragère traîna dans les allées du marché couvert, fasciné par une sorte de gnome à tête de gargouille qui coupait les feuilles des choux à la machette en prononçant des phrases incompréhensibles. De temps en temps, quand la forme l'inspirait, il posait sur sa tête déplumée un cul de légume renversé qui lui faisait comme une chevelure moyenâgeuse. Le policier avait pris le temps de se débarrasser de sa tenue de travail. Il fit patienter Dragère un quart d'heure de plus, le temps de valider les paris de tous ses collègues auprès d'un guichetier assis en fond de salle, sur le trajet des toilettes. Il vint prendre place face à Dragère, commanda un Dubonnet. Le journaliste l'imita.

— Pour que les choses soient claires, j'ai eu votre nom par Roger Dupons qui suivait les travaux de la commission d'épuration présidée par Airaud… D'après lui, vous avez témoigné contre plusieurs des policiers en poste au commissariat de Puteaux pendant l'Occupation…

— Oui, je me souviens de lui… J'ai dit ce que je savais sur des tortionnaires qui ont envoyé des dizaines de patriotes en prison, en déportation, devant le peloton. Et voilà où ça m'a conduit de faire mon travail de citoyen. Dans un cul-de-basse-fosse ! Ils nous laissent pourrir sur pied, à ne rien faire, depuis des années. Avant, je ne jouais pas, je n'aurais jamais mis une thune sur un canasson, mais il faut bien s'occuper… La picole, je fais gaffe, ils n'attendent que ça.

Ils trinquèrent.

— Je voudrais que vous me parliez de Pierre Piget…

Navarrenx se montra surpris.

— J'étais prêt à parier que c'était le commissaire Bizoire qui vous intéressait ! Un beau spécimen… La saloperie faite flic ! En plus, il s'en est sorti sans se mouiller les plumes… Qu'est-ce que vous voulez que je vous dise sur Piget ?

— Tout. On peut commencer par ce que vous lui reprochiez…

Le policier sortit de sa poche de veste un paquet de Boyard maïs cabossé, le tendit à Dragère qui déclina l'offre. Il alluma une cigarette.

— Avec le recul, je dirais que c'était un gars assez curieux. Il se murmurait qu'avant guerre, il avait fricoté avec le parti socialiste. Ça reste à vérifier parce que je ne l'ai jamais entendu se lancer dans une discussion politique. Il était flic de base, comme moi, mais il a été désigné d'office, fin 1939, pour être versé dans la brigade de « répression des menées antinationales », la 3e section des Renseignements généraux, où il est devenu inspecteur spécial. Leur boulot, c'était la traque des communistes, après l'interdiction du Parti suite au pacte germano-soviétique. Piget était un type méthodique, qui ne rechignait pas à la tâche. Il a fait de sacrés dégâts pendant un an et demi. Il a participé à plus de mille arrestations, en équipe, mais son tableau de chasse personnel en compte près d'une centaine. Le travail était assez simple : les dénonciations arrivaient par paquets, le matin, au courrier. Pas mal de patrons se débarrassaient des rouges qui leur avaient mené la vie dure pendant le Front populaire. Quand on regarde ce qui est arrivé aux gars auxquels Piget a passé les menottes, on trouve huit fusillés... À la fin du mois de mai 1940, avant la défaite, j'étais présent dans le commissariat de Puteaux quand, avec Bizoire, ils ont interrogé un militant communiste. Il s'appelait Carlier. Il est sorti de là sur une civière pour avaler son bulletin de naissance dès son arrivée à l'hôpital... Après l'invasion de la Russie par Hitler, Piget a mis de l'eau dans son vin. Il s'est vraiment calmé, et on ne l'a plus vu faire le chien fou comme avant...

Dragère se leva pour prendre un œuf sur le comptoir. Il le fit rouler sous sa paume afin de décoller le blanc de la coquille.

— À quoi vous avez attribué ce changement d'attitude ? Il avait reçu des menaces de la Résistance ?

— Non... C'est beaucoup plus tordu. Il a prétendu qu'avec la signature du pacte entre Staline et Hitler, les communistes étaient devenus les ennemis de la France et qu'il ne faisait qu'obéir à la légalité, et qu'ensuite quand l'alliance avait volé en éclats, il avait tout fait pour freiner les enquêtes. Jusqu'à prévenir, au péril de sa vie, des résistants dont les noms avaient été portés sur les listes, pour les rafles…

Dragère saupoudra de sel l'œuf mis à nu.

— Il cherchait à sauver sa peau… C'est cousu de fil blanc…

Le policier dodelina de la tête.

— Non. Ce qu'il a fait pendant les dix-huit premiers mois de la guerre justifie amplement les sanctions prises contre lui, mais après la Libération, on n'avait pas assez de recul pour tout comprendre. On raisonnait en noir et blanc, alors que c'était un homme gris. Il a vraiment alerté des paquets de gens, surtout en 1943, des jeunes Juifs de Belleville. Jusqu'à ce que l'équipe à laquelle il appartenait soit dissoute, en juillet de cette année-là, pour manque d'activité. J'en ai eu confirmation.

— Les jeunes Juifs, justement… Je m'y intéresse aussi d'assez près… J'ai rencontré un de leurs anciens responsables, Henri Krasucki. Qu'est-ce que vous savez d'une certaine Katia ? À moins que ce soit Lucienne ou encore Kajla…

Il vida son verre de vin cuit.

— Pas grand-chose. C'est ce Krasucki qui vous a mis au courant ?

— Non. Il est plutôt du genre discret.

— C'est tout simplement qu'il n'en sait peut-être rien… C'est une histoire plus qu'embrouillée, à ce qu'on m'en a dit… Paraîtrait même que le commissaire Bizoire la tenait dans ses griffes, sauf que personne n'a pensé à lui poser la question quand il est passé devant la commission… À son retour de déportation, le Krasucki en question aurait organisé un commando pour régler son compte à cette fille, mais la direction du Parti s'y serait opposée… Il n'y a que Piget qui puisse vous éclairer…

CHAPITRE 21

Avant de rentrer dans la chambre qu'il savait vide, Odette étant repartie en début d'après-midi pour Juvisy, Louis s'arrêta chez le coiffeur du boulevard de la Villette, le temps de rafraîchir sa coupe en lisant les pages vertes du *Hérisson.* Il ne connaissait rien de plus sinistre que ce journal satirique, et la seule chose qui l'amusait, c'était de ne pas rire à ses blagues. Odette avait préparé à son intention un sauté de veau aux navets qu'il n'aurait plus qu'à réchauffer pour son repas du soir, écrivait-elle sur une page arrachée à un cahier d'écolier. Il embrassa le cœur qu'elle avait dessiné pour servir d'écrin à sa signature. Il déplaça la table sous la fenêtre afin de profiter d'un peu de lumière naturelle, et commença à classer la masse de notes accumulées au cours des jours précédents. Comme toujours, il fut surpris du nombre de détails qui avaient attiré son attention, sur le moment, et qu'il avait déjà oubliés. On cogna à la porte alors qu'il retranscrivait les moments forts de son entretien avec Henri Krasucki. Le facteur lui remit une enveloppe trop grande pour entrer dans la boîte. Le nom du journaliste de *Libération* était inscrit sur le rabat de la languette qu'il déchira d'un coup sec. Il déplia les quelques feuilles recouvertes d'une écriture fine aux lignes serrées. Quelques phrases précédaient de courts paragraphes numérotés.

Cher Dragère,

Cela m'a fait plaisir de pouvoir discuter tranquillement avec quelqu'un de la maison d'à côté. Des années que ça ne s'était pas produit. Quand il m'arrive de croiser un de tes collègues de la rue du Louvre, j'ai l'impression d'être le gars, dans le box, qu'on a déjà condamné avant qu'il n'ouvre la bouche. J'ai recopié des choses qui pourraient te servir. J'avais glané ça auprès de copains, en 1945, qui avaient pris soin de prélever quelques documents dans les classeurs de la préfecture, au cours des combats de la libération de Paris. On y découvre Piget à l'œuvre. J'ai ajouté quelques informations susceptibles de t'éclairer. Rien de plus sur cette Katia. Je n'ai pas pu m'empêcher de sonder quelques amis restés dans « l'appareil ». Il semble que le Parti ait réactivé l'enquête sur la chute de Manouchian, courant 1951. « On » m'a confié une lettre d'un certain Alikian qui l'établit avec certitude. Il y est question d'un complot trotskiste dirigé par Davitian, membre du détachement arménien sous le nom de Manoukian. J'ai un peu de mal à comprendre ce qu'il en est mais peut-être pourras-tu en tirer quelque chose. À te revoir, j'espère.

R. Dupons.

Document numéro 1 : rapport de filature de Marcel Rayman par Pierre Piget en date du 21 janvier 1943.

Marcel sort à 13 h 15, se promène avec sa fiancée, revient rue des Immeubles-Industriels où il est rejoint à 14 heures par un individu 1,68 m, 25 ans, châtain brun foncé, raie côté gauche, pâle, traits réguliers, yeux très bleus, pardessus bleu marine, cache-col rouge, puis par Simon (le frère de Marcel Rayman). Ils descendent le boulevard Voltaire jusqu'au métro Jean-Jaurès où les yeux bleus prend le métro en direction de l'Étoile après avoir rencontré une jeune fille 1,55 m, brune, fine, 22 ans, chapeau Directoire bordeaux, manteau marron. Descendent à gare de l'Est où ils entrent sur les quais. Départ à 16 h 35.

Document numéro 2 : vendredi 22 janvier 1943.

Marcel entre chez un coiffeur au 227, rue de Bercy. Reste quelques minutes, retrouve ses camarades et tous trois vont à la piscine à 15 h 10. Marcel prend le métro à 17 heures, descend à Opéra, va dîner au restaurant Le Rallye, 35, boulevard des Capucines. En sort à 19 h 15, part à pied à Bonne-Nouvelle. Il prend le métro et descend place Pigalle. Se rend au cinéma le Gaumont place Clichy. À 22 h 45, à la sortie, nous ne l'avons pas aperçu.

Document numéro 3 : samedi 23 janvier 1943.

Marcel sort du 16, rue des Immeubles-Industriels à 14 h 05. Prend le métro à Nation, descend à Étienne-Marcel, attend quelqu'un devant le palais des Fêtes, rue aux Ours, de 14 h 20 à 14 h 25. Se rend au square du Temple à 14 h 35, s'assied sur un banc. Il regarde de tous côtés. À 14 h 50, il quitte le square et se rend place de la République où il rencontre « André » et sa fiancée. Ils prennent le métro, descendent à Église-de-Pantin, et se rendent à la piscine à 15 h 45.

Document numéro 4 : mardi 26 janvier 1943, filature Flicourt.

Nous apercevons Simon, Marcel et une jeune fille place de la Nation à 14 h 35. Ils se rendent rue des Immeubles-Industriels. Sortent à 15 h 10 et vont prendre le métro place de la Nation à 15 h 10. Ils entrent à la piscine Ledru-Rollin.

Document numéro 5 : mercredi 27 janvier 1943.

Marcel sort de la rue des Immeubles-Industriels à 16 h 30, prend le métro à Nation, descend à Richelieu-Drouot, va aux Folies-Bergère, retrouve un homme de 45 ans, l'homme aux lunettes serait Scurnik, ils rencontrent également un jeune homme blond.

Le document numéro 6 ne concerne plus Marcel Rayman, mais Henri Krasucki, que les inspecteurs des Brigades spéciales n'avaient pas encore identifié et qu'ils avaient affublé du nom de code de « Bertrand ».

23 février 1943, filature effectuée par Pierre Piget.

À 10 heures Bertrand rencontre la blonde au métro Chardon-Lagache. Par diverses rues, ils se rendent au métro Ranelagh où ils se quittent à 10 h 30. Bertrand rencontre immédiatement un individu 1,68 m, brun, lunettes, 18 ans, pardessus bleu à martingale, pantalon gris, souliers noirs. Ils se rendent au café Le Vrai Saumur, puis il prend la rue de la Pompe, un peu avant la rue Augier.

Le document numéro 7 n'est pas complet. Il devait être trop volumineux et je n'en ai pris que des bribes. Il s'agit de la mise à disposition de « Bertrand » après son arrestation par un groupe de policiers conduits par un certain Boileau.

23 mars 1943, mise à disposition d'Henri Krasucki, domicilié 8, rue Stanislas-Meunier sous le pseudonyme de « Mésange Henri ». Carte d'identité au nom de Mésange Henri, né le 7 mars 1923 à Lyon. Certificat de travail de la Maison Arnaud, 10, avenue de Saint-Mandé (Paris). Détient chez lui cinq fausses cartes d'identité, des rapports d'activités, des listes d'adresses, de la documentation politique, une imprimerie portative, des biographies écrites sur du papier à cigarettes. Il nie connaître qui que ce soit dont on lui présente les photos.

Figure également une annexe en date du 10 avril 1943 :

« Constatons que les recherches effectuées à partir des noms et adresses trouvés chez Henri Krasucki sont demeurées sans résultat. »

Le dernier document dont je dispose, le numéro 8, est un rapport du chef adjoint de la Brigade spéciale n° 2, Pierre Gautherie, un anticommuniste maladif qui justifiait devant la commission d'épuration sa chasse à l'appareil clandestin. Il a été condamné à mort et de Gaulle a commué sa peine en réclusion à perpétuité. Après les filatures précises de janvier 1943, les inspecteurs avaient perdu la trace de Marcel Rayman qu'ils ont donc retrouvée à la fin du mois de juillet.

26 octobre 1943.

Relatons qu'un individu identifié par notre service, au cours d'une précédente affaire, sous le nom de RAJMAN (en fait il s'agit de Rayman) et qui n'avait pu être appréhendé, était le 26 juillet dernier rencontré par des inspecteurs de notre service et, conformément aux instructions reçues, pris en filature.

Celle-ci a permis d'identifier et de domicilier un certain nombre d'étrangers dont l'activité en faveur de l'organisation communiste Mouvement ouvrier international ne fait aucun doute.

Sommes informés que l'un de ces individus connu sous le nom de Davidovitch fait preuve d'une très grande méfiance et que, de ce fait, sa surveillance devient délicate. En conséquence, nous décidons de procéder à son arrestation.

Le commissaire de police.

Dragère fit chauffer de l'eau, vida le vieux marc qui gonflait la chaussette et la remplit de café moulu. Quand il fut passé, il se servit un plein bol dans lequel il jeta deux sucres. Peu à peu la lumière éclairait les ténèbres. Il ne comprenait pas encore ce qui avait présidé à la chute de Missak Manouchian et de ses camarades, mais il lui semblait qu'il lui serait possible, un jour proche, d'en entrevoir le mécanisme. Dès janvier 1943, la police cernait le réseau de jeunes Juifs organisé par Henri Krasucki. Une nébuleuse de plusieurs centaines d'adolescents propulsés dans la pire des guerres et dont Marcel Rayman faisait partie. Marcel Rayman, celui qui allait accompagner Missak lors de son baptême du feu, en mars, dans les rues de Levallois, couvrant l'Arménien alors qu'il jetait sa grenade sous les pieds de la patrouille allemande. Marcel Rayman, le partisan au regard rieur qui n'avait pas hésité une seconde à exécuter Julius Ritter, l'ami de Hitler, rue Pétrarque, alors que le filet se resserrait autour de lui. Marcel Rayman qui au moment de mourir écrivait à son frère : « Préviens tous mes amis et mes camarades que je les aime tous. Ne fais pas attention si ma lettre est folle, mais je ne peux pas rester sérieux. » Marcel Rayman surveillé pas à pas, de piscine en piscine, qui avait échappé à la première rafle, mais que les patients limiers des Brigades spéciales avaient retrouvé, en juillet, à proximité d'un bassin d'eau fraîche où son corps oubliait l'angoisse de la traque. La lecture du rapport de synthèse du policier Gautherie qui décidait de l'arrestation préventive de Joseph Davidovitch, le responsable politique des détachements, lui posait problème. Le prétexte avancé par l'adjoint des Brigades spéciales pour décider de l'action, la nervosité de la cible, sonnait faux. Mais Dragère ne parvenait pas à savoir si cette impression résultait de ce qu'il avait appris sur Davidovitch de la bouche de Charles Tillon, à Montjustin, ou si cela était inscrit dans le texte qu'il avait sous les yeux. Il le relut plusieurs fois sans parvenir à se décider.

Lorsque la nuit se fut bien installée sur Paris, il prit une bouteille de saumur-champigny qu'il tenait en réserve sous l'évier et s'en servit un verre pour accompagner le sauté de veau aux navets qui mijotait sur le coin du poêle. Il se saisit du dernier document envoyé par Dupons, la photo d'une lettre manuscrite adressée à la direction du parti communiste :

Je vous présente quelques renseignements supplémentaires pour que vous soit clair le rôle néfaste de Davitian et de sa clique dans notre mouvement.

En 1936, 1 600 Arméniens sont rapatriés de la France en Arménie. Le rapatriement fut organisé par Chahverdian (le délégué spécial envoyé d'Erevan par le trotskiste nationaliste Khandjian, secrétaire général du Parti), Davitian et sa clique qui étaient les membres du Comité directeur de l'Union pour le secours de l'Arménie (HOG). Il fut prouvé par la suite qu'il y avait de nombreux éléments nationalistes dans les rapatriés qui s'enfuirent de l'Arménie par dizaines et répandirent dans les colonies arméniennes du monde entier des histoires défavorables sur notre patrie soviétique. Quand en 1937 se suicida Khandjian, quand des preuves furent révélées sur son attachement avec le mouvement trotskiste et les nationalistes arméniens, Chahverdian et Krikor Vartanian (président du HOG d'Erevan) aussi trouvèrent leurs punitions justes.

Pour mettre en lumière les sources mêmes des activités antisoviétiques de ces traîtres, Moscou envoya une commission spéciale présidée par le camarade Agdalov à Paris qui fit des enquêtes approfondies pendant deux ans, et en 1938 prit les décisions suivantes :

1) Dissolution du HOG ;

2) Dissolution par le PCF de la section arménienne du Parti dont le secrétaire était Davitian ;

3) Cessation de parution de l'hebdomadaire *Zankou* ;

4) Punition de Leduc, secrétaire de la MOI qui avait favorisé l'activité de Davitian en recevant comme cadeau une plume en or ;

5) L'éloignement de Paris de Davitian.

Il y a plusieurs camarades qui n'ont pas oublié ces faits, qui rappellent les liens intimes de Davitian avec le traître Chahverdian. Les articles dans *Zankou* pour l'éloge de la ligne politique de ce dernier, et la condamnation du vénérable poète national Issahakian (actuellement président des Gens de lettres à Erevan) qui protestait courageusement contre l'activité de Chahverdian. (Ces faits sont connus même dans le temps par le camarade Jacques Duclos.)

Si je n'étais pas empêché, je vous aurais dit tous les faits dans la réunion, pour montrer le vrai visage de Davitian, qui se trouve actuellement aussi la cause principale de toute notre faiblesse, désunion, et la perte de notre influence et prestige dans la colonie arménienne. J'ai le ferme espoir que vous prendrez en considération ces faits pendant la décision que vous avez à prendre pour réorganiser notre mouvement.

Paris, 28 janvier 1951.

Avec mes salutations fraternelles communistes.

Alikian.

Il repoussa son assiette sans avoir touché au plat qui, cinq minutes plus tôt, lui faisait envie, avala un grand verre de vin. Ses yeux se brouillèrent quand lui revinrent à l'esprit les mots écrits par Missak Manouchian à Armène, quelques dizaines de minutes avant d'être fusillé : « Il faut penser à la mémoire de Manoukian qui meurt avec moi. »

CHAPITRE 22

Le lendemain matin, un franc soleil avait fait sa première apparition depuis des semaines. Dragère sortit de l'immeuble vers dix heures et se prit à regarder à plusieurs reprises par-dessus son épaule, comme si quelqu'un s'était glissé dans son sillage. Il imagina ce qu'aurait pu écrire un collègue de Piget ou de Gautherie : « Aqueduc (leur méthode consistait à donner au suspect non identifié le nom de la rue ou de la station de métro la plus proche) quitte son domicile à 10 h 12. Âge probable 25 ans, taille moyenne, cheveux bruns coupés récemment, canadienne à col fourré, pantalon de grosse toile, chaussures de marche genre Pataugas. Il salue un voisin puis se dirige vers le boulevard de la Chapelle. Traverse la gare routière où il achète un journal (*L'Humanité*) au kiosque. Prend le métro à la station Jean-Jaurès, direction Nation. Lit pendant tout le trajet. Descend à la station Avron et remonte vers la rue des Pyrénées. Bifurque à droite dans la rue du Volga. Prend un café au zinc de Chez Bob en fixant avec insistance la devanture des assurances Le Phénix situées en face. Se décide à y entrer à 11 h 10. »

L'homme qui se tenait derrière la banque, occupé à enlever les agrafes de liasses de courrier à l'aide d'un coupe-papier, leva la tête en entendant le carillon. Il salua Dragère quand celui-ci ne fut plus qu'à un mètre de lui.

— Bonjour monsieur, qu'est-ce que je peux faire pour votre service ?

— Je voudrais parler à Pierre Piget, si c'est possible…

— Vous avez rendez-vous ? Vous êtes client chez nous ?

— La réponse est non aux deux questions… J'ai simplement besoin de l'entretenir de choses qui l'intéressent…

L'employé lui adressa le genre de regard en usage dans les cimetières, où le regret le disputait à l'impeccable componction.

— Désolé. Je suis vraiment désolé…

Dragère s'accouda à la tablette posée devant lui.

— Je crois que vous n'avez pas compris. Je ne suis pas là pour une question d'assurances, mais pour une affaire strictement privée. Je crois que si vous ne vous dépêchez pas d'aller le prévenir de ma présence, vous risquez de vous en mordre les doigts !

Il posa son coupe-papier.

— Ce n'est pas la peine de vous énerver. Qui dois-je annoncer ?

— Louis Dragère. Vous lui dites que c'est au sujet de la rue des Immeubles-Industriels. Il comprendra.

Le guichetier disparut dans les étages pour revenir une minute plus tard précédé par un petit homme énergique d'une cinquantaine d'années, habillé d'un costume gris de bonne coupe. Il ouvrit une porte grillagée, sur le côté, et vint se planter devant le journaliste. Il baissa la voix pour n'être entendu que de son vis-à-vis.

— C'est vous qui cherchez à me voir ?

— Oui. J'aurais besoin que vous me parliez de Katia…

Piget tressaillit, ouvrit la bouche, mais aucun son n'en sortit. L'énoncé de ce seul prénom avait visiblement pour effet de remuer de sacrés souvenirs. La surprise passée, il reprit le contrôle de lui-même.

— Laissez-moi quelques minutes, et je suis à vous. Je dois régler un problème. En repartant vers la porte de Montreuil, à droite, il y a un café tranquille, Le Celtique. Je vous rejoins dans l'arrière-salle…

Dragère traversa le carrefour pour marcher sur le trottoir exposé au soleil. La luminosité inattendue avait effacé jusqu'à la mémoire du Paris sombre des semaines précédentes, redonnant des couleurs aux façades et aux silhouettes qui s'amusaient à y projeter leur ombre. En passant devant la brûlerie Au Roi du Moka qui parfumait le quartier de senteurs exotiques, il se souvint de cette jeune étudiante arménienne de la rue d'Aubervilliers, dont le nom lui échappait… Il était là, sur le bout de sa langue… Un nom en « an », pas en « ian-ian »… Les Cafés Sultan… Ah oui, c'était bien ça… Minelian, Jacqueline Minelian. Elle habitait près du bâtiment des Pompes funèbres, et il était allé voir *La Piste des éléphants* au Palace-Flandre, en l'attendant… Il acheta un cornet de marrons grillés à un marchand ambulant qui avait installé son brasero devant la terrasse couverte du Celtique. Il finissait de décortiquer la dernière châtaigne quand Piget traversa la salle d'un pas décidé pour venir prendre place face à lui. Il posa son chapeau sur le côté, attendit en silence qu'on lui serve le demi qu'il avait commandé au passage, patienta jusqu'à ce que le serveur reprenne place derrière son comptoir.

— Vous êtes qui au juste ?

— Je m'appelle Louis Dragère. Je suis journaliste à *L'Humanité.* Je n'ai pas le temps de jouer au chat et à la souris avec vous, alors je vais vous dire exactement ce qui m'a amené jusqu'aux bureaux des assurances Le Phénix.

Piget trempa ses lèvres minces dans la mousse compacte.

— Je vous écoute.

— Depuis près d'un mois, je travaille à un reportage sur Missak Manouchian et ses camarades des détachements FTP-MOI parisiens. Il est devenu clair pour moi que leur chute résulte d'un enchaînement de faits, de circonstances, dont les services de police, particulièrement les

Brigades spéciales, ont tiré le maximum de profit… J'attends de vous une confirmation ou une infirmation de ce que je pense être le déroulement de cette histoire…

— Je ne saisis pas bien pourquoi vous vous adressez à moi… On a dû vous…

Dragère l'interrompit d'un geste de la main. Il sortit le courrier envoyé par Dupons, tria les feuilles, posa le compte rendu de la filature d'Henri Krasucki sur la table.

— Je pensais vous avoir dit que je n'avais pas de temps à perdre… Vous voulez que je vous rafraîchisse la mémoire ? J'y vais : « 23 février 1943, filature effectuée par Pierre Piget. À 10 heures Bertrand rencontre la blonde au métro Chardon-Lagache. Par diverses rues, ils se rendent au métro Ranelagh où ils se quittent à 10 h 30. Bertrand rencontre immédiatement un individu 1,68 m, brun, lunettes, 18 ans, pardessus bleu à martingale, pantalon gris, souliers noirs. Ils se rendent au café Le Vrai Saumur, puis il prend la rue de la Pompe, un peu avant la rue Augier. » Bertrand, c'est bien le nom de code de Krasucki, non ?

— Où avez-vous eu ce document ? Qui vous l'a fourni ?

— On ne me l'a pas « fourni », je ne suis pas flic, on me l'a donné. Pas que celui-là. Vous voulez relire ce que vous écriviez à propos de Marcel Rayman, l'un des plus proches compagnons de Missak Manouchian, fusillé à ses côtés le 21 février 1944 au mont Valérien ? « 21 janvier 1943, Marcel sort à 13 h 15, se promène avec sa fiancée, revient rue des Immeubles-Industriels… » Je dois continuer ? C'est bien de vous, Piget… Il lui restait un an à vivre. Vous avez participé à la traque, en reniflant les traces…

Les épaules du policier s'affaissèrent. Il posa ses coudes sur la table, enserra son verre avec ses mains.

— Écoutez, j'ai tout essayé, tout tenté pour que ça n'arrive pas… Au risque de perdre ma liberté, ma vie… À la Libération, personne n'a voulu en tenir compte. J'ai été révoqué sans indemnité, sans pension, j'ai passé près de trois ans en prison. Pour qu'au final, ça se termine par un non-lieu. Une fois tout détruit, on s'apercevait qu'on n'avait rien à me reprocher… J'ai refait ma vie. Ici, au bureau, tout le monde ignore d'où je viens, ce que j'ai traversé. Je n'ai pas envie que ça recommence, que ce soit étalé sur la place publique. Je suis fatigué d'avoir à me justifier. Fatigué, vous comprenez ?

Du plat de la main, Dragère repoussa les débris de marrons vers le centre de la table. Il replia les feuilles de papier, surpris par les accents de sincérité qu'il croyait déceler dans le discours de Piget.

— Oui, bien sûr. Je n'ai pas l'intention de porter tort à qui que ce soit. J'ai besoin de saisir ce qui s'est réellement déroulé. L'écroulement du château de cartes… Les conditions de la collaboration de cette Katia, l'arrestation de Krasucki en mars 1943, la deuxième filature de

Rayman à partir de juillet, la trahison de Davidovitch en octobre, la chute de Manouchian et Epstein en novembre... Votre témoignage est essentiel, au même titre que tous ceux que j'ai déjà recueillis...

— Si vous avez eu accès à mon dossier, je ne vois pas ce que je peux vous apporter de plus... C'est cet Arthur Airaud, le président de la commission d'épuration, qui a organisé les fuites ?

Dragère émit un soupir excédé.

— Vous n'avez pas perdu l'habitude de répondre à une question par une autre, à ce que je vois... C'est de l'ordre du réflexe... Je sais simplement que le décès d'un militant communiste du nom de Carlier, à la suite de l'interrogatoire que vous lui avez fait subir, je crois que c'était le 27 mai 1940, en compagnie du commissaire Bizoire, a lourdement pesé dans la balance. Le reste n'avait pas assez de poids pour contrebalancer...

L'ancien policier des Brigades spéciales hocha la tête.

— J'étais là, mais je ne l'ai pas frappé. D'accord... Je vous ferai remarquer que cette malheureuse affaire Carlier a eu lieu avant la défaite de juin 1940, et que nous ne faisions qu'obéir aux lois de la République qui avait mis le parti communiste hors la loi. C'est un député socialiste, André Sérol, élu du Front populaire, qui a rédigé les décrets prévoyant la peine de mort pour les militants du PCF. Pas moi ! Dès que la Russie a été envahie, que les communistes ont organisé la lutte contre l'occupant, j'ai fait en sorte de ralentir les enquêtes, de casser les enquêtes... Oui j'ai participé aux filatures des frères Rayman, de Krasucki, mais je ne pouvais pas agir autrement : il fallait que j'accompagne le mouvement pour mieux pouvoir le contrarier au moment décisif...

Dragère observa les mains de l'ancien policier. Elles étaient faites pour tenir un stylo, pas une cravache ou un nerf de bœuf, mais il savait que cela ne voulait rien dire. On lui avait souvent raconté que les pires des tortionnaires n'avaient pas le physique de l'emploi, que de petits chétifs à la voix de crécelle faisaient plus de dégâts que des gars bâtis comme des armoires.

— Si on commençait par le début ? Cette Katia ou Lucienne Kajla, vous l'avez croisée quand pour la première fois, de quelle manière ?

— Sur dénonciation. Comme je m'épuise à vous le répéter, je m'arrangeais pour ne pas être mêlé aux enquêtes politiques. C'est même ce qui a conduit à la dissolution de mon groupe en juillet 1943.... Je me focalisais sur le marché noir, et un commerçant m'a prévenu qu'une jeune femme hébergée dans un hôtel de Puteaux, Lucienne Lafarge, faisait circuler de la fausse monnaie. Des billets de mille francs... Je suis allé l'arrêter le 14 janvier 1943, ainsi que son complice, un dénommé Carpot. Je me suis rapidement aperçu que leurs cartes d'identité étaient fausses. J'ai obtenu le nom de celui qui les confectionnait, Michon, dont nous nous sommes également saisis le lendemain. Carpot s'appelait en fait Stakowski, et Lucienne Lafarge, Lucienne Kajla Goldfarb. J'ai levé le pied en me disant qu'on était peut-être à proximité d'un réseau de résistance de jeunes Juifs, mais il était trop tard, le commissaire Bizoire avait déjà flairé la piste. Avec son adjoint, ils l'ont prise en main. Elle a prétendu après guerre qu'elle avait parlé pour sauver sa mère qui venait d'être arrêtée par les Allemands, mais on sait qu'elle n'a été raflée que trois semaines plus tard… Elle s'est mise à table pour sauver sa peau, c'est tout.

— Elle avait quel âge ?

— Pas tout à fait 19… Une môme… L'histoire est assez simple : elle habitait jusqu'en 1940 dans la rue des Immeubles-Industriels où son père avait un atelier. Elle connaissait toute la communauté juive du secteur, les familles Rayman, Frydman, Lemberger… Puis elle a suivi ses parents en zone Sud pour revenir sur Paris à l'automne 1942. Lucienne résidait à Puteaux tout en fréquentant son ancien quartier. Un jour, elle a demandé à intégrer le groupe de jeunes communistes juifs dont le responsable, pour Paris, était Henri Krasucki. Certains disent que c'est Rayman qui l'aurait acceptée, d'autres que ce serait directement Krasucki… Le cloisonnement de leurs opérations n'était pas très étanche, et ce qu'elle avait appris en quelques semaines a été suffisant, lorsque Bizoire l'a su à son tour, pour démanteler l'ensemble du réseau… Les filatures ont été méthodiques, menées avec des renforts des Brigades parisiennes. Deux mois complets d'observation de leurs faits et gestes afin de remonter le plus haut possible... Plus d'une centaine d'arrestations.

Dragère renversa la tête pour faire couler le fond de bière sur la paroi de son verre.

— Vous n'étiez pas en reste...

— Si je voulais agir, il fallait que je me place au cœur de l'action... Pendant tout ce temps Lucienne, qui avait été libérée dès le 16 janvier, passait plusieurs fois par semaine au commissariat. Pour bavarder avec Bizoire, des collègues murmuraient que ça allait bien plus loin, et elle ressortait avec des tickets de ravitaillement... Vers le 20 mars, j'ai eu la confirmation que la nasse allait se refermer, que la rafle était prévue au cours des jours suivants... J'ai intercepté Lucienne, lors d'une de ses visites, et je l'ai poussée dans les cordes. Je lui ai fait comprendre l'ampleur du cataclysme qu'elle allait provoquer... Elle a craqué, et m'a donné, en clair, les noms, les adresses des principaux responsables des jeunes Juifs communistes. Je lui ai demandé d'en prévenir certains, de les avertir du danger qu'ils couraient. De mon côté, j'ai tout fait pour que les autres aillent se mettre à l'abri...

C'était au tour de Dragère d'être déstabilisé. Il pensait mener les débats à sa main, pousser le policier révoqué dans ses retranchements, l'amener à lui faire avouer sa participation à l'anéantissement d'un groupe de partisans, et il se trouvait face à un homme qui ne cherchait pas à se défendre mais qui lui servait une histoire incroyable sur laquelle il n'avait pas de prise.

— Vous prétendez avoir organisé l'échec de la rafle contre le groupe des jeunes, c'est bien ça ?

— La suite des événements a montré que l'effet en a été limité... J'ai écrit, par lettre ou par pneumatique, à André Terreau au 13 de la rue des Immeubles-Industriels, à Mme Frydman qui habitait au 16, j'ai fait alerter un dénommé Lapidus, rue Basfroi, je me suis déplacé en personne chez la mère de Simon et Marcel Rayman... Je me suis présenté à elle comme policier résistant. Je lui ai dit qu'il fallait qu'ils changent tous d'adresse, qu'ils ne rentrent pas dans leurs planques au cours des jours suivants... Personne n'a voulu me croire, à part les frères Rayman, peut-être, puisqu'ils se sont évanouis dans la nature... Ils en ont ramassé plus d'une centaine, à partir du 23 mars 1943, dont Henri Krasucki. Il a passé de très sales moments au commissariat de Puteaux... Après, ça a été encore pire, avec les Allemands. Ils ont torturé sa mère devant lui, sans qu'ils parviennent à lui arracher un seul nom... Un héros. Une nuit, je me suis introduit dans la cellule où il dormait. Je lui ai proposé de le faire évader, je pouvais lui fournir des faux papiers, l'héberger chez moi où il pouvait être sûr que personne ne viendrait le chercher... Il a dû me prendre pour un fou...

Dragère se prit la tête entre les mains, ferma les yeux.

— C'est totalement invraisemblable ! Vous voulez me faire croire une chose pareille ? Un policier des Brigades spéciales qui prend de tels risques pour des gens qu'il ne connaît ni de près ni de loin. Ça ne tient pas debout !

Un mince sourire, le premier, anima les traits de Pierre Piget.

— Je sais bien, j'ai bien vu lors de mes auditions que personne ne m'accordait crédit. Pourtant, c'est la stricte vérité.

— Elle repose sur votre seule parole... Lucienne Goldfarb a très certainement une version différente à faire valoir...

— C'est facile de vous en assurer, elle vit toujours à Paris. Aux dernières nouvelles, elle s'est teint les cheveux, se fait appeler Katia la Rouquine, et fait le tapin dans le quartier des Champs-Élysées, pas loin du bar de l'Escale... Vous avez eu la parole d'un flic, vous pourrez comparer avec celle d'une pute... Autre chose...

— Oui... Continuez...

Piget avait sorti un billet qu'il glissa sous son verre.

— Si j'ai réussi à décrocher un non-lieu, après trente-trois mois d'incarcération, ce n'est pas tombé du ciel... En juin 1947, plusieurs des personnes que j'avais essayé d'aider sont venues témoigner en ma faveur. Simon Rayman, Frydman et aussi Henri Krasucki. Il a attesté que j'avais tenté de contrarier les arrestations en prévenant ses troupes. Il a également confirmé que je lui avais proposé de faciliter sa fuite. Je ne sais pas où il est, mais si vous le retrouvez, posez-lui la question… En attendant, je vous salue. Il faut que je retourne à mon bureau.

Piget se leva, ajusta son chapeau sur sa tête et laissa Dragère à ses interrogations.

CHAPITRE 23

Dragère n'avait pas envie de s'enfermer dans la carlingue bringuebalante du métro. Il rejoignit le boulevard Voltaire qui filait droit sur la place de la République en essayant de mettre en place tous les éléments du puzzle dont il disposait. Ici et là, les choses s'imbriquaient. Il parvenait à reconstituer certains territoires, mais d'autres restaient désespérément vides, avec quelquefois une pièce, au milieu, comme flottante. S'il fallait en croire Piget, le policier de l'antenne putéolienne des Brigades spéciales, son service était tombé par hasard sur le point faible de l'organisation des jeunes Juifs communistes, en la personne de Lucienne Goldfarb. Ses confidences, obtenues par le commissaire Bizoire, avaient permis de mettre en place un maillage serré autour de plusieurs dizaines de gamins et de gamines qui inventaient les lois de la clandestinité tout en la pratiquant. Jusqu'au moment où la nasse s'était refermée. Interrogatoires poussés, brutalités, tortures, prison, déportation, fusillades… Un personnage important avait échappé à la rafle du 23 mars 1943, Marcel Rayman, l'un des partisans les plus décidés, celui-là même qui avait servi d'instructeur à Manouchian lors de sa première action armée, une semaine plus tôt, le 17 mars au matin, dans les rues de Levallois. Le vide qui s'était fait autour de lui, soudain, ce vide qui donne l'impression de flotter, l'avait certainement amené à renforcer les mesures de sécurité, mais les policiers n'avaient pas abandonné sa piste pour autant. Des inspecteurs maintenaient leurs planques dans différents coins de Paris où les cibles manquantes avaient été repérées. Devant les piscines, particulièrement, que Marcel Rayman, adhérent du Yiddisher Arbeiter Sport Klub, fréquentait assidûment. L'un des hommes de Barrachin, tous formés à l'école de l'infinie patience, avait fini par croiser sa route, quatre mois plus tard, le 26 juillet, comme le résumait le commissaire Gautherie dans son rapport de synthèse :

> Relatons qu'un individu identifié par notre service, au cours d'une précédente affaire, sous le nom de RAJMAN et qui n'avait pu être appréhendé, était le 26 juillet dernier rencontré par des inspecteurs de notre service et, conformément aux instructions reçues, pris en filature.

Il nageait dans le bassin de Pantin, près de la mairie, le 10 août, puis les 16, 20 et 28 août dans celui des Tourelles où Johnny Weissmuller, le futur Tarzan, avait battu des records du monde, aux Jeux olympiques de 1924. Le 29 juillet, il se baignait dans la Marne avec André Terreau, un copain de la rue des Immeubles-Industriels que l'inspecteur Piget disait avoir prévenu de la rafle de mars… La filature allait se poursuivre pendant plus de trois mois. Une loupe posée sur des insectes.

> À 14 h 20, ils arrivent à la mairie de Charenton où ils rencontrent un jeune homme qui attendait à proximité. Ensemble, ils se rendent à pied à la baignade de Charenton où ils pénètrent à 15 heures.

Le 29 juillet toujours, les inspecteurs observent la rencontre de Marcel Rayman avec un homme qui débouche de la rue Au-Maire, où habite Armène Assadourian, la sœur de Mélinée Manouchian. Ne l'ayant pas encore identifié, c'est de ce nom de rue qu'ils l'affublent. Ils apprendront vite qu'ils viennent de loger Léo Kneler, un antifasciste allemand passé par les Brigades internationales où il avait acquis une solide expérience militaire.

> Marcel pénètre 296, rue de Belleville. Blondinet achète un journal puis rejoint son ami dans cet immeuble. Quelques minutes après, Marcel sort portant un paquet et se rend sur les terrains vagues de la porte des Lilas, face à la rue Haxo. Il rejoint à cet endroit trois hommes qui étaient assis sur l'herbe, il est 18 h 30. Ils répondent au signalement suivant : l'un que nous appellerons « Aumaire » :

> 35 ans, 1,65 m, corpulence forte, cheveux bruns, coiffé d'une casquette de couleur gris clair, visage rond et fortement coloré, entièrement rasé. Vêtu d'une veste grise ayant une tache de graisse dans le milieu du dos. Pantalon de bleu de travail. Souliers noirs. Il porte à la main une serviette en toile cirée noire.

Trois mois passés sous la surveillance policière, le moindre geste consigné, la garde-robe inventoriée, les habitudes disséquées… Trois mois pendant lesquels Marcel Rayman allait pourtant multiplier les actions d'éclat contre l'armée d'occupation, jusqu'à l'exécution de Julius Ritter, et rencontrer une grande partie de l'infrastructure des FTP-MOI, des combattants tout comme le service de renseignements, les agents de liaison. Le 1er septembre, Joseph Davidovitch était listé, puis c'était au tour de Joseph Boczov, le chef du quatrième détachement, identifié comme « Ivry » le 20 septembre près de la porte d'Ivry. Quatre jours plus tard, l'inspecteur Lavoignat note :

> Ivry prend le métro à Luxembourg et descend à Bourg-la-Reine. Il attend vingt minutes à la sortie et à 9 h 20 il est rejoint par un homme que nous surnommerons « Bourg ». Il répond au signalement suivant : 38 ans, 1,65 m, corpulence forte, cheveux bruns bouclés coiffés en arrière, teint mat, type oriental, nez fort, sourcils épais. Vêtu d'un complet noir, chaussures jaunes. Porte une petite serviette noire. Ils entrent au café, puis dans une boutique d'alimentation. Ils prennent alors la route de Paris.

Ils arrivent ainsi à Montrouge où ils s'assoient sur un banc. Ils achètent des fruits dans une boutique et arrivent à la porte d'Orléans. À cet endroit, ils échangent des papiers et se séparent à 11 h 30. Bourg met des lunettes et se rend au coiffeur, avenue d'Orléans. Il fait quelques emplettes dans le quartier et, à 12 h 30, pénètre rue de Plaisance, au n° 11. Nous ne le voyons pas sortir.

Le destin de Missak Manouchian était scellé.

Dragère traversa la place de la République pour gagner les quais du canal Saint-Martin qu'il suivit jusqu'à hauteur de Louis-Blanc. Il bifurqua sur sa gauche vers la gare de l'Est. C'est en passant devant l'immeuble de la CGT qu'il remarqua la moto du syndicaliste appuyée contre la façade. Le gars de Ménilmontant était cette fois encore de permanence dans le hall. Il reconnut le journaliste de *L'Humanité.*

— Bonjour camarade. Alors, tu as réussi à mettre la main sur Henri, l'autre jour, à la Plaine-Saint-Denis ?

Dragère serra la main tendue où deux doigts manquaient.

— Oui, je te remercie, il était là où tu m'avais dit… On devait se revoir, et comme en passant j'ai remarqué sa moto, j'ai pensé que ce serait l'occasion…

— Tu le trouveras au troisième, sur la droite en sortant de l'ascenseur. Tu veux que je lui annonce que tu montes ?

— Non, ne te dérange pas, j'en ai pour deux minutes.

Il avait à peine poussé la porte de l'appareil et fait deux pas sur le palier, à l'étage, qu'il reconnut le débit contrôlé de la voix de Krasucki. Il se dirigea vers le bureau d'où elle sortait. Le syndicaliste, en manches de chemise, classait des papiers tout en discutant avec une secrétaire.

— La neige pour moi, comme tout bon Parisien, c'était patauger dans la gadoue, jusqu'à ce que j'aille à Chamonix, me refaire une santé, après mon retour des camps… Une grande découverte… C'est comme l'Opéra, je ne peux plus m'en passer. Je ne suis pas un champion, mais on peut m'accorder que je me débrouille assez bien. Il y a des copains qui me snobent à cause de ça… Ils ne peuvent pas comprendre. Je ne raterai jamais ma semaine annuelle sur les pentes, ne serait-ce qu'en souvenir de tous ceux qui sont restés en route…

Il aperçut Dragère dans l'encadrement de la porte, lui fit signe d'avancer

— Entre… Je ne croyais pas te revoir si tôt… Tu peux nous laisser, Mounette ? J'avais oublié que j'avais rendez-vous…

Il se déplaça pour fermer la porte derrière son visiteur, lui présenta un siège avant d'aller s'asseoir, le dos à la fenêtre.

— Alors, tu l'as écrit ton papier ?

— Pas encore. J'ai bien avancé au cours de la dernière semaine. Disons que ça ne devrait plus trop tarder. Je suis loin d'avoir tout compris mais je crois avoir fixé le cadre… L'autre jour, j'ai évoqué une certaine Katia qui est le deuxième prénom de Lucienne Goldfarb dont les aveux ont permis le démantèlement de toute l'organisation des jeunes communistes du XIe et du XXe arrondissements, et permis à la police de tirer le fil qui allait les amener à Missak Manouchian, à Joseph Epstein. Je comprends parfaitement que tu ne veuilles pas revenir sur ce drame… Je dois te dire que je viens de passer près de deux heures avec l'ancien policier des Brigades spéciales de Puteaux, Pierre Piget, qui a arrêté cette « Katia » pour ce qu'il croyait être une banale affaire de marché noir… Je veux simplement te poser une question, une seule. Tu y réponds si tu le souhaites…

Le visage de Krasucki s'était creusé, les yeux fixaient intensément le journaliste.

— Vas-y…

— Pierre Piget a été révoqué de la police sans indemnité ni pension dès la fin de la guerre, puis placé en détention. En juin 1947, il a été convoqué devant la cour de justice. Pour sa défense, il prétend avoir tenté de contrarier les plans de son service, en prévenant de nombreuses personnes de l'imminence de la rafle. Aussi étonnant que ça puisse paraître, plusieurs militants de la MOI auraient témoigné en sa faveur. Simon Rayman, le frère de Marcel, Mme Frydman… Il affirme que tu serais également intervenu en sa faveur pour confirmer la réalité de ces tentatives et le fait qu'il t'avait proposé de t'évader… Il brouille les cartes ?

Henri Krasucki n'avait cessé d'observer Dragère, sans ciller une seule fois, mais c'était comme si l'homme qui lui faisait face était transparent. Il regardait au travers de lui, loin, très loin, dans ce passé du monde hanté par les fantômes de tous ceux qui s'étaient dressés contre la barbarie. Ses lèvres fines bougèrent de manière presque imperceptible.

— Non. Il dit vrai.

CHAPITRE 24

À la tombée de la nuit, Louis Dragère était allé traîner sur les Champs-Élysées. Il était passé à plusieurs reprises devant les vitres de l'Escale en ralentissant l'allure pour tenter de voir ce qui se tramait à l'intérieur. Il finit par pousser la porte, commanda un martini au bar en jetant de brefs coups d'œil aux couples installés aux tables, baignant dans une lumière tamisée. Si aucun des hommes n'avait moins de 50 ans, aucune des femmes n'en comptait la moitié. Il se pencha vers le barman quand celui-ci vint poser une coupelle emplie d'olives près de son verre.

— Vous savez si Katia doit passer ?

— La Rouquine ? Non, demain sûrement. Ce soir, elle est à l'Opéra…

Dragère était revenu en taxi, vaguement écœuré de n'avoir pas su résister au besoin de flairer le parfum éventé de l'Histoire dans le sillage de la naufrageuse. Une sorte de rage l'avait pris quand il était rentré rue de l'Aqueduc. Il avait étalé sur le lit défait tout ce qu'il avait accumulé au cours des dernières semaines, les livres, les photos, les articles des journaux, les notes prises lors de ses multiples rencontres, les lettres reçues, les retranscriptions de comptes rendus de filatures, puis il s'était installé sur la petite table face à la fenêtre entrebâillée sur la nuit noire, et il avait commencé à rédiger un texte dont il savait déjà qu'il en serait le seul destinataire. Des dizaines de noms avaient défilé devant ses yeux, des gens magnifiques pour lesquels la vie ne pouvait être vécue que gorgée de rêve, des inconnus qui offraient leur jeunesse à l'idée de liberté, Robert Endewelt, Paulette Szlifke, Maurice Brover, Ines Tounsi, Hela Igla, Salo Sauber, Hélène Kro, Elie Wallach, Léon Pakin...

Il lut les articles de la presse collaborationniste, rendant compte du procès qui s'était tenu le 17 février 1944 à l'hôtel Continental, près de la place de la Concorde. Le tribunal militaire allemand avait envoyé les vingt-deux hommes devant le peloton d'exécution, et la seule femme tombée entre leurs mains, Olga Bancic, avait été condamnée à avoir la tête tranchée. Un Jean Lasserre jouait les vautours :

> Spartaco Fontanot est abject. Blondasse gonflé, la peau blême, les paupières clignotantes... Rayman semble échappé d'un roman russe. Échevelé, pâle jusqu'aux lèvres, l'œil opalin, il n'est pas de notre temps, c'est le nihiliste d'autrefois, le révolté de toujours, l'éternel dérailleur de trains... Manouchian a

un visage basané, les pommettes sont hautes, mais à la hauteur des lèvres la joue est molle et basse, elle fait un pli comme en ont les dogues… Il y a deux Français, deux vrais, hélas ! Deux Français authentiques dans la bande. L'un a tout juste 18 ans, il répond sur un ton d'écolier, il a l'air de ces garçons dont les femmes disent : « C'est un attardé. » L'autre était ouvrier agricole, il a l'air stupide et buté.

À un moment, Missak Manouchian s'était tourné vers le parterre de journalistes, de photographes aux ordres que les nazis avaient rassemblés pour que leurs mots accompagnent l'Affiche rouge qu'ils avaient décidé de faire coller sur tous les murs du pays. Il leur avait lancé :

> Vous avez vendu votre conscience et votre âme à l'ennemi.

L'écho s'en faisait encore entendre dans la dernière lettre à Mélinée : « Ceux qui nous ont vendus… »

Les premiers trains commençaient à faire vibrer les murs de l'immeuble, imperceptiblement, quand il rédigea un courrier à destination d'André Vieuguet, le secrétaire de Jacques Duclos. Il lui avait suffi d'une page pour expliquer que les détachements FTP-MOI commandés par Missak Manouchian étaient tombés à la suite d'une première dénonciation de janvier 1943 qui avait permis aux Brigades spéciales de comprendre le fonctionnement de l'organisation. Puis une deuxième trahison, après son arrestation, celle du commissaire politique Joseph Davidovitch, avait donné toute son efficacité à la machine policière. Il plaça la lettre dans une enveloppe, enfila sa canadienne et sortit pour aller la déposer dans la boîte aux lettres du Comité central, au « 44 ».

Il n'eut plus jamais de nouvelles de ceux qui lui avaient commandé cette enquête et reprit son travail à *L'Humanité*, comme s'il ne s'était rien passé. Il reprit contact avec le photographe Willy Ronis, acheva en sa compagnie l'enquête entreprise sur les bandes de jeunes de la région parisienne.

Le 5 mars au matin, *L'Humanité* publiait en première page la version définitive de *Groupe Manouchian*, le poème qu'Aragon avait composé en hommage à Missak, et qui restituait toute l'émotion contenue dans la lettre ultime adressée à Mélinée. Vers 10 heures, Dragère prit le métro avec Odette pour se rendre impasse Fleury, à deux pas de la place Saint-Fargeau. Quand ils arrivèrent, plusieurs centaines de personnes se pressaient au carrefour, dans un froid vif. On avait dressé une tribune tendue de noir, et un cordon de policiers municipaux séparait la foule des anonymes du carré des proches, des officiels. Dragère reconnut des dirigeants du parti communiste, le colonel Rol-Tanguy, André Tollet et plusieurs anciens ministres comme Justin Godart ou Marcel Paul, avant que les haut-parleurs accrochés dans les arbres dépouillés n'égrènent leurs noms, avant que la cérémonie d'inauguration ne débute. On annonça également la présence des représentants des ambassades de Pologne, de Roumanie, de Hongrie, de Tchécoslovaquie... Dragère ferma les paupières en songeant à Oswald Zawodski, à Artur London, à Peter Mod, à Anatoli Gourévitch... Pendant le discours de Raymond Guyot, membre du bureau politique et beau-frère d'Artur London, il promena son regard sur les gens qui l'entouraient, répondant au sourire d'Armène Assadourian qu'accompagnaient Knar et Misha, les parents de Charles Aznavour. Il vit également Roger Dupons, le journaliste de *Libération*, et crut apercevoir la haute stature de Charles Tillon. Il fit un signe de la main à Roland Filiatre qui se tenait à deux pas d'Henri Krasucki qu'il ne connaissait pas.

Et tandis qu'un comédien déclamait le texte, il songea à cette femme à qui la lettre était dédiée, pour l'éternité, et dont l'absence engloutissait le jour :

Marie-toi, sois heureuse et pense à moi souvent
Toi qui vas demeurer dans la beauté des choses
Quand tout sera fini plus tard en Erevan
Un grand soleil d'hiver éclaire la colline
Que la nature est belle et que le cœur me fend
La justice viendra sur nos pas triomphants
Ma Mélinée, ô mon amour, mon orpheline...

Un taxi s'arrêta derrière les drapeaux endeuillés. Une femme enveloppée dans un grand manteau sombre en sortit, une valise à la main. Dragère sentit les larmes lui monter aux yeux quand le sourire de sa mère se porta sur lui.

Aubervilliers, 21 février 2009.

BIBLIOGRAPHIE

Annuaire des adresses arméniennes, Éditions Librairie Arpi, 1932.

Pages de gloire des vingt-trois, Immigration CFDI, 1951.

On les nommait des étrangers, Gaston Laroche, Les Éditeurs français réunis, 1965.

Le Parti communiste dans la Résistance, Éditions sociales, 1967.

Un « procès de Moscou » à Paris, Charles Tillon, Seuil, 1971.

Manouchian, Mélinée Manouchian, Les Éditeurs français réunis, 1974.

L'Affiche rouge, Philippe Ganier Raymond, Fayard, 1975.

La Rouquine, Alphonse Boudard présente, Balland, 1976.

On chantait rouge, Charles Tillon, Robert Laffont, 1977.

Les Hérétiques du PCF, Pierre Daix, Robert Laffont, 1980.

Un inconnu nommé Krasucki, Nicolas Tandler, La Table ronde, 1985.

Les Francs-tireurs de l'Affiche rouge, Arsène Tchakarian, Messidor, 1986.

Petit frère, Aïda Aznavour-Garvarentz, Robert Laffont, 1986.

L'Affaire Manouchian, Philippe Robrieux, Fayard, 1986.

Testament, Boris Holban, Calmann-Lévy, 1989.

Les RG sous l'Occupation, Frédéric Couderc, Olivier Orban, 1992.

Le Sang de l'étranger, Stéphane Courtois, Denis Peschanski, Adam Rayski, Fayard, 1994.

Décines, une ville, des vies, Philippe Videlier, Paroles d'Aube, 1996.

Marseille transit : les passagers de Belsunce, Émile Temime, Autrement, 1997.

L'Affiche rouge, une victoire posthume, Délégation à la mémoire et à l'information historique de Paris, 1999.

Mémoires d'un dinosaure trotskiste, Yvan Craipeau, L'Harmattan, 1999.

La Bellevilloise, sous la direction de Jean-Jacques Meusy, Creaphis, 2001.

La Communauté arménienne de France, Cyril Le Tallec, L'Harmattan, 2001.

Cinquante ans de littérature arménienne en France, Krikor Beledian, CNRS éditions, 2001.

Les Policiers français sous l'Occupation, Jean-Marc Berlière et Laurent Chabrun, Perrin, 2001.

Les Étrangers dans la Résistance, Denis Peschanski, musée de la Résistance nationale, 2002.

Paris ouvrier, Parigramme, 2003.

Le Sang des communistes, Jean-Marc Berlière et Franck Liaigre, Fayard, 2004.

Les Naufragés de la terre promise, Robert Arnoux, Édisud, 2004.

L'Affiche rouge, 21 février 1944, Benoît Rayski, Le Félin, 2004.

Les Hommes de Renault-Billancourt, Jacqueline Costa-Lascoux et Émile Temime, Autrement, 2004.

Pour la défense de la culture, Éditions universitaires de Dijon, 2005.

Les Arméniens et leurs territoires, Martine Hovanessain, Autrement, 2006.

Juin 40, la négociation secrète, Éditions de l'Atelier, 2006.

Charles Aznavour ou le destin apprivoisé, Daniel Patchenko et Marc Robine, Fayard-Chorus, 2006.

Union générale arménienne de bienfaisance (vol. 1), sous la direction de Raymond Kévorkian et Vahé Tachjian, Le Caire-Paris-New York, 2006.

Aragon et la chanson, Nathalie Piégay-Gros, Éditions Textuel, 2007.

Les Arméniens, 1917-1939, sous la direction de Raymond Kévorkian, Lévon Nordiguian et Vahé Tachjian, PUSJ, 2007.

Joseph Epstein, bon pour la légende, Pascal Convert, Séguier, 2007.

Des héros, à la vie, à la mort, hors-série de *L'Humanité*, février 2007.

Liquider les traîtres, Jean-Marc Berlière et Franck Liaigre, Robert Laffont, 2007.

Paris, les lieux de la Résistance, Parigramme, 2007.

Les Listes noires du PCF, Sylvain Boulouque, Franck Liaigre, Calmann-Lévy, 2008.

REMERCIEMENTS

Katia Guiragossian,
Raymond Kevorkian, historien, bibliothèque arménienne Nubar,
H. Samuelian, Librairie orientale de Paris,
Philippe Videlier, historien,
Albert Herszkovicz,
Patrick Silberstein,
Françoise Gicquel, commissaire divisionnaire, et le personnel des Archives de la préfecture de police de Paris,
Claude Pennetier, historien, directeur du *Dictionnaire biographique du mouvement ouvrier* (Le Maîtron),
Franck Liaigre, historien,
Sylvain Boulouque, historien,
Jean-Marc Berlière, historien,
Gérard Streiff, historien,
Le personnel des Archives départementales de la Seine-Saint-Denis.

DU MÊME AUTEUR

Aux Éditions Gallimard

RACONTEUR D'HISTOIRES, *nouvelles* (Folio n° 4112).

CEINTURE ROUGE précédé de CORVÉE DE BOIS. Textes extraits de *Raconteur d'histoires* (Folio 2 € n° 4146).

ITINÉRAIRE D'UN SALAUD ORDINAIRE (Folio n° 4603).

CAMARADES DE CLASSE (Folio n° 4982).

PETIT ÉLOGE DES FAITS DIVERS (Folio 2 € n° 4788).

GALADIO (Folio n° 5280).

MÉMOIRE NOIRE (Folio Policier n° 594).

LE BANQUET DES AFFAMÉS (Folio n° 5646).

CORVÉE DE BOIS, en collaboration avec TIGNOUS (Folio n° 6038).

MISSAK, réédition (Folio n° 6447).

Dans la collection « Blanche »

ARTANA ! ARTANA !

Dans la collection « Série Noire »

MEURTRES POUR MÉMOIRE, *n° 1945* (Folio Policier n° 15). Grand Prix de la littérature policière 1984 ; prix Paul Vaillant-Couturier 1984.

LE GÉANT INACHEVÉ, *n° 1956* (Folio Policier n° 71). Prix 813 du roman noir 1983.

LE DER DES DERS, *n° 1986* (Folio Policier n° 59).

MÉTROPOLICE, *n° 2009* (Folio Policier n° 86).

LE BOURREAU ET SON DOUBLE, *n° 2061* (Folio Policier n° 42).

LUMIÈRE NOIRE, *n° 2109* (Folio Policier n° 65).

12, RUE MECKERT, *n° 2621* (Folio Policier n° 299).

JE TUE IL..., *n° 2694* (Folio Policier n° 403).

Dans « Page Blanche » et « Frontières »

À LOUER SANS COMMISSION.

LA COULEUR DU NOIR.

Dans « La Bibliothèque Gallimard »

MEURTRES POUR MÉMOIRE. *Dossier pédagogique par Marianne Genzling, n° 35.*

TROIS NOUVELLES NOIRES, *avec Jean-Bernard Pouy et Chantal Pelletier, n° 194,* lecture accompagnée par Françoise Spiess.

Dans la collection « Écoutez-lire »

MEURTRES POUR MÉMOIRE (4 CD).

Dans la collection « Futuropolis »

MEURTRES POUR MÉMOIRE. *Illustrations de Jeanne Puchol.*

Dans la collection « Albums Beaux Livres »

UN PARFUM DE BONHEUR : LE FRONT POPULAIRE DE FRANCE DEMAY.

Aux Éditions Denoël

LA MORT N'OUBLIE PERSONNE (Folio Policier n° 60).

LE FACTEUR FATAL (Folio Policier n° 85). Prix Populiste 1992.

ZAPPING (Folio n° 2558). Prix Louis-Guilloux 1993.

EN MARGE (Folio n° 2765).

UN CHÂTEAU EN BOHÊME (Folio Policier n° 84).

MORT AU PREMIER TOUR (Folio Policier n° 34).

PASSAGES D'ENFER (Folio n° 3350).

Aux Éditions Manya

PLAY-BACK (Folio n° 2635). Prix Mystère de la critique 1986.

Aux Éditions Verdier

AUTRES LIEUX (repris avec *Main courante* dans Folio n° 4222).
MAIN COURANTE (repris avec *Autres lieux* dans Folio n° 4222).
LES FIGURANTS (repris avec *Cités perdues* dans Folio n° 5024).
LE GOÛT DE LA VÉRITÉ.
CANNIBALE (Folio n° 3290).
LA REPENTIE (Folio Policier n° 203).
LE DERNIER GUÉRILLERO (Folio n° 4287).
LA MORT EN DÉDICACE (Folio n° 4828).
LE RETOUR D'ATAÏ (Folio n° 4329).
CITÉS PERDUES (repris avec *Les figurants* dans Folio n° 5024).
HISTOIRE ET FAUX-SEMBLANTS (Folio n° 5107).
RUE DES DEGRÉS (Folio n° 5373).
RETOUR À BÉZIERS : RÉCIT.

Aux Éditions Julliard

HORS-LIMITES (Folio n° 3205).

Aux Éditions Baleine

NAZIS DANS LE MÉTRO (Folio Policier n° 446).
ÉTHIQUE EN TOC (Folio Policier n° 586).
LA ROUTE DU ROM (Folio Policier n° 375).

Aux Éditions Hoëbeke

À NOUS LA VIE ! *Photographies de Willy Ronis.*
BELLEVILLE-MÉNILMONTANT. *Photographies de Willy Ronis.*
LA PUB EST DÉCLARÉE.
L'ÉCOLE DES COLONIES.

Aux Éditions Parole d'Aube

ÉCRIRE EN CONTRE, *entretiens.*

Aux Éditions du Cherche-Midi

LA MÉMOIRE LONGUE.

L'ESPOIR EN CONTREBANDE (Folio n° 5689). Prix Goncourt de la nouvelle 2012.

LE TABLEAU PAPOU DE PORT-VILA, *dessins de Joé Pinelli*, 2014.

NOVELLAS (Tome 1).

NOVELLAS (Tome 2).

NOVELLAS (Tome 3).

Aux Éditions Actes Sud

JAURÈS : NON À LA GUERRE !

Aux Éditions de l'Atelier

L'AFFRANCHIE DU PÉRIPHÉRIQUE.

Aux Éditions du Temps des noyaux

LA RUMEUR D'AUBERVILLIERS.

Aux Éditions Eden

LES CORPS RÂLENT.

Aux Éditions Syros

LA FÊTE DES MÈRES.

LE CHAT DE TIGALI.

Aux Éditions Flammarion

LA PAPILLONNE DE TOUTES LES COULEURS.

Aux Éditions Rue du Monde

IL FAUT DÉSOBÉIR. *Dessins de PEF.*

UN VIOLON DANS LA NUIT. *Dessins de PEF.*

VIVA LA LIBERTÉ. *Dessins de PEF.*

L'ENFANT DU ZOO. *Dessins de Laurent Corvaisier.*

MISSAK, L'ENFANT DE L'AFFICHE ROUGE. *Dessins de Laurent Corvaisier.*

NOS ANCÊTRES LES PYGMÉES. *Dessins de Jacques Ferrandez.*

LE MAÎTRE EST UN CLANDESTIN. *Dessins de Jacques Ferrandez.*

LOUISE DU TEMPS DES CERISES : 1871, LA COMMUNE DE PARIS. *Dessins de Mako.*

MAUDITE SOIT LA GUERRE. *Dessins de PEF.*

PAPA, POURQUOI T'AS VOTÉ HITLER ? *Dessins de PEF.*

Aux Éditions Casterman

LE DER DES DERS. *Dessins de Tardi.*

DERNIÈRE SORTIE AVANT L'AUTOROUTE. *Dessins de Mako.*

LA DIFFÉRENCE. *Dessins de Mako.*

LA CHUTE D'UN ANGE. *Dessins de Mako.*

Aux Éditions l'Association

VARLOT SOLDAT. *Dessins de Tardi.*

Aux Éditions Bérénice

LA PAGE CORNÉE. *Dessins de Mako.*

Aux Éditions Hors Collection

HORS LIMITES. *Dessins d'Asaf Hanuka.*

Aux Éditions EP

CARTON JAUNE ! *Dessins et couleurs d'Asaf Hanuka.*

LE TRAIN DES OUBLIÉS. *Dessins de Mako.*

CANNIBALE. *Dessins d'Emmanuel Reuzé.*

TEXAS EXIL. *Dessins de Mako.*

LE RETOUR D'ATAÏ. *Dessins d'Emmanuel Reuzé.*

MATIN DE CANICULE. *Dessins de Mako.*

Aux Éditions Terre de Brume

LE CRIME DE SAINTE-ADRESSE. *Photos de Cyrille Derouineau.*

LES BARAQUES DU GLOBE. *Dessins de Didier Collobert.*

Aux Éditions Nuit Myrtide

AIR CONDITIONNÉ. *Dessins de Mako.*

Aux Éditions Imbroglio

LEVÉE D'ÉCROU. *Dessins de Mako.*

Aux Éditions Privat

GENS DU RAIL. *Photos de Georges Bartoli.*

Aux Éditions Oskar jeunesse

AVEC LE GROUPE MANOUCHIAN : LES IMMIGRÉS DANS LA RÉSISTANCE.

LA PRISONNIÈRE DU DJEBEL.

MORTEL SMARTPHONE.

Aux Éditions ad libris

OCTOBRE NOIR. *Dessins de Mako.*

LA MAIN ROUGE. *Dessins de Mako.*

Aux Éditions La Branche

ON ACHÈVE BIEN LES DISC-JOCKEYS.

Aux Éditions Jérôme Millon

BAGNOLES, TIRES ET CAISSES. *Dessins de Mako.*

Aux Éditions de l'Archipel

TÊTES DE MAURES (Folio Policier n° 756).

Aux Éditions Larousse

UNE OASIS DANS LA VILLE.

L'ESCLAVE DU LAGON.

LA VENGEANCE DE RÉAMA.

DANS LA JUNGLE.

Aux Éditions Hugo Desinge

80's : LE GRAND MIX. *Photos de Pierre Terrasson, préface d'Alain Maneval.*

Aux Éditions Bruno Doucey

CACHÉ DANS LA MAISON DES FOUS (Folio n° 6260).

COLLECTION FOLIO

Dernières parutions

7184. Nadeije Laneyrie-Dagen — *L'étoile brisée*
7185. Karine Tuil — *La décision*
7186. Bernhard Schlink — *Couleurs de l'adieu*
7187. Gabrielle Filteau-Chiba — *Sauvagines*
7188. Antoine Wauters — *Mahmoud ou la montée des eaux*
7189. Guillaume Aubin — *L'arbre de colère*
7190. Isabelle Aupy — *L'homme qui n'aimait plus les chats*
7191. Jean-Baptiste Del Amo — *Le fils de l'homme*
7192. Astrid Eliard — *Les bourgeoises*
7193. Camille Goudeau — *Les chats éraflés*
7194. Alexis Jenni — *La beauté dure toujours*
7195. Edgar Morin — *Réveillons-nous !*
7196. Marie Richeux — *Sages femmes*
7197. Kawai Strong Washburn — *Au temps des requins et des sauveurs*
7198. Christèle Wurmser — *Même les anges*
7199. Alix de Saint-André — *57 rue de Babylone, Paris 7e*
7200. Nathacha Appanah — *Rien ne t'appartient*
7201. Anne Guglielmetti — *Deux femmes et un jardin*
7202. Lawrence Hill — *Aminata*
7203. Tristan Garcia — *Âmes. Histoire de la souffrance I*
7204. Elsa Morante — *Mensonge et sortilège*
7205. Claire de Duras — *Œuvres romanesques*
7206. Alexandre Dumas — *Les Trois Mousquetaires. D'Artagnan*
7207. François-Henri Désérable — *Mon maître et mon vainqueur*
7208. Léo Henry — *Hildegarde*

7209.	Elizabeth Jane Howard	*Confusion. La saga des Cazalet III*
7210.	Arthur Larrue	*La diagonale Alekhine*
7211.	Hervé Le Tellier	*Inukshuk, l'homme debout*
7212.	Jean-Christophe Rufin	*La princesse au petit moi. Les énigmes d'Aurel le Consul*
7213.	Yannick Bestaven	*Mon tour du monde en 80 jours*
7214.	Hisham Matar	*Un mois à Sienne*
7215.	Paolo Rumiz	*Appia*
7216.	Victor Hugo	*Préface de* Cromwell
7217.	François-René de Chateaubriand	*Atala* suivi de *René*
7218.	Victor Hugo	*Le Rhin*
7219.	Platon	*Apologie de Socrate*
7220.	Maurice Merleau-Ponty	*Le doute de Cézanne*
7221.	Anne Delaflotte Mehdevi	*Le livre des heures*
7222.	Milena Busquets	*Gema*
7223.	Michel Butor	*Petite histoire de la littérature française*
7224.	Marie Darrieussecq	*Pas dormir*
7225.	Jacky Durand	*Plus on est de fous plus on s'aime*
7226.	Cecil Scott Forester	*Hornblower aux Antilles. Capitaine Hornblower*
7227.	Mia Kankimäki	*Ces héroïnes qui peuplent mes nuits*
7228.	François Noudelmann	*Les enfants de Cadillac*
7229.	Laurine Roux	*L'autre moitié du monde*
7230.	Robert Seethaler	*Le dernier mouvement*
7231.	Gilbert Sinoué	*Le Bec de Canard*
7232.	Leïla Slimani	*Regardez-nous danser. Le pays des autres, 2*
7233.	Jack London	*Le Loup des mers*
7234.	Tonino Benacquista	*Porca miseria*
7235.	Daniel Cordier	*La victoire en pleurant. Alias Caracalla 1943-1946*
7236.	Catherine Cusset	*La définition du bonheur*

7237. Kamel Daoud	*Meursault, contre-enquête*
7238. Marc Dugain	*La volonté*
7239. Alain Finkielkraut	*L'après littérature*
7240. Raphaël Haroche	*Une éclipse*
7241. Laura Kasischke	*À Suspicious River*
7242. Étienne Kern	*Les envolés*
7243. Alexandre Labruffe	*Wonder Landes*
7244. Virginie Ollagnier	*Ils ont tué Oppenheimer*
7245. John Steinbeck	*Des souris et des hommes*
7246. Collectif	*La poésie à vivre. Paroles de poètes*
7247. Gisèle Halimi	*Plaidoirie pour l'avortement*
7248. Gustave Flaubert	*Récits de jeunesse*
7249. Santiago H. Amigorena	*Le premier exil*
7250. Fabrice Caro	*Samouraï*
7251. Raphaël Confiant	*La muse ténébreuse de Charles Baudelaire*
7252. Annie Ernaux	*L'autre fille*
7253. Margaret Kennedy	*Le festin*
7254. Zoé Oldenbourg	*Argile et cendres*
7255. Julie Otsuka	*Quand l'empereur était un dieu*
7256. Pascal Quignard	*L'amour la mer*
7257. Salman Rushdie	*Grimus*
7258. Antoine Wauters	*Le musée des contradictions*
7259. Nathalie Azoulai	*La fille parfaite*
7260. Claire Castillon	*Son empire*
7261. Sophie Chauveau	*Journal intime de la Vierge Marie*
7262. Éric Fottorino	*Mohican*
7263. Abdulrazak Gurnah	*Paradis*
7264. Anna Hope	*Le Rocher blanc*
7265. Maylis de Kerangal	*Canoës*
7266. Anaïs LLobet	*Au café de la ville perdue*
7267. Akira Mizubayashi	*Reine de cœur*
7268. Ron Rash	*Une terre d'ombre*
7269. Yasmina Reza	*Théâtre II*
7270. Emmanuelle Salasc	*Hors gel*

Tous les papiers utilisés pour les ouvrages
des collections Folio sont certifiés
et proviennent de forêts gérées durablement.

Composition Nord Compo
Impression Maury Imprimeur
45330 Malesherbes
le 15 janvier 2024
Dépôt légal : janvier 2024
1er dépôt légal dans la collection : février 2018
N° d'impression : 274884

ISBN 978-2-07-276308-3 / Imprimé en France

629934